SOBRE LOS LÍMITES DEL CAMPO

LITERATURE AND CULTURE SERIES

General Editor: Greg Dawes
Series Editor: Ana Forcinito
Copyeditor: Neal Dansky & Jorge Espinosa Campuzano

Sobre los límites del campo

Ensayos de crítica literaria latinoamericanista

John Beverley

Raleigh, North Carolina

Copyright © 2022

All rights reserved for this edition copyright © 2022 Editorial A Contracorriente

Complete Library of Congress Cataloging-in-Publication
data is available at https://lccn.loc.gov/2022010464.

ISBN: 978-1-4696-7219-9 (paperback)
ISBN: 978-1-4696-7220-5 (ebook)

This is a publication of the Department of Foreign Languages and
Literatures at North Carolina State University. For more information visit
http://go.ncsu.edu/editorialacc.

Distributed by the University of North Carolina Press
www.uncpress.org

A Ileana y Marc,
compañeros de ruta

A Fredric Jameson y Claudio Guillén (en memoria),
mis directores de tesis

CONTENIDO

Al lector ix

Introducción. La política de la teoría: Un itinerario personal (2005) 1

La economía política del *Locus Amoenus* (1983) 22

Barroco de estado: Góngora y el gongorismo colonial (1981) 33

Anatomía del testimonio (1987) 54

El Tungsteno de Vallejo: Hacia una reivindicación de la "novela social" (1989) 68

El testimonio en la encrucijada (1993) 79

¿Hay vida más allá de la literatura? (1995) 92

Sobre la supuesta modernidad del *Apologético* de Juan de Espinosa Medrano (1995) 110

Post-literatura: Sujeto subalterno e impase de las humanidades (sobre dos textos andinos de la rebelión tupamarista) (1993/1996) 125

Algunos apuntes sobre la relación literatura-revolución en el caso nicaragüense (1999) 144

Calibán después del comunismo (2000) 156

Algunas observaciones sobre el último ensayo de Antonio Cornejo Polar y el futuro del hispanoamericanismo (2002) 174

El giro neoconservador en la crítica literaria y cultural latinoamericana (2008) 178

Sobre el "performance" de *Mujeres creando*
y el Estado Boliviano (2008) 203

El ultraizquierdismo: Enfermedad infantil de la academia
(2013) 207

P.D. El izquierdismo desde la pandemia (2021) 215

Después de lo poscolonial: La igualdad y la crítica literaria en
tiempos de globalización (2016) 219

Vidas Subalternas (2019) 230

El fracaso de Latinoamérica (2018) 251

Apéndice: Declaración de fundación. Grupo de Estudios
Subalternos Latinoamericanos (1982) 269

AL LECTOR

Así, me inclino a distinguir entre lo esencial y lo no esencial en cuanto a las reglas de un juego. El juego, uno quiere decir, tiene no sólo reglas sino también un sentido (Witz).
Ludwig Wittgenstein, *Investigaciones filosóficas I* 364 (traducción mía)

EL ORDEN DE ESTOS ensayos sigue, con la excepción del primero, que es una especie de panorama de mi carrera intelectual, y así sirve como introducción, la secuencia en que aparecieron entre 1982 y 2021. El destino del crítico literario o cultural es ser condenado por generaciones posteriores a la irrelevancia (¿quien habla hoy de Marcuse, por ejemplo?). No me declaro libre de este destino, pero creo que lo que justifica esta colección es que da testimonio de una *práctica* sostenida a través de casi medio siglo, una práctica a la vez definida y posibilitada por el *campo* de la crítica literaria. Práctica y campo, estos son los dos conceptos claves de mi presentación.

Mi inspiración inmediata, vivencial para esta colección fue el título de un libro de Alberto Moreiras, *Against Abstraction: Notes from an Ex-Latinamericanist* (Austin: University of Texas Press, 2020), revisión y traducción de un texto publicado antes bajo otro título en España. Moreiras y yo habíamos compartido en la década de los 90 del siglo pasado el proyecto dialogal de llamado Grupo de Estudios Subalternos Latinoamericanos, de redefinir desde la crítica literaria y cultural el espacio conceptual del Latinoamericanismo (reproduzco en un apéndice el manifiesto del Grupo, colectivamente escrito). Ahora, un cuarto de siglo más allá, se declara "Ex": es decir, ya no pertenece al campo del Latinoamericanismo (que él mismo define como la reflexión académica, principalmente en la crítica literaria y cultural, sobre América Latina). El gesto recuerda la manera en que Nietzsche abandona el campo de la filología en el siglo XIX. La intención inicial de Moreiras, español, y de formación más en filosofía que en literatura, fue meterse al campo del Latinoamericanismo literario, y desde esa posición deconstruir sus tópicos constituyentes —mestizaje, transculturación literaria, testimonio, realismo mágico, indigenismo, arielismo, y la idea de un nacionalismo literario en sí. Pero, sobre todo en una diferencia con las corrientes poscoloniales o decoloniales que también eran afines a los estudios subalternos, se siente desanimado por la persistencia en el Latinoamericanismo de formas de políticas de identidad (por ejemplo, de identidades indígenas): es decir, para recordar el concepto de Derrida (su modelo en esta empresa), de una "metafísica de identidad", filológicamente construida y valorada por la crítica literaria. Quiere ver más allá del Latinoamericanismo algo "infrapolítico" o "post hegemónico", una experiencia originaria, radical: una "hibridez salvaje" en sus palabras. Para eso, siente la necesidad de salir del campo del Latinoamericanismo, que de todas formas llega a pensar que no merece su talento, una vez del todo.

En varios de los ensayos aquí incluidos indico mis diferencias con el proyecto de Moreiras y la deconstrucción literaria (debo indicar que, a pesar de esas diferencias, la deconstrucción fue una gran inspiración y herramienta para mi). Por ahora sólo quiero enfatizar su gesto de "ex", de alguien que abandona su compromiso con un campo académico, como un matrimonio desafortunado. Sabemos que el campo es una construcción arbitraria, sujeta a determinaciones sociales de varia índole, incluyendo la biografía personal, la historia de las instituciones, la historia de las diciplinas, y la historia grosso modo. Es a la vez una condición de posibilidad y una limitación. Por lo último, hay siempre la tentación de poner en cuestión esos límites, o salir de ellos, para recordar el verso de Baudelaire, *au fond de l'inconnu pour trouver du nouveau*. Es una tentación que tampoco he resistido, orientándome hacia la interdisciplinariedad de los estudios culturales y los estudios subalternos. Pero descubro al final de mi carrera que en realidad nunca he salido mucho más allá del campo de la crítica literaria. Aun cuando desarrollaba una posición supuestamente "anti" literaria, era dentro del campo de la crítica literaria, no fuera de ello (mi libro quizás más conocido, de 1992, es *Against Literature*, Contra la literatura). La posición "anti", la celebración del testimonio, de una voz subalterna independiente de la voz del "autor", de los estudios culturales, fueron más bien maneras de aproximarme a ciertos problemas en el campo, más o menos siguiendo el camino que Ángel Rama abrió en su libro (decisivo para mi generación) *La ciudad letrada* (1984).

Eso es porque el campo es una condición de posibilidad, aun para una transgresión (no hay transgresión sin límites). En ese sentido, el gesto del "ex" de Moreiras me parece más performativo que transformativo, más *queer* que *trans* si se quiere. Sin la presencia del campo (en este caso, el Latinoamericanismo literario), un discurso crítico-académico no tiene sentido, más exactamente, no tiene público: depende de esa proliferación de departamentos, institutos, revistas, grupos de lectura, congresos, debates menores y grandes, ensayos y libros, estudiantes graduados, listas de lectura, becas y subvenciones, aun del resentimiento que es el afecto más característico de la vida académica—todo con el apoyo económico privado y público como un bien social incontestable. Hasta ahora por lo menos: a mi edad, siento más que nada la mortalidad de lo que hacemos, como en el caso de la melancolía de lo pastoril. El campo es mortal: quizás está muriendo. Pero en el *ahora* de nuestra escritura, pensamiento y enseñanza, es decir, en su eje sincrónico, es necesario el campo para que hablemos; tiene como la frase de Wittgenstein (estaba escribiendo sobre las reglas del ajedrez) que me sirve como epígrafe, un "sentido" o *Witz*. *Witz* se podría traducir como "ingenio", como en la idea barroca del *Arte de agudeza e ingenio* de Baltasar Gracián. El ingenio es también una máquina de producción.

Pero el desengaño que expresa Moreiras no es con la crítica literaria en sí, sino con la crítica literaria latinoamericanista en particular. Pienso aquí oír una voz que dice "pero tú no eres latinoamericano, John". Creo que es la voz de mi antes estudiante y ahora profesora distinguida en Rice University, Beatriz González. No estoy seguro si estoy inventando esta memoria, como tantas más a mi edad. Pero de hecho la voz tiene razón. Soy un anglo blanco norteamericano, de formación protestante y de clase media alta, es decir, un WASP. Mi Latinoamericanismo es accidental, el resultado de haber nacido en Caracas (en 1943) y pasado mi niñez en varios países de América Latina donde mi padre trabajaba en la industria petrolera. En las primeras dos décadas de mi carrera era más bien un Peninsularista, con especialidad en el Siglo de Oro. Mi tesis doctoral fue sobre las *Soledades* de Góngora (parte de esa tesis forma la introducción a mi edición de las *Soledades* para la serie Clásicos Cátedra, sin duda mi obra más conocida tanto en España como en América Latina). Se trata entonces en estos ensayos de un esfuerzo de solidaridad afectiva con América Latina, o, para recordar el concepto de la revolución francesa, de fraternidad. Creo que eso es lo que buscaba también Moreiras, pero se sintió ninguneado.

Pero evidentemente hay una inflexión importante aquí que va mas allá de una declaración de solidaridad. Tiene que ver con la llamada "posición de enunaciación" del escritor. Hubo sobre todo en los 90 del siglo pasado una marcada reacción de escritores y críticos latinoamericanos contra la creciente dominación de discursos sobre el latinoamericanismo hechos desde la academia norteamericana en particular, alimentados por la nueva boga de la "teoría": "el Boom del subalterno", lo llamó Mabel Moraña en una intervención ya famosa. Una propuesta supuestamente Latinoamericanista pero producida no desde América Latina sino en cierto sentido *por o en lugar de* América Latina, y escrito muchas veces en inglés, significaba más bien un desplazamiento de la tradición intelectual propiamente latinoamericana, "lo nuestro". Sobre todo se sentía una falta de reconocer debidamente la gran tradición de pensamiento cultural sobre la identidad de América Latina que surge en, quizás Rafael Landívar (para escoger un punto posible de partida entre muchos), y se extiende por Bolívar, Bello, Sarmiento, Martí, Darío, Vasconcelos, Rodó, Mariátegui, Pedro Enriquez, Ureña, Carpentier, Fernando Ortiz, Octavio Paz, Darcy Ribeiro, Antonio Candido, et al. Aun más, parecía poner en segundo lugar una serie de críticos latinoamericanos que habían integrado los nuevos flujos de la teoría francesa: Ángel Rama, Cornejo Polar, Hugo Achugar, Monsivais, Sarlo, García Canclini, Carlos Rincón, la propia Mabel Moraña.

Pero en esta reacción criolla o "nacionalista", si se quiere, hay un malentendido que es propio de muchas posiciones "políticamente correctas": el Latinoamericanismo de que hablamos Moreiras y yo no representa una continuadad con la tradición lationamericanista propiamente latinoamericana. Más bien representa una problematización de esa tradición. En los mismos años aparece en Estados Unidos lo que se llama el New Americanism. El New Americanism postulaba remplazar el *Americanism* tradicional de los estudios literarios y culturales sobre Estados Unidos, sobre todo en sus dos premisas centrales: 1) que Estados Unidos era un país con un carácter y destino "excepcional"; y 2), que ese carácter y destino eran esencialmente democráticos e igualitarios, o iban en esa dirección. ¿Quizás debíamos hablar entonces de un Nuevo Latinoamericanismo, The New Latin Americanism, según el titulo de una reunión en la Universidad de Manchester en 2002? Ese Latinoamericanismo se define no como una continuación del pensamiento cultural latinoamericanista anterior, sino precisamente como una *ruptura* con esa tradición. El signo de esa ruptura es precisamente lo que Moraña critica como "el Boom del subalterno". *La ciudad letrada* de Rama (1984) es el eje entre esas dos posibilidades; de allí su carácter ejemplar pero inconclusa. Por contraste, podríamos ver el gran libro de Julio Ramos, *Desencuentros de la modernidad en América Latina* (1989) como una reiteración magistral pero en ultima instancia conformista del arielismo del Latinoamericanismo tradicional.

CUANDO PASÉ POR LA UNIVERSIDAD, al igual que en varios países de América Latina, había la posibilidad de una militancia como activista o cuadro partidista, pero eso normalmente requería el abandono del trabajo académico, como en el caso del así antes llamado Sub Comandante Marcos, ahora Sub Comandante Galeano de los Zapatistas, ex-profesor de comunicaciones y admirador, como yo, de Althusser; o se podía hacer una carrera académica, y al lado mezclarse periféricamente en cuestiones políticas y sociales; o simplemente abandonar la tentación de "cambiar el mundo" para refugiarse en los placeres de la biblioteca, la literatura y la pedagogía sin compromisos pero con un sentido de buena fe progresista. Para mí la pregunta era concreta y específica: ¿como *juntar* mi práctica como crítico literario académico en el campo primero del Hispanismo Peninsular y después del Latinoamericanismo con la posibilidad de una militancia política de izquierdas? Esta posibilidad fue signada por la idea irónica vagamente gramsciana (pero no de procedencia directa de Gramsci, ni por supuesto de Mao), de una "Larga Marcha a través de las instituciones". De allí que la cuestión de los "límites" del campo era, es, para mí una cuestión táctica, estratégica, y vivencial a la vez.

La crítica literaria es una práctica, como el psicoanálisis, guiada por la teoría, pero no en sí misma teoría. Althusser famosamente situaba la literatura y (y por lo tanto la crítica) en una zona intermediaria entre la ideología — lo Simbólico en el sentido que da Lacan a ese concepto— y la "ciencia", ligada a una aproximación en última instancia imposible a lo Real. Existe una teoría psicoanalítica, de Freud, Jung, Melanie Klein, Lacan, y otras escuelas en competición. Pero la "verdad" del psicoanálisis emerge sólamente en la interactuación del paciente y el analista, a través del medio del habla del paciente. El analista "escucha" al texto producido por el paciente ante su demanda "(dígame lo que se le ocurre decir)", buscando encontrar no la coherencia que el paciente quiere dar a su discurso o su silencio, sino sus momentos de aporía o autocontradicción o lapso que permiten ver grietas en su narración. El acto de "escuchar", de negarse a "interpretar" inmediatamente, y sólo de vez en cuando intervenir (¿qué siente?), produce un efecto retroactivo: algo emerge que está latente pero no inmediatamente presente en el discurso del paciente ni en la explicación posible que pudiera haber ofrecido el analista. Hay un "plus", si se quiere, pero ese plus depende de las "reglas" impuestas por la situación de psicoanálisis o terapia. Este es el "Witz" o sentido interior de un campo o un juego a que se refiere la cita de Wittgenstein. Más allá de esos límites, más allá concretamente del espacio del cuarto del analista y de la relación transferencial entre paciente y analista, ese "plus" no puede aparecer, o no tiene sentido. Es como la plusvalía económica que, como Marx demuestra, no es una cosa en sí porque aparece sólo dentro de las reglas mercantiles de las relaciones de producción específicamente capitalistas.

Tradicionalmente se piensa a la crítica literaria como algo suplementario o secundario a la literatura, su "sombra", por decirlo de alguna manera. Pero la analogía (demasiado somera y quizás frívola para algunos) con el psicoanálisis invierte de cierta manera esta jerarquía. Es la crítica que hace revivir en la literatura su efecto estético y su fuerza (nueva o vieja) ideológica: el efecto estético es la transformación de la ideología en experiencia (en el arte religioso, por ejemplo) o la quiebra de la ideología por una experiencia que no encaja en ella (en la poética vanguardista). En el análisis, algo nuevo ha aparecido, que existe furtivamente entre el discurso del analista y el discurso del paciente. La situación inicial del paciente es una de carencia. Tiene que suplir esa carencia por una autoridad (de interpretación, de auto interpelación) que consigue a través de la práctica analítica. En la inevitable intertextualidad literaria el autor construye su texto tomando o rechazando, recordando o olvidando, partes de otros textos o géneros; "el inconsciente está estructurado como un lenguaje", decía Lacan, y apuntaba a Joyce para ilustrar esto.

Si esta lógica de transferencia es aplicable al campo de la crítica literaria, a la relación entre texto (o autor) y crítico, paradójicamente emerge momentáneamente por lo menos un sentido de que la crítica es anterior y superior a la literatura. Es en esta paradoja, creo, donde reside la fuerza militante de la crítica literaria. ¿O es que su fuerza militante consiste sólamente en describir o evocar, como fiel servidor, la fuerza militante ya desarrollada en el texto literario (Neruda es un poeta revolucionario; Gabriela Mistral nos hace sentir las intimidades de la experiencia femenina; etc.)? Pero entre fiel servidor y militante hay una contradicción de función, o una función contradictoria. Tanto la literatura como la crítica literaria funcionan para "extrañar", como decían los formalistas rusos, el sentido común o rutinario que produce la ideología dominante. Pero la posibilidad de una experiencia que rompe con ese sentido común reside en la interactuación entre texto y lector, una interactuación posibilitada por la práctica crítica. Es decir, esa posibilidad no es propia ni de uno ni otro. Requiere la aparición de algo inesperado, no visto antes, especialmente tomando en cuenta que la práctica de la crítica literaria y la presencia del texto en el canon forman parte de la superestructura ideológica del modo de producción, y de allí se relacionan más bien con la *reproducción* de la ideología. Althusser insistía que la ideología no tenía un *afuera*. La pregunta entonces es cómo hacer una crítica deconstructiva del campo y la práctica de la crítica literaria como elementos de la ideología dominante desde la posición misma de permanecer en el campo y ejercer esa práctica.

Si hay algo "posmarxista" en estos ensayos, es porque en la idea misma de posmarxismo, se trata, como Ernesto Laclau solía insistir con una nota de ironía, de una forma del marxismo. Es decir, Laclau aclaraba, si a uno le preguntasen ¿qué tipo de marxista es Ud. —kantiano, humanista, estalinista, social demócrata, trotskista, maoísta, revisionista, vulgar, etc.? — uno podría contestar: soy un posmarxista. Lo que separa los ensayos de la primera mitad de esta colección de los que siguen es una crisis del sentido (épico, teleológico) del marxismo como portadora de una lógica histórica emancipatoria en que la que estamos inmersos —un historicismo inmanente, si se permite el oxímoron— y desde esa crisis una transición a la idea del marxismo como una *práctica* varia, contingente, sobredeterminada, contradictoria, experimental, y a veces efímera. Aquí fue decisiva, por supuesto, la intervención de Althusser y su escuela. Me refiero sobre todo a su famoso ensayo "Notas sobre la ideología", publicada por primera vez en la revista *La pensée* en 1970.

La izquierda intelectual de mi generación —la generación de los 60, así llamada— criticaba dúramente la actitud de recelo de Althusser ante la revuelta de estudiantes y las huelgas obreras en el mayo de 1968 en París. Althusser parecía refugiarse en su profesionalismo académico y su depresión clínica en vez de salir a la calle también y responder a las demandas por una reestructuración de la universidad, incluyendo su propio campo de la filosofía. Althusser hacía lo que él mismo llamaba una "práctica teórica" marxista dentro de la filosofía moderna y clásica, sin abandonar el campo, a pesar de su conformismo, sus triviales requisitos y combates, su burocracia, y sus pequeños déspotas. Adorno hizo algo parecido, e igualmente vilificado por la Nueva Izquierda, en Francfurt (admito que estaba entonces entre los detractores).

Pero desde la perspectiva de hoy, me parece que pudo haber algo sagaz en este recelo de entregarse al movimiento espontáneo. La explosión del 68 dio lugar a un proceso que culmina un cuarto de siglo después en cierto sentido en su opuesto: el desmoronamiento de los países del socialismo actual, la crisis terminal de los partidos socialistas y comunistas, el "ciber maoísmo" de la informática (la frase es de Jaron Lanier), y una nueva forma globalizada del capitalismo de consumo. Poco queda de la inmensa promesa y vitalidad del 68 — quizás una nostalgia, parodiada hoy en la figura del sesentaochista (*soisanthuitard*), como en la novela de Jorge Volpi, *El fin de la locura* (algo parecido ha ocurrido con los movimientos de la Primavera Árabe). Mientras tanto, la tarea paciente, minuciosa y repetitiva, de socavar las bases de la ideología dominante, una tarea localizada en parte en los campos académicos y en sus discursos y pugnas internas, todavía persiste, con nuevas derrotas —el surgimiento del neoliberalismo como presupuesto ideológico en las disciplinas académicas (como ya había ocurrido en la Economía)— pero también con nuevos puntos de ataque, por ejemplo, el poscolonialismo.

Para contestar la siempre repetida pregunta en nuestras clases de literatura, ¿cómo puedo saber que mi interpretación del texto tiene razón?, solemos decir: no se preocupe, porque dentro de ciertos límites cualquiera tiene el derecho a su interpretación. Como se sabe, en esto consiste precisamente la diferencia entre la formación filosófica y la formación literaria, la razón por la cual Platón expulsó a los poetas de su República. Pero esta respuesta no es exactamente honesta; hay interpretaciones que son simplemente equivocadas, o que involucran algún perjuicio de tipo clasista o racista o machista, y es parte de nuestra responsabilidad pedagógica indicar eso. También el texto mismo que interrogamos tiene silencios y prejuicios. No se conoce a sí mismo. Todo monumento de civilización es también un monumento a la barbarie, dice el famoso aforismo de Walter Benjamin. Esto también hay que enseñar. El trabajo de la crítica siempre tiene que ser renovada aun cuando esa renovación apunta precisamente a su disolución o irrelevancia. Escribiendo esto, me doy cuenta que la mayor parte de estos ensayos no son crítica literaria en el sentido usual —hermenéuticas del texto, de la relación entre forma y contenido, del juego de los afectos— sino más bien una crítica literaria de la crítica literaria.

Sabemos que la función tradicional de la crítica literaria desde por lo menos el Barroco era la de articular la relación entre filología y nación, comenzando con la normalización disciplinaria de los idiomas nacionales en su forma moderna. Eso cambia, por supuesto, con la globalización. Donde en la literatura moderna, el eje de dualidad es comunidad/Estado (Gemeinschaft/Gesellschaft), ahora es nación/orden global. Las identidades impuestas por el colonialismo y el imperialismo propiamente capitalista cambian de lugar, comienzan a perder su anclaje. Proliferan las migraciones y las "diferencias". No es que lo local, lo nacional, lo regional, o el espacio de una "civilización" pierden sentido. A veces todo lo opuesto ocurre: adquieren una nueva intensidad vivencial, expresada por entre otras posibilidades un nacionalismo o regionalismo autoritario o fascista. Precisamente para evitar esa posibilidad fascista, hay que encontrar maneras de expresar esa intensidad de una manera distinta de la cópula nación/texto (o como se solía decir en los 90, nación y narración). De allí el surgimiento por un lado de los estudios culturales y por otro de formas de literatura sub-para-nacionales: el testimonio, la literatura cartonera, literaturas indígenas, afrolatinas, populares, gay o "alternativa" como maneras de abarcar la cultura en una forma ya no necesariamente "nacional" o letrada, y por lo tanto, no sujeta a las normas de una modernidad eurocéntrica obligatoria.

La globalización no cambia esencialmente la tarea de la crítica marxista como un espacio de elaboración de la relación entre superestructura ideológica y base económica. Es más: debido a que la globalización está construida sobre las líneas de fuerza de la colonialidad, aun cuando la colonia como tal ha desaparecido, la globalización representa no una superación de la colonialidad sino su *universalización*. Lo que sí ha cambiado es que la literatura y la crítica literaria ya no tienen la misma autoridad en la sociedad burguesa que tuvieron en los siglos XIX y XX. Antes un libro podría haber sido "peligroso"; no, con pocas excepciones, hoy.

Tengo la sensación de un hombre viejo como Don Quijote de que todo está cambiando, y nosotros también. Antes se pensaba que el cambio era un bien, pero ahora la idea induce una sospecha de los nuevos desastres que el capitalismo y la crisis ecológica van a traer sin falta, no importa si hacemos algo o no. ¿Hasta que punto debemos resistir esos cambios en nombre de defender algo importante, bello, como la literatura y la crítica literaria que era una especie de refugio para muchos de nosotros; hasta qué punto debemos ser nosotros mismos cambiados y salir del refugio? ¿Quién sabe cómo hacer ese balance? El peligro como en el caso del Quijote es ser considerado una figura cuya fuerza ya está gastada, y que tiene poco qué decir al futuro. A pesar de esa inseguridad, uno sigue hablando, sabiendo que en la muerte no hay nada que decir.

¿Estamos llegando al momento de abandonar nuestro sentido de la literatura como tal, y verla como una institución (campo/práctica) irreversiblemente ligada a la formación de la modernidad europea en el Renacimiento y de su extensión colonial? Es una pregunta que hago desde la crítica literaria a la literatura y a la crítica literaria a la vez. El último ensayo de esta colección, "El fracaso de Latinoamérica", no es estrictamente crítica literaria, más bien una especie de reflexión histórico-cultural sobre las limitaciones que ha encontrado América Latina en su desarrollo. Una de estas limitaciones, señalo, es la persistencia del modelo literario que surge desde el barroco colonial, sobrevive la independencia, se democratiza un poco en el siglo XX, pero todavía pesa sobre la sociedad. Ese modelo separa la esfera de la literatura culta y del lenguaje literario de la esfera de la cultura popular. En sus *Cuadernos de la cárcel*, Gramsci llegó a una conclusión similar respecto a la formación de Italia como Estado-nación. El italiano como idioma sólo existía desde el Renacimiento en la literatura culta, nunca había llegado a ser un idioma propiamente nacional o popular: el pueblo usaba dialectos, o un italiano vulgar (como en el caso de la diferencia entre el Latín escrito y el Latín hablado). Pero los dialectos tampoco funcionaban a nivel nacional: eran regionales o locales. A diferencia de Francia o Inglaterra, con su fuerte tradición de novelas de folletín de amplia distribución en el siglo XIX, la literatura en Italia no podía servir como factor productivo de un espíritu nacional-popular. Todavía marcaba la división entre señores y pueblo, clases altas (ilustradas) y clases bajas (iletradas o parcialmente letradas), norte y sur. De esa debilidad, entre otras, nace la crisis cultural-política del nuevo Estado italiano a finales del siglo XIX, crisis a la cual responde eventualmente el fascismo de Mussolini.

Para Octavio Paz en *Los hijos del limo* la literatura y en especial la poesía eran una "modernidad compensatoria" en América Latina —compensatoria por la falta de desarrollo económico-social, y por la increíble y persistente desigualdad. Creo que los que somos como Paz del campo de la literatura siempre hemos pensado que la literatura y lo que hacemos en relación a ella es parte de la solución y no del problema. Como Cervantes entendió, sin embargo, ciertas formas de literatura—la novela pastoril, la caballeresca—podían ser una limitación además de ser un ideal, una limitación que tenía que ser sobrepasada (por puro aburrimiento entre otras cosas) para dar paso a la novela moderna. Si la literatura ha sido —es— una barrera al florecimiento igualitario y multicultural de América Latina, ¿debemos entonces suplantar nuestra noción de *literatura* con la noción de *poesía* (*poiesis*) en el sentido que dio Aristóteles a ese concepto: es decir, de una práctica ya existente de invención, narración, y expresión verbal (oral o escrita) más colectiva y universal? Y eso nos lleva a una segunda y última pregunta que es propiamente pedagógica: ¿hace falta entonces la indoctrinación en o la captura de las clases y grupos subalternos por la literatura y la crítica literaria para producir el progreso y la igualdad? La literatura es indudablemente parte del campo más amplio de *poiesis*, pero como una especie de paréntesis dentro de ello, como el *locus amoenus* pastoril, antigua y moderna a la vez: una colonia-isla quizás, como en el famoso cuento de Kafka, "En la colonia penitenciaria", donde la máquina de tortura escribe sobre (en) el cuerpo del supuesto culpable su sentencia, que en el caso de las sociedades supuestamente modernas es de no ser letrado. No es una imagen atractiva del mundo de las letras. Pero quizás es lo que hacemos a veces sin darnos cuenta. Comencé esta nota al lector marcando una diferencia con Alberto Moreiras acerca de la noción de campo. Aquí más bien quiero indicar una coincidencia. Estamos de acuerdo en que no queremos ser la máquina de Kafka. Nuestros caminos se separan pero se cruzan en este punto principal.

John Beverley
Pittsburgh, diciembre 2021

Los textos de los ensayos aquí reproducidos corresponden generalmente a la primera versión publicada en español. De vez en cuando he tachado un error, un anacronismo, o una repetición del mismo argumento entre varios ensayos, alguna vez una frase o párrafo completo. Pero no he intentado revisiones más profundas, a pesar de mi vergüenza de vez en cuando por lo que he escrito, por su ingenuidad o torpeza, *Quod scripsi scripsi* (Lo que he escrito, he escrito). En el caso de lo que es quizás el ensayo más polémico, "El ultraizquierdismo", he añadido una Posdata para criticar y resituar mi propio argumento.

He aquí una lista de las fuentes, en el orden que aparecen en este libro:

— "La política de la teoría: Un itinerario personal". In Hernán Vidal ed., *Trienta años de estudios literarios/culturales latinoamericanistas*. Pittsburgh: *IILI*, 2008: 111–128.

— "Ls dialéctica de la ideología y la utopía en la poesía pastoril del Siglo de Oro". En Edward Baker, Bridget Aldaraca, y John Beverley eds., *Texto y sociedad: Problemas de historia literaria.* Amsterdam: Rodopi B.V., 1990: 61–74; y como "La economía política del *locus amoenus*". *Imprévue* (Francia) (1985–1): 123–140.

— "Sobre Góngora y el gongorismo colonial". *Revista Iberoamericana* 114–115 (1981): 33–44.

— "Anatomía del testimonio". *Revista de Crítica Literaria Latinoamericana* 25 (1987): 7–17.

— "El *Tungsteno* de Vallejo: Hacia una revindicación de la 'novela social' latinoamericana". En Raúl Bueno y Beatriz Pastor eds., *Actas del simposio "Latinoamérica: Nuevas direcciones en teoría y crítica literarias"*, número especial de la *Revista de Crítica Literaria Latinoamericana* 29 (1989): 167–177.

— "El testimonio en la encrucijada". *Revista Iberoamericana* 164–165 (1993): 485–495.

— "'Máscaras de humanidad': Sobre la supuesta modernidad del *Apologético* de Juan de Espinosa Medrano". En Antonio Cornejo-Polar ed., *Las poéticas coloniales*, número especial de la *Revista de Crítica Literaria Latinoamericana* (1995).

— "Post-literatura: Sujeto subalterno e impase de las humanidades". *Casa de las Américas* 190 (1993).

— "Algunos apuntes sobre la relación literatura-revolución en el caso nicaragüense". En Jorge Román-Lagunas y Rick McCallister eds., *La literatura centroamericana como arma cultural*. Guatemala: CILCA (1999): 13–28.

— "Calibán después del comunismo". En Elzbieta Sklodowska y Ben Heller eds., *Roberto Fernández Retamar y los estudios latinoamericanos*. Pittsburgh: IILI- Serie Críticas, 2000): 117–134

— "Algunas observaciones sobre el último ensayo de Antonio Cornejo Polar y el futuro del hispanoamericanismo". En Friedhelm Schmidt-Welle ed., *Antonio Cornejo Polar y los estudios latinoamericanos*. Pittsburgh: IILI, 2002: 285–28

— "Sobre el *performance* de Mujeres Creando: Marginalidad, visibilidad, y estado". En Luis Duno ed., *Miradas al margen. Cine y subalternidad en América Latina y el Caribe*. Caracas: Fundación Cinemateca Nacional (2008): 435–440.

— "El giro neoconservador en la crítica literaria y cultural latinoamericana". Traducción de "The Neoconservative Turn in Latin American Literary and Cultural Criticism". *Journal of Latin American Cultural Studies* 17.1 (2008): 65–81.

—"El ultraizquierdismo: Enfermedad infantil de la academia". *Alter /nativas* 1 (2013), número especial de *Latin American Cultural Studies in the 21st Century*, Ana del Sarto ed. (http://alternativas .osu.edu); y *Cuadernos de Cultura* 18, 35 (2014).

—"Después de lo poscolonial: La igualdad y la crítica literaria en tiempos de globalización". *Casa de las Américas* No. 292 julio -septiembre (2018): 87–95.

—"Subaltern Lives". En John Beverley. *The Failure of Latin America: Postcolonialism in Bad Times*. Pittsburgh: University of Pittsburgh Press, 2019. Traducción de Jorge Tapia (2021).

—"El fracaso de Latinoamérica". En Yannelys Aparicio, trad. *Revista Letral*, no.21, (2019): 4–23. ISSN 1989–3302. DOI: http://dx.doi .org/10.30827/RL.v0i21.8107

—"Declaración de fundación del Grupo de Estudios Subalternos Latinoamericanos". En U. Juan Zevallos Aguilar, trad. *Procesos. Revista Ecuatoriana de Historia*, 1 (10), (1997): 135–145.

Quiero agradecer la ayuda de Jorge Tapia en preparar la versión electrónica del manuscrito y en múltiples detalles de traducción y revisión. Tambien agradezco a Greg Dawes y el equipo editorial de *A Contracorriente* por crear un espacio tan abierto y vital para la crítica latinoamericanista progresista, y en especial la tarea de su asistente de publicacion Neal Dansky por haber digitalizado los ensayos de la primera mitad, que carecían en muchos casos de versiones digitales. Debo mencionar aquí también a mis estudiantes graduados del Department of Hispanic Languages and Literatures de la Universidad de Pittsburgh, con los cuales pude exponer, debatir, y desarrollar las ideas involucradas en estos ensayos.

I

Introducción.
La política de la teoría: Un itinerario personal
(2005)

A FINALES DE LOS 60 y comienzos de los 70, pasamos del campo de la crítica literaria tradicional al territorio todavía incógnito de la "teoría". Algunos volvimos, otros se quedaron, y otros se perdieron para siempre, como también ocurrió en el caso de dos búsquedas paralelas: la droga y la militancia política. Lo que sigue es una narrativa personal de ese viaje, una narrativa que subyace a todos los ensayos coleccionados aquí.

La tentación de lo que se llegó a llamar "el género de la teoría" consistía en que ésta ya no representaría sólo una manera de pensar *sobre* lo político, sino una forma *de* la política, con consecuencias políticas más o menos inmediatas. Una de las figuras centrales de este cambio de perspectiva o "ruptura epistemológica", como se solía decir en esa época, fue el filósofo marxista francés Louis Althusser, quien habló de la necesidad de una "práctica teórica", donde antes se hablaba de la "unidad" natural o asumida entre de teoría y práctica política. Estos ensayos se ofrecen como una "práctica teórica" en el campo de la crítica literaria.

Lo que favorecía esta ilusión era sobre todo el radicalismo implícito en la doctrina estructuralista del carácter "arbitrario" del signo lingüístico. Según de Saussure, el fundador de la lingüística estructural a comienzos del siglo XX, no era sólo arbitrario el hecho de que tal o cual conjunto de fonemas (el significante) representase tal o cual objeto o instancia en el mundo (el significado): *Pferd* o *horse* para caballo, por ejemplo, o *Rote* o *red* para rojo. El signo también "cortaba" de una manera arbitraria el plano de lo Real (que, en un famoso dicho de Jacques Lacan, era "lo que se resistía a la simbolización absolutamente"). La misma idea o experiencia subjetiva de "rojo"—el significado—más que una "cosa en sí", ontológicamente anterior a su articulación como concepto o experiencia, era relativa, un "efecto del significante", el resultado de una negación ("no naranja, no marrón") cuyos términos dependían, a su vez, también de su ubicación en una red estructural de otras negaciones.

Fue gracias a esta premisa, extendida a otros sistemas o "códigos" de significación, que surge, en los 60, el estructuralismo. Si los estructuralistas tenían razón, no sólo nuestra manera de percibir las "cosas" del mundo, sino también su identidad como tal, dependían del sistema semiótico, o *langue*, en el cual estábamos inmersos. Más aún: nuestra propia identidad como sujetos conscientes del mundo era un "efecto del significante". Como solía decir Althusser, "la ideología no tiene un afuera".

De allí que el estructuralismo representara no sólo una nueva manera de pensar la "superestructura" social de creencias, mitos, sistemas de prohibiciones, leyes, etc. (como afirmaba el antropólogo Claude Levi Strauss, uno de las figuras magistrales del movimiento), sino que cancelaba en parte la distinción entre "base" (económica, social) y "superestructura" (cultural, ideológica) en el marxismo ortodoxo. El sistema de significantes no sólo "reflejaba" las distinciones de un mundo social preexistente; era también "productivo" de identidades, valores, entidades, relaciones. Así, ahora era posible hablar de y practicar un "materialismo cultural". Lo social, en cierto sentido, era también, como la ilusión de nuestra propia subjetividad, un "efecto del significante". (En la teoría política fue Ernesto Laclau quien desarrolló más consecuentemente esta línea de pensamiento, y su presencia es evidente desde el principio en estos ensayos.

El radicalismo nominalista de la doctrina estructuralista coincidió coyunturalmente con la explosión de una serie de luchas sociales a nivel tanto nacional como internacional en los 60, entre ellas, los grandes movimientos anticoloniales o antiimperialistas, como las guerras de Argelia o Vietnam, pero también en los países tanto del "centro" como de la "periferia", movimientos sociales de nuevo tipo: estudiantes, étnicos, feminista, gay, de derechos civiles, ecologistas, *hippies* o de "contra cultura". La idea de una transformación revolucionaria a nivel mundial todavía parecía posible, aunque más y más precaria. Quizás la imagen más influyente (aunque para nosotros también distante) de esa posibilidad fue la Revolución Cultural en China, que prometía, en principio, borrar en nombre de una igualdad absoluta todas las distinciones jerárquicas tradicionales, no sólo las económicas de clase y de riqueza/pobreza, sino también las de género, oficio, o etnia, impuestas sucesivamente por el feudalismo, el colonialismo y el capitalismo. Hubo cierta coincidencia insólita, fundada en malentendidos por ambos lados, entre el maoísmo y el estructuralismo, sobre todo en Francia. La película de Godard, *La Chinoise*, es un recuerdo irónico de este momento.

Pero, sin ser necesariamente ni maoístas ni estructuralistas en un sentido estricto, todos participábamos de una forma u otra en esta coyuntura bella, tumultuosa, pero también cruel (se hablaba mucho del *bad trip* psicodélico; la Revolución Cultural en China se transformó de un movimiento igualitario, renovador, impulsado por jóvenes como nosotros, en un "bad trip" colosal). Era también la época dorada de la Revolución Cubana y de la lucha armada en América Latina, que seguíamos de cerca, leyendo el famoso manual, *Revolución en la revolución*, de Régis Debray, el discípulo de Althusser que se había hecho amigo del Che (hoy, en una especie de ironía de la historia, la ex esposa de Debray y después gestora del testimonio *Me llamo Rigoberta Menchú*, la antropóloga venezolana Elisabeth Burgos, se encuentra en la oposición al chavismo en Venezuela).

Había, por supuesto, mucho "voluntarismo" en todo eso. Teníamos la sensación (quizás es propia de cada generación nueva en la modernidad) de que podríamos inventarnos a nosotros mismos, solos y sin referencia al pasado. Pero este estado de ánimo tremendamente optimista y contestatario también fue el producto objetivo de una coyuntura económica-política muy favorable. Por un lado, el capitalismo a nivel mundial, no sólo en los países del "centro" sino en los países "periféricos" como la India o México, había experimentado una expansión enorme desde finales de la Segunda Guerra Mundial. Esta "larga onda" de crecimiento, como lo llamaban los economistas, explicaba la domesticación política de la clase obrera en los países altamente industrializados. Pero, esta expansión también producía dentro de esos países una serie de nuevas demandas y expectativas ante las cuales el sistema tenía dificultad en responder, y coincidía en el "Tercer Mundo", como se decía entonces (hoy se habla más bien del "Sur"), con el gran movimiento de descolonización que comienza, junto con la Guerra Fría, con la independencia de la India y con la Revolución China en 1947. Una manera de entender el auge de la "teoría" es que fue el efecto de la descolonización en los centros de saber de la antigua metrópolis colonial-imperialista—es decir que, aunque producida en Europa, la "teoría" obedece a una voluntad histórica post-europea.

En la terminología marxista que favorecíamos en la época, esto se designaba como la contradicción entre las *fuerzas de producción* creadas por el capitalismo moderno (su enorme capacidad productiva y su aparato técnico-científico) y las *relaciones de producción* (el sistema de clases y de hegemonía imperialista que inscribía la desigualdad en el corazón del capitalismo). Por razones que sería demasiado largo explicar aquí, durante los 60 la universidad se convirtió en uno de los ejes centrales de esta contradicción. De allí, el dinamismo y fuerza de los llamados "movimientos de estudiantes", que culminaron en el mayo francés de 1968 y en la masacre de estudiantes en la Plaza de Tlatelolco en México.

Mi narrativa personal es producto de todo eso, tanto de la "base" económica como del radicalismo epistemológico de la doctrina estructuralista del signo, o de la "contra cultura" y la suerte de haber vivido en California a finales de los 60. Si esta historia involucra cierta posibilidad de elección o *agency*, como se dice en inglés, también está regida por una serie de determinismos, y quizás sea más importante entender esto que lo anterior.

Nací en Venezuela, y pasé la primera parte de mi vida principalmente en el Perú. Mis padres eran estadounidenses residentes en América Latina—mi papá era funcionario de una compañía de petróleo, con extensos campos de producción (después nacionalizados) en Venezuela, Ecuador, Colombia, y Perú. Más que "criollo", yo era un niño "colonial", con ganas siempre de volver un día a la madre patria norteamericana, que, en mis fantasías juveniles, representaba una modernidad totalmente lograda, de ciudades de ciencia ficción. Pero también era un niño bilingüe y hasta cierto punto bicultural, que conocía mejor y más de cerca Bogotá o Lima que cualquier ciudad de los Estados Unidos. De ahí que cuando triunfa la Revolución Cubana en 1959, pude rápidamente asimilarla como algo que yo entendía y que de cierta forma me interpelaba personalmente, a pesar de mi formación de clase media alta estadounidense (mis padres eran republicanos, admiradores de Nixon, y sus amigos incluían hombres de negocio exiliados de Cuba por la revolución). Esa conexión biográfica con el mundo hispanohablante, y mi identificación "vivencial", si se quiere (porque no tenía todavía una concepción política del mundo muy clara), con la Revolución Cubana, incidieron en mi decisión de escoger *Spanish* como campo de concentración para mi licenciatura universitaria. Pero, no me puse a estudiar la literatura latinoamericana sino la literatura española del Siglo de Oro. A pesar de la irrupción en esos años de la novela del *Boom*, en la academia estadounidense la literatura latinoamericana todavía era vista como una rama menor del campo del Hispanismo. En la Universidad de California en San Diego, donde fui en 1966 para realizar mi doctorado, coincidí con un grupo de hispanistas famosos, entre ellos el historiador Américo Castro, y los críticos Carlos Blanco Aguinaga, Joaquín Casalduero y Claudio Guillén, el eventual director de mi tesis doctoral. Fui a San Diego principalmente para trabajar con ellos, pero descubrí por accidente que esa universidad era también uno de los lugares donde la primera ola del estructuralismo francés estaba llegando a Estados Unidos (los otros dos lugares, menos politizados pero más prestigiosos, eran las universidades de Yale y Johns Hopkins). Me acuerdo de un joven profesor, Tony Wilden, que venía de estar a los pies de Lacan en París. Pasaban en persona por San Diego o California del Sur otras figuras grandes o menores del postestructuralismo: Foucault, Lyotard, Baudrillard, Michel de Certeau, Louis Marin. En San Diego estaba también el gran filósofo de la Escuela de Frankfurt, Herbert Marcuse, autor de *Eros y Civilización,* y gurú de la Nueva Izquierda internacional. A finales de los 60, Fredric Jameson llegó de Harvard y entonces comencé a asistir a los cursos que él daba sobre crítica literaria marxista, la Escuela de Frankfurt y especialmente Walter Benjamín, la poesía y la novela francesas y Sartre. Dicho de paso, Sartre fue para mí, como para muchos intelectuales de formación burguesa o pequeño-burguesa en mi época, el punto de paso entre un individualismo nihilista, bohemio, y el marxismo y la militancia política.

Aunque Marcuse era la *eminencia gris* del lugar, fue Jameson, cuyo pensamiento circulaba entre varias corrientes del llamado "marxismo occidental" y el estructuralismo (o, para decirlo de otra forma, entre Lukács y Althusser), quien me dio una nueva manera de leer la literatura, una "hermenéutica positiva"—para emplear su propio concepto— marxista pero no reduccionista, que juntaba análisis formal e ideológico (se hablaba de la necesidad de una "lectura sintomática" de los mecanismos del texto). Esto me llevó a mi primer libro, un análisis de lo que Jameson llamaría el "inconsciente político" de las *Soledades* de Góngora, que respetaba el formalismo exacerbado del poema, pero que a la vez procuraba ver en ese formalismo la presencia de varias presiones y contradicciones sociales e ideológicas inherentes al período del barroco español. La versión española del libro llevó una doble dedicatoria a "dos que murieron en la frontera": Walter Benjamín y Che Guevara. Esa combinación alegórica, si se quiere, de las figuras de un revolucionario y de un crítico literario marcaba mi ambición o quizás mi *hubris* crítica: juntar la militancia política con la militancia crítica o teórica. Eran, desde luego, "*the Sixties*", y todo, aun el recinto normalmente plácido y autocomplaciente de los departamentos de literatura, estaba en desorden. Mi mejor amigo era un francés, Claude, que preparaba, bajo la dirección de Marcuse, una tesis sobre las implicaciones políticas del surrealismo. Claude volvió con su esposa, hija de padres comunistas, a París en mayo de 1968, para sumarse a las masas en la calle, sin regresar jamás.

Pero mi finalidad política no fue tanto la calle sino lo que se llamaba entonces, no sin cierta ironía, "la larga marcha a través de las instituciones". Terminé el doctorado, y entré en la carrera académica como profesor asistente de literatura peninsular en la Universidad de Pittsburgh. Por muchos años procuré desarrollar la idea que había heredado de Jameson, la de una hermenéutica literaria propiamente marxista. Enseñaba estructuralismo y después su hijo legítimo, el post-estructuralismo (producto edípico de estudiantes o admiradores de Althusser, como Ranciere, Balibar, Derrida o Foucault). Participé en las discusiones que llevarían eventualmente a la formación del campo de los estudios culturales. Por muchos años compartí la coordinación del llamado *Marxist Literary Group* en la *Modern Language Association* (MLA), donde se reunían los discípulos de Jameson (todavía funciona, pero ya no participo). Al mismo tiempo, me acerqué al proyecto de una "historia social" de la literatura española y latinoamericana que se desarrollaba en centros de investigación como el Centro de Estudios Latinoamericanos "Rómulo Gallegos" en Caracas, o en el *Institute for the Study of Ideologies and Literatures*, impulsado por Hernán Vidal y Anthony Zahareas en la Universidad de Minnesota. Sentía que de esta manera estaba ayudando a propugnar una posición radicalizadora, *marxisante*, en mi disciplina. Pero mis preocupaciones políticas concretas estaban más bien fuera de la universidad. Milité en varios grupos de la Nueva Izquierda estadounidense y en movimientos de solidaridad con América Latina: con Cuba, con Chile después del golpe de Estado de 1973, y con los movimientos revolucionarios que comenzaban a aparecer en Centro América a finales de los 70.

Pero entonces, en 1979, ocurre algo que cambia mi perspectiva de una manera dramática e inesperada: el triunfo de la Revolución Sandinista. Mi amigo, Marc Zimmerman, que también había sido discípulo de Jameson en San Diego y también trabajaba en la solidaridad sandinista, me pide que colaboremos en un libro sobre la relación entre la nueva literatura centroamericana —que yo conocía sólo parcialmente (Cardenal, Roque Dalton, Sergio Ramírez, Otto René Castillo, el género testimonio, la "poesía de taller", etc.)— y el auge de los movimientos revolucionarios en la región. Concebimos el libro como una versión "académica", si se quiere, de la práctica de la solidaridad. En nuestro interés por lo que llamábamos (de una manera que me parece un poco torpe hoy) la "función ideológica" de la literatura, estábamos procurando juntar la militancia política con el vanguardismo de la "teoría" que habíamos heredado de nuestros días en San Diego.

En el proceso de escribir el libro con Marc, me sentí más y más atraído hacia América Latina. Me interesaba todavía Góngora, pero ahora no tanto como un escritor del canon peninsular, sino más bien por la manera en que su poesía se vuelve una especie de discurso maestro en los virreinatos coloniales en el siglo XVII. Quería entender cómo la "recepción" de Góngora por letrados criollos como Juan de Espinosa Medrano o Sor Juana Inés de la Cruz, constituía un nuevo nexo de "poder-saber", en el sentido que daba Foucault a ese concepto, que ponía en relación cercana la esfera del poder y la literatura. Anticipaba en este nuevo interés lo que después se llegó a conocer como la crítica postcolonial. Terminé alejándome del peninsularismo. Publiqué en 1988 una colección de ensayos cuyo título resumía mi propia trayectoria: *Del Lazarillo al sandinismo*. (Varios de esos ensayos están incluidos aquí).

Pero esta ambición me deja a finales de los 80 en una situación un poco incómoda. No lo sabíamos cuando comenzamos nuestro libro sobre la literatura revolucionaria centroamericana, pero Marc y yo estábamos trabajando contra el tiempo. Queríamos hacer un retrato vivo de un proceso complejo y a veces contradictorio que estaba aún desplegándose. Sin embargo, teníamos la certeza de que iba a seguir adelante y, tarde o temprano, iba a triunfar. Pero, a mediados de los 80, los movimientos revolucionarios en El Salvador y Guatemala, que parecían tan fuertes a comienzos de esa década, se encontraban frenados por una violencia contrarrevolucionaria inusual, genocida, y los sandinistas estaban en una crisis profunda, provocada en parte por la guerra de los Contras. En 1989, Cuba —el principal soporte regional de las insurgencias— entró en su "período especial en tiempos de paz" con la debacle económica producida por el colapso de la Unión Soviética. Los sandinistas perdieron las elecciones en Nicaragua en febrero de 1990. Varios meses después apareció nuestro libro, *Literature and Politics in the Central American Revolutions*, y pronto se dirigió al limbo bien poblado de los libros académicos que han perdido su momento.

El fracaso de nuestro libro no fue solamente coyuntural sino también teórico. Los movimientos revolucionarios en Nicaragua, Guatemala y El

Salvador se habían articulado como luchas de liberación nacional, siguiendo el modelo de la Revolución Cubana. Ofrecíamos una teoría de la literatura como "práctica ideológica" de un nacionalismo revolucionario; estudiábamos las formas en que figuras y movimientos literarios específicos, proyectos de hegemonía y contra-hegemonía política, estaban entretejidas con la "cuestión nacional" y ofrecían nuevas posibilidades de expresión de lo "nacional-popular". Pero 1990 no fue sólo el año en que los sandinistas perdieron el poder; fue también cuando, más o menos simultáneamente con *Literature and Politics*, aparecieron *Myth and Archive* de Roberto González Echeverría, y la antología editada por Homi Bhabha, *Nation and Narration*. Doris Sommer publicó un ensayo en *Nation and Narration* que anticipaba su propio libro sobre las relaciones alegóricas entre la narrativa literaria y la formación del Estado nacional en el siglo XIX latinoamericano, *Foundational Fictions*, el cual apareció un año después.

En formas diversas y políticamente inconmensurables, *Myth and Archive*, *Nation and Narration*, y *Foundational Fictions* (junto con el anterior libro de Benedict Anderson, *Imagined Communities*, y *Escribir en el aire* de Antonio Cornejo Polar) rápidamente vinieron a ocupar el lugar que nosotros esperábamos para *Literature and Politics*: el de definir la principal agenda para la crítica literaria latinoamericanista en la academia estadounidense en los 90. Más aún, definieron esa agenda en términos *postnacionales* o, al menos, deconstructivos respecto de las reivindicaciones identitarias de la nación y de las luchas de liberación nacional.

No sólo el proyecto sandinista sino también nuestro propio proyecto como críticos literarios "en solidaridad" con el sandinismo, llegaron a una crisis. Fue esta coyuntura tanto de desengaño y fracaso como también de un deseo de continuar, si fuera posible, la noción de una práctica teórica-crítica politizada la que me lleva, en parte como autocrítica de mi propio trabajo, hacia los estudios culturales y los estudios subalternos. La naturaleza y la historia de estos dos movimientos son complejas y están referidas en varios ensayos de esta colección. Voy a ofrecer aquí, entonces, sólo unos detalles personales. Aunque llegué a los estudios subalternos después de los estudios culturales (pensaba inicialmente que la perspectiva subalternista era una especie de "pliegue" dentro de los estudios culturales), voy a hablar primero de ellos.

Compartí la derrota sandinista con otra colega, Ileana Rodríguez, ex esposa de Marc Zimmerman que también se había formado en el Departamento de Literatura de San Diego. Ileana, que era de origen nicaragüense, abandonó en los 80 su carrera académica en Estados Unidos para trabajar para el gobierno sandinista. Después de la derrota vuelve a Estados Unidos para ver si puede retomar su carrera, y nos volvemos a ver. Descubrimos que, por derroteros distintos, ambos habíamos llegado a leer los trabajos del llamado Grupo Sudasiático de Estudios Subalternos y ambos pensamos que éstos tenían una relación más que casual con nuestras preocupaciones. Descubrimos que otros colegas también compartían ese interés. Veníamos principalmente, pero no exclusivamente, del campo de la crítica literaria. Teníamos la sensación de que el proyecto de la izquierda latinoamericana que había definido nuestro trabajo previo había llegado a un límite, aun en las revoluciones que triunfaron como la cubana y la nicaragüense. Aunque estas revoluciones buscaban apoyarse en una reivindicación "nacional-popular" amplia, nos parecía que había profundas dificultades en la relación entre la vanguardia revolucionaria, el Estado post-revolucionario y "el pueblo". No estábamos seguros, o no estábamos de acuerdo acerca de cuál era exactamente ese límite, pero sí estábamos seguros de que las cosas estaban cambiando y que necesitábamos un nuevo paradigma. Nos reunimos informalmente por primera vez cerca de la ciudad de Washington en 1992. Decidimos bautizarnos con el nombre de Grupo de Estudios Subalternos Latinoamericanos. En una especie de manifiesto que escribimos colectivamente en esa ocasión, la "Declaración de Fundación del Grupo de Estudios Subalternos Latinoamericanos", definimos la necesidad de un nuevo paradigma en estos términos (el texto completo se encuentra aquí como apéndice):

> La actual caída de los regímenes autoritarios en América Latina, el fin del comunismo y el consiguiente desplazamiento de los proyectos revolucionarios, los procesos de democratización y la nueva dinámica creada por el efecto de los medios de comunicación de masas y la transnacionalización de la economía: todos estos son desarrollos que demandan nuevas formas de pensar y actuar políticamente. La redefinición de los espacios políticos y culturales latinoamericanos en los años recientes ha llevado, en su momento, a los intelectuales de la región a revisar epistemologías establecidas y previamente funcionales en las ciencias sociales y las humanidades. La tendencia general a la democratización lleva a priorizar en particular la reexaminación de los conceptos de sociedades pluralistas y las condiciones de subalternidad dentro de estas sociedades.

Ranajit Guha, el historiador bengalí que formó el Grupo Sudasiático de Estudios Subalternos, a quien veíamos como nuestro modelo, definió la problemática central de su propio trabajo como "el estudio del *fracaso histórico de la nación para llegar a su realización". Mutatis mutandis,* fue el "fracaso histórico de la nación para llegar a su realización" lo que nosotros estábamos confrontando en la crisis de la izquierda revolucionaria en América Latina en los 90. Entendíamos ese fracaso como un fenómeno de la "postmodernidad", en el sentido que le daba el filósofo Jean-François Lyotard a ese término — es decir, "el fin de los metarrelatos". Aunque ahora no lo veo con tanto entusiasmo, tanto para mí como para Guha el concepto de postmodernidad fue fundamental en la reorientación de mi trabajo. Por limitaciones de espacio, no puedo detenerme en ello, pero quiero por lo menos marcar el hecho (edité un libro sobre el tema, *The Postmodernism Debate in Latin America*). Quizás sea suficiente decir que la problemática de la postmodernidad, en un sentido amplio (político, filosófico, estético, ético) implicaba la necesidad y a la vez la posibilidad de desarrollar un nuevo concepto de la izquierda no ligada a una modernidad normativa y teleológicamente entendida. Porque si la pregunta de la Guerra Fría (que termina, en cierto sentido, con la derrota sandinista) había sido ¿cuál de los dos grandes sistemas, el capitalismo o el comunismo, puede producir mejor la modernidad?, entonces la historia había dado su respuesta: el capitalismo. Limitar el proyecto de la izquierda, entonces, a la conquista de una "modernidad plena", como se solía decir, equivaldría a condenar a la izquierda a la derrota de antemano.

Para usar una frase de Gayatri Spivak, veíamos los estudios subalternos como "una estrategia para nuestro tiempo", un tiempo postmoderno, pensábamos. Compartíamos con Guha y los historiadores del Grupo Sudasiático de Estudios Subalternos un interés en la crítica de la representación desarrollada por el postestructuralismo. Ellos confrontaban el hecho de que la historiografía del subcontinente indio, tanto en sus variantes coloniales como nacionalistas (incluyendo las marxistas), había sido estructurada por un modelo estatista de modernización política y económica —lo que en América Latina es conocido como el paradigma "desarrollista". Cuando ese modelo comenzó a producir efectos perversos, tanto a nivel intelectual como a nivel político, los subalternistas sudasiáticos creyeron necesario encontrar una forma diferente de comprender la historia social de sus países. La crítica postestructuralista del historicismo y de la construcción del discurso de la historia se prestó coyunturalmente para ese propósito. En cierto sentido, los subalternistas sudasiáticos pasaron de la historia a la crítica y la teoría literaria.

Nuestro impulso fue, de alguna manera, el inverso: sentíamos que el campo de la literatura y la crítica literaria latinoamericanista entraban en crisis, y que teníamos que salir del campo hacia la historia social. La crisis fue precipitada por la publicación del libro de Ángel Rama, *La ciudad letrada,* en 1984, dos años después de su trágica muerte en un accidente de avión. *La ciudad letrada* era más un esbozo que un libro plenamente desarrollado y hoy revela varios silencios y ambigüedades. Pero en los 80 tuvo un impacto decisivo sobre mi generación de críticos literarios latinoamericanistas. Aunque Rama mismo no lo confiesa, *La ciudad letrada* fue concebida como una *genealogía* al estilo de Foucault de la institución literaria en América Latina, una genealogía que intentaba desafiar el prevaleciente historicismo de los estudios literarios latinoamericanos (sin lograr romper totalmente con ese historicismo). Lo que Rama nos hizo ver, o lo que queríamos ver en su libro, fue que la literatura en sí —incluso las novelas del *Boom* o la "poesía conversacional" promulgada por los cubanos— estaba implicada en la formación de las elites tanto coloniales como postcoloniales en América Latina. Por tanto, nuestra propuesta de que la literatura era un lugar donde voces populares o minoritarias podrían encontrar mayor y mejor expresión, un vehículo para la democratización cultural, quedó cuestionada en sus mismas bases. El argumento de Rama explicaba, por un lado, cómo la literatura llegó a tener el tipo de centralidad que todavía tiene en América Latina. Pero, por otro lado, perfiló también ese sentido de los *límites* de la literatura como representación (en el doble sentido de *hablar por* —político— y *hablar de* —mimético) adecuada del sujeto social latinoamericano.

    Toda esta situación nos llevó a designar una alteridad que no podía ser adecuadamente representada en las formas existentes de literatura, sin modificarlas profundamente; la idea de lo subalterno fue una manera de responder a dicha crisis. Pero, en la medida en que nosotros mismos estábamos implicados en la "ciudad letrada" como profesores, críticos, y/o escritores, el subalternismo no podría consistir sólo en estudiar algo que estaba *afuera* de la academia —por ejemplo, bandidos o rebeliones campesinas— o de hacer trabajo de campo antropológico. El reto fue más bien el de mirar nuestra propia participación en crear y reproducir relaciones de poder y subordinación, en la medida en que nosotros continuábamos actuando dentro del marco de nuestro campo de la literatura, la crítica literaria y los estudios literarios.

    En 1993, procuré dar una expresión personal de este sentido de los límites de efectividad del modelo literario de las humanidades en un pequeño libro titulado *Against Literature* (Contra la literatura). Uno de los temas de ese libro fue el género testimonio, esas narraciones en primera persona hechas por un narrador que ha experimentado en su propia persona los hechos que cuenta, generalmente en la forma de una historia oral después transcrita y editada como libro por un interlocutor letrado. Hay testimonios de todo tipo, desde historias de prostitutas o drogadictos, hasta las *Memorias de la Guerra Revolucionaria Cubana* del Che, el modelo del testimonio guerrillero. Pero el paradigma del género para muchos de nosotros, dentro y fuera de la academia, fue *Me llamo Rigoberta Menchú, y así me nació la conciencia,* publicado por primera vez en Cuba por Casa de las Américas en 1982.

El testimonio de Menchú fue destinado principalmente para fines de trabajo de solidaridad —sobre todo para detener la guerra genocida que el ejército guatemalteco, con el asesoramiento de países extranjeros como Argentina, Israel o Estados Unidos, dirigía contra su propia población. Pero en el contexto de la derrota de las esperanzas revolucionarias en 1990, *Me llamo Rigoberta Menchú* y la cuestión del testimonio sirvieron también para introducir una serie de interrogantes en nuestro campo: ¿el testimonio, es o no es literatura?, ¿cuál es la distinción entre ficción y testimonio?, ¿qué voces excluye la literatura —en cuanto pretende hablar por, o de, esas voces, pero no las deja hablar por sí mismas?, ¿quién es el autor de un testimonio, la persona que hace la narración o el interlocutor letrado que prepara el texto?, ¿es que ha desaparecido entonces la moderna autoridad cultural del "autor"? El testimonio desplaza o descentra cierta subjetividad burguesa implícita tanto en la producción como en la recepción de la literatura. De allí que ofrezca una manera similar a la "teoría", y en estrecha relación con ella (como una especie de "deconstrución" concreta), de radicalizar el campo de las humanidades y las ciencias humanas, haciendo presente en ellas voces precisamente subalternas porque normalmente no hubieran tenido la posibilidad de representarse en un texto publicado, autorizado y estudiado como "literatura" o "historia". Hay, por supuesto, muchas ambigüedades y contradicciones, en esta ilusión —o "efecto de realidad", para usar el concepto de Roland Barthes— que el testimonio ofrece, de tener acceso directo a una "voz" subalterna, y se armó, por ese entonces, un gran debate en la crítica y la teoría literaria latinoamericanista sobre este punto.

Sin embargo, a pesar de estas ambigüedades, quedaba algo —"un cambio de la noción de la literatura", para recordar la frase de Carlos Rincón. Una cosa era que un gran novelista como Miguel Ángel Asturias representara en una novela el mundo de los mayas en Centro América; otra distinta era que una mujer campesina y activista maya como Rigoberta Menchú produjera, con la ayuda de un interlocutor letrado, su propia narración. Tanto en su forma como en su contenido, el testimonio cambiaba la identidad del narrador popular como una especie de "informante nativo" que proveía una "materia prima" al investigador o escritor, para transformarlo en un gestor de sus propias condiciones de narración y verdad. El testimonio tuvo la potencia de dinamizar el campo de la literatura desde el margen, desde lo que quedaba definitivamente afuera del campo. Y como se lo produce desde, y a la vez representa precisamente, los espacios de lo que los politólogos llaman la *ingobernabilidad* (el hampa urbana, la guerrilla, el drogadicto, el mundo indígena, los niños de la calle, el inmigrante "ilegal") cuestiona, sobre todo, la relación entre literatura y Estado.

La ciudad letrada fue, de alguna manera, un libro sobre el Estado. Rama partió sobre la premisa de que si se traza la genealogía de la "ciudad letrada" desde el periodo colonial hasta el presente, se estará explicando también algo respecto del carácter del Estado latinoamericano. Las naciones-estados latinoamericanos no estaban enraizados en una relación orgánica entre territorialidad y etnicidad lingüística-cultural; en ese sentido, parecen ejemplificar perfectamente la idea de Benedict Anderson de la nación como "comunidad imaginada", producida por la literatura y la tecnología de la imprenta. La literatura latinoamericana no sólo sirvió a esos Estados produciendo, para usar el concepto de Doris Sommer, "ficciones fundacionales" alegóricas de su identidad y destino "nacional", sino que también fue una práctica pedagógica-ideológica que interpelaba a las nuevas elites criollas como sujetos capaces de engendrar y administrar estos Estados: una forma de autodefinición y autolegitimación que equiparó el talento para escribir y entender la literatura culta con el derecho a ejercer el poder del Estado. En la crítica literaria latinoamericana escrita bajo el signo de la Teoría de la dependencia y el vanguardismo político marxista-leninista, en las décadas de los 60 y 70 —incluyendo nuestro libro sobre la literatura centroamericana— la literatura fue concebida como un vehículo para un sincretismo cultural. Rama habló, a propósito de las "novelas del *Boom*", de una "transculturación narrativa", la que fue vista como un proceso necesario para la formación de un Estado nacional más inclusivo. *La ciudad letrada* por contraste señalaba el comienzo de un cambio radical en esta concepción de la literatura. Donde antes se veía a la literatura y a la pedagogía literaria como instrumentos para la modernización y democratización del Estado, ahora se las veía implicadas en la *incapacidad* de las formas existentes del Estado para representar adecuadamente e incorporar el rango pleno de identidades e intereses subsumidos en sus límites territoriales, frecuentemente arbitrarios y ambiguos. Esta incapacidad estaba enraizada en la persistencia de una "colonialidad de poder" en el presente latinoamericano.

El gran pensador marxista italiano Antonio Gramsci, encarcelado por el gobierno fascista de Mussolini en los años 30, había reflexionado desde su celda sobre el mismo problema en relación con la historia de Italia. El problema de la debilidad del Estado en un país como Italia —es decir, "el fracaso histórico de la nación para llegar a su realización", para recordar la frase antes citada de Ranajit Guha— no era, Gramsci llegó a pensar, solamente económico, derivado de la persistencia de elementos agro-feudales o de la penetración del mercado interno por el capital extranjero. También tenía una dimensión específicamente cultural. Para Gramsci, la "cultura" es la esfera donde la hegemonía —que él define como "el liderazgo moral e intelectual de la nación"— es construida y puede ser quebrada y reconstituida. Los cambios de hegemonía implican cambios no sólo en el *contenido* de la cultura (vgr., la diferencia entre valores culturales conservadores o liberales), sino también en su *forma*. Para llegar a una cultura genuinamente "nacional-popular" como sustento de un Estado comunista posible, hacía falta superar la diferencia fundamental que separaba lo que las elites letradas en su conjunto, sean liberales o conservadores, entendían por "cultura" y las culturas de las clases "subalternas", como el mismo Gramsci las llamaba.

Este argumento de Gramsci anticipa, y de alguna manera conforma, el cambio que ha ocurrido en, para usar una frase de Homi Bhabha, "el lugar de la cultura" en nuestros tiempos —un cambio a la vez íntimamente relacionado con el auge de la "teoría". En un ensayo fundamental para entender el giro culturalista en el pensamiento social latinoamericano de finales del siglo XX, "Modernidad y postmodernidad en América Latina", el sociólogo chileno José Joaquín Brunner señala que con el advenimiento de la modernidad comienza a predominar lo que él llama una "'culturizada' visión de la cultura" —en otras palabras, la idea de que la cultura es, esencialmente, lo que está representado en la sección de arte y cultura del periódico dominical. En el lenguaje de la deconstrucción, la cultura era el "suplemento" de lo social, lo que quedaba fuera después de sumar todas las otras determinaciones "objetivas". Las humanidades respondieron refugiándose detrás de las murallas del formalismo estético, insistiendo en la autonomía del arte y la literatura respecto de la esfera de la razón práctica y la ideología, constituyendo así una visión compartimentalizada de la producción artística y cultural, regida desde arriba por "expertos" y especialistas académicos.

Brunner explica esta "'culturizada' visión de la cultura" como "un síntoma de la negación producida por una profunda, y típicamente moderna, tendencia: la predominancia de los intereses, incluyendo los intereses cognitivos, de la razón instrumental sobre los valores de la racionalidad comunicativa; la separación de la esfera técnica del progreso que incluye la economía, la ciencia y las condiciones materiales de la vida cotidiana de la esfera de sentido intersubjetivamente elaborado y comunicado, donde se encuentran indisolublemente anclados en un mundo-de-vida donde las tradiciones, los deseos, las creencias, los ideales y los valores coexisten y son, precisamente, expresados en la cultura".

Lo que ha comenzado a cambiar con la postmodernidad, Brunner sugiere, es que a la cultura se le atribuye ahora un nuevo poder de gestión social. Por ejemplo, se ha hecho cada vez más común para antropólogos, politólogos, teóricos de la educación, planificadores, sociólogos, y aun economistas del Banco Mundial o del Fondo Monetario Internacional pensar en la "sustentabilidad cultural" del desarrollo.

En América Latina, la nueva preocupación por la cultura en las ciencias sociales —designada a veces como una "vuelta a Gramsci"— fue en parte una consecuencia del arribo de las dictaduras militares tecnocráticas en la década de los 70. Anteriormente, la ecuación de democratización y secularización con modernización económica había prevalecido de una manera que cruzaba el espectro político, desde la izquierda a la derecha, desde la Teoría de la dependencia hasta la Alianza para el Progreso. Pero la experiencia de los países del Cono Sur en los 70 (y de Brasil en los 60) mostró que la democratización no resultaba necesariamente de la modernización económica; más aún, la modernización económica —tanto en forma capitalista como en forma nominalmente socialista o de capitalismo de Estado— no fue siempre capaz de tolerar la democracia. Lo que comenzó a desplazar el paradigma de la modernización, por lo tanto, fue una interrogación acerca de las diferentes y asincrónicas "esferas" de la modernidad (cultural, ética, ideológica, política, legal, etc.) y la "causalidad estructural" de su interacción. Esta interrogación requirió una nueva atención a cuestiones de subjetividad individual o colectiva y una nueva comprensión de (y tolerancia por) la heterogeneidad religiosa, lingüística, cultural, sexual y étnica de las poblaciones latinoamericanas.

El correlato político de la "vuelta a Gramsci" fue la emergente preocupación por los nuevos movimientos sociales y las "políticas de identidad" [*identity politics*], ellas mismas impulsadas como compensación o sustitución de los macro proyectos revolucionarios de la izquierda, derrotados o diferidos por la ola de reacción que inunda el continente americano después de 1973.

En su conocido ensayo, "Postmodernismo, o la lógica cultural del capitalismo tardío", publicado por primera vez en 1982, Fredric Jameson argumenta que este cambio en el lugar de la cultura es una de las consecuencias superestructurales o "lógica cultural" de la globalización económica vista como una nueva etapa del capitalismo, con características especiales. El modelo weberiano de la modernidad, en el cual la cultura y las artes funcionan como esferas autónomas o semiautónomas respecto de la razón instrumental del mercado y la burocracia estatal, llega a su fin. La cultura, especialmente en las nuevas formas audiovisuales de cultura de masas, ahora atraviesa lo social desde la psique individual hasta el Estado, en formas todavía no teorizadas. Para registrar las consecuencias de este quiebre de las fronteras entre las diferentes esferas de la modernidad, Jameson pensaba que se requerían nuevos "mapas cognitivos". Los estudios culturales, hijos tardíos de los años 60, de alguna manera, se presentaron como uno de estos nuevos mapas cognitivos postmodernos.

La nueva centralidad de la cultura y de la "identidad", paradójicamente le otorgó al campo de la teoría y crítica literaria, la función de una vanguardia conceptual por algunos años. Pero el argumento de Gramsci sobre la dimensión cultural de la hegemonía era también un incentivo para desplazar la "'culturizada' concepción de la cultura" representada por la literatura culta y las humanidades académicas. Hacía falta desarrollar una noción de cultura como, para usar la frase de Raymond Williams, "*a whole way of life*" —un modo de vida. Y eso requería, a la vez, nuevas prácticas transdisciplinarias o interdisciplinarias —Néstor García Canclini hablaba de "ciencias nómadas"— que subvirtieran activamente las fronteras de los campos académicos tradicionales y en particular las distinciones que separaban la humanidades de las ciencias sociales y naturales. Los libros de Foucault sobre la locura, la sexualidad o la institución carcelaria eran el gran modelo para todo eso (es pertinente observar que Foucault comienza su carrera como crítico literario, con un libro sobre la narrativa del escritor surrealista Raymond Roussel).

Foucault concebía su producción intelectual como una forma de alentar lo que él llamaba la "micro-política": atacar al "sistema" en sus más íntimos y, a veces, vulnerables puntos de contacto con la vida humana. Pero los que trabajamos en los 80 y 90 para formar el campo de los estudios culturales estamos conscientes hoy de enfrentar una paradoja en lo que hacemos. Más allá de nuestras diferencias, compartimos ese impulso hacia la desjerarquización también implícito en los estudios subalternos. Para nosotros el presupuesto "político", por decirlo así, detrás de los estudios culturales era que lo "popular" en el sentido de consumo —es decir, lo *pop*— era "popular" también en un sentido político; es decir, perteneciente al "pueblo" —lo "nacional-popular". Pensábamos que en el simple acto de desplazar nuestro interés desde la literatura a la cultura popular o a cuestiones relacionadas con lo que Foucault llamaba la "biopolítica", estábamos desafiando no sólo el esteticismo del campo de la literatura y la crítica del arte, sino también la perspectiva de la Escuela de Frankfurt sobre "la industria cultural", que (con la excepción notable de Benjamin) veía en la cultura de masas capitalista una especie de lavado de cerebro favorable a la integración a la sociedad de consumo. Pero, ¿teníamos razón?

Tenemos que reconocer hoy que la globalización y la economía política neoliberal quizás han hecho mejor que nosotros este trabajo de desjerarquización y desterritorialización cultural. Solemos decir casi automáticamente que el neoliberalismo es malo y que sabemos por qué es malo. Pero fue un gran error, de parte nuestra, no haber hecho un estudio más profundo, filosófico-crítico, del neoliberalismo y por qué ha tenido o tiene todavía cierta efectividad hegemónica. Porque aunque en muchos lugares, como en Chile, el modelo neoliberal fue impuesto violentamente, después también fue capaz de conseguir el apoyo a veces de una mayoría, incluyendo sectores de las clases populares. Puede ser, como creo, que esa efectividad hegemónica del neoliberalismo hoy comience a desmoronarse. Pero también creo que no apreciamos suficientemente su lado "populista" y, por lo tanto, no supimos cómo combatirlo eficazmente.

La consecuencia es que los estudios culturales, a pesar de su origen como extensión del proyecto radical de los años 60, cayeron a veces en una relación de complicidad con los nuevos "flujos" de la cultura mercantilizada, producidos por la globalización económica, los medios de comunicación y el ethos neoliberal. Para citar una fórmula famosa de García Canclini, si "el consumo también sirve para pensar", entonces el mercado y el cálculo económico de compradores y vendedores (*market choice*) se convierte, implícita o explícitamente, en la condición necesaria y previa para formas de agenciamiento popular-subalternas. De la misma manera, de acuerdo con la lógica de "políticas de interés" en un sistema de democracia representativa, las políticas multiculturales de identidad étnica o de género, nutridas en parte desde la academia por los estudios subalternos y culturales, se concentraban en interpelar individualmente a las instancias del Estado y a las corporaciones en favor de sus reivindicaciones y "derechos" particulares, en vez de unirse para formar un nuevo "bloque histórico" popular-subalterno.

No hay duda, entonces, que los estudios culturales han llegado a un límite de efectividad y ya no están en auge. Sin embargo, queda algo de su promesa igualitaria inicial. Quizás esto no sea exactamente lo que Gramsci hubiera reconocido como lo "nacional-popular", pero sí son nuevas formas de percibir y de representar el mundo que vienen "desde abajo". Pienso, por ejemplo, en el *narcocorrido* o en el *rap* o el *reggaetón* —formas musicales relacionadas con el narcotráfico, diásporas de varios tipos y la nueva permeabilidad de las fronteras nacionales. Al fin y al cabo, lo que se produce y consume como *pop* tiene su origen en las clases populares, no en las elites tradicionales o la clase media educada, profesional. Después es comercializado por la industria cultural capitalista y entonces sí puede comenzar a tener, como pasó con la música *country* en Estados Unidos, una dinámica ideológica-cultural a espaldas de los intereses de las clases o los grupos que lo produjeron en primera instancia. Pero, aun en su comercialización, queda cierta conexión con un productor popular inicial, porque sin este sentido de *agency*, o poder de gestión de clases o posiciones sociales subalternas, la cultura popular no funcionaría ni estética ni comercialmente.

En la última etapa de mi carrera he vuelto a lo que me interesaba al principio: Cervantes, la novela picaresca, Góngora. Pero con una nueva mirada, quizás, porque ahora puedo "leer" esos textos desde las perspectivas abiertas por los estudios culturales y subalternos, y la crítica feminista y postcolonial. La idea de que la literatura era el lugar donde las posibilidades utópicas de América Latina iban a encontrar una expresión adecuada no se dio, y de ese desmoronamiento surgieron las distintas formas de la "teoría". Pero hoy se hace literatura desde y sobre la propia crisis de la literatura, como en el caso de Roberto Bolaño en *2666*, novela que representa entre otras cosas la crisis de nuestro campo ante la globalización. Sería erróneo, de todas formas, hacer una división demasiado tajante entre literatura y las formas de la cultura popular o de masas. Porque, volviendo al antes mencionado fenómeno del *rap*, por ejemplo, es evidente que el *rap* es esencialmente una forma de poesía oralmente recitada con un marco rítmico. Tiene su origen en la práctica, a finales de los 50 y comienzos de los 60, de los poetas de la generación *Beat* en los Estados Unidos de recitar sus poesías con un fondo improvisado de jazz. Y en cuanto al narcocorrido, la crítica señala su parentesco formal y temático con los romances fronterizos castellanos de la época del Cid. Entonces, quizás parte del problema de la "'culturizada' visión de la cultura" sea su noción demasiado pobre, "letrada", de la literatura, que la limita arbitrariamente a lo que se ha entendido desde el siglo XVIII como literatura (¡volvemos otra vez al tema del carácter arbitrario del signo!). Mi amigo Eduardo Lozano, poeta y bibliotecario, ya fallecido, me dijo una vez que el concepto de poesía o *poiesis*, en el sentido que tuvo para Aristóteles en su *Poética*, es un concepto más amplio que el de literatura, porque podría abarcar fácilmente al *rap*, la telenovela, el cine, las narrativas testimoniales, el corrido, el grafiti, los chismes, nuestros sueños, una nueva novela como *2666* o las nuevas literaturas indígenas o afro-latinas.

El radicalismo de la "teoría" fue un fenómeno esencialmente académico, aunque pensábamos que sus consecuencias podrían extenderse mucho más allá. Creíamos que la universidad y el saber académico eran espacios posibles de ser radicalizados y desde los cuales se podría radicalizar la sociedad. No sé si todavía creo eso, porque la universidad también ha cambiado mucho desde la época de los 60, en una dirección fundamentalmente pragmática o conservadora. Por lo menos, me declaro agnóstico al respecto, cuando antes era creyente. Sigo pensando que es necesario defender la universidad, luchar contra su privatización y las otras deformaciones que ha padecido como resultado de las "reformas" neoliberales. Pero, a la vez, me parece necesaria y está presente en estos ensayos, una "crítica de la razón académica" —es decir, una especie de autocrítica. Porque, a pesar de nuestro compromiso ético y epistemológico con el ideal de un saber desinteresado, la academia no es un lugar neutro: es, al fin y al cabo, el lugar donde se construyen las disciplinas maestras que guían la manera de pensar la historia, la sociedad, los valores y las ambiciones humanas. De ahí que desde la academia el poder produce y reproduce la subalternidad en el mismo acto de nombrarla. Los estudios culturales y subalternos ofrecían —ofrecen— la posibilidad de hacer esta "crítica de la razón académica" desde dentro. Pero si se convierten en nuevos paradigmas, o "campos" académicos con sus listas de lectura obligada, requisitos y burocracia institucional, entonces llegamos a una situación paradójica pero inevitable por la lógica misma de desigualdad y diferencia que rige la construcción de la subalternidad: los subalternos, concretamente, tendrían que estar en contra de los estudios subalternos, porque estos representarían una formación cultural y disciplinaria que traiciona, en cierto sentido, sus propios intereses y su propio poder de gestión y voluntad histórica.

En la vida universitaria, el balance es siempre entre innovación y captura. La innovación abre líneas de fuga y la captura las va cerrando e integrando, formando nuevas formas de ortodoxia y disciplinariedad. Es un juego desigual porque, por la naturaleza "discriminatoria" de la universidad misma, la posición libertaria, vanguardista, siempre termina perdiendo. Confrontamos, entonces, la paradoja de que lo que hacemos en nuestro campo apuntaba hacia una democratización cultural más profunda —esa era la promesa de la "teoría"— pero no se pudo cumplir, y de ahí surgieron una serie de frustraciones de carácter ultraizquierdista, como la moda de una crítica "post-hegemónica".

El mayor peligro que veo ahora es que ante esa frustración y como respuesta al ultraizquierdismo se vuelva a una especie de reterritorialización de los campos disciplinarios, incluyendo la literatura. Se está dando hoy un nuevo giro en la crítica literaria y cultural latinoamericana que apunta claramente en esta dirección. Beatriz Sarlo sería, a mi modo de ver, la figura más destacada en este sentido. Pero se trata de una tendencia generalizada, sobre todo entre profesores de departamentos de literatura en América Latina y Estados Unidos. Creo que se trata, en esencia, de un giro neoconservador, aunque muchas veces está representado por personas, como Sarlo, identificadas con la izquierda y con una defensa de la "crítica cultural" contra el "relativismo" postmoderno, el multiculturalismo *"lite"* estilo estadounidense, o el "populismo de los medios" —como lo llama Sarlo— de los estudios culturales. De una forma parecida, el pensamiento neoconservador estadounidense tuvo uno de sus puntos de origen en la reacción por parte de sectores de la izquierda socialdemócrata o liberal ante la contra-cultura y los nuevos movimientos sociales de la juventud en los 60.

Digo neoconservador, porque habría que distinguir claramente esta posición de la posición neoliberal a la que, en cierto sentido, quiere desplazar como ideología dominante. El neoliberalismo induce una crisis de legitimidad en el Estado contemporáneo, cuya función actual es actuar como una especie de "policía local" en la globalización. Esto es así porque el neoliberalismo, como doctrina, no puede ofrecer, más allá de su apelación al mercado libre, una normatividad positiva suficientemente fuerte para disciplinar a las poblaciones. A la vez, la autoridad de un sistema de "valores" es cuestionada por el nominalismo radical de la "teoría". Presenciamos también en las nuevas formas de la izquierda en América Latina, la irrupción de sujetos popular-subalternos extremadamente heterogéneos, en contra de los efectos de las políticas neoliberales (los cocaleros en Bolivia, las "turbas" urbanas en Venezuela, los zapatistas en México, los distintos movimientos indígenas o de afro-descendientes, o de gays, mujeres, transexuales). En el pasado, esta irrupción venía desde fuera del Estado (el gran tema de los estudios subalternos, para repetirlo, era la inconmensurabilidad entre el Estado y el "pueblo"). Pero hoy en día, en partes de América Latina, lo subalterno se ha convertido en el Estado "has become the state", para recordar una frase de Ernesto Laclau. El giro neoconservador representa, entonces, a mi modo de ver, un esfuerzo para contener la izquierda latinoamericana en su nuevo florecimiento heterogéneo dentro de límites establecidos por las clases profesionales, en su gran mayoría blancas, y dentro de las "disciplinas" académicas.

Hay cierta lucidez desengañada en esta posición, pero debe quedar claro que no nace desde, sino en oposición a la promesa de la "teoría", que era, si no de transformar la sociedad, por lo menos transformar a nuestras disciplinas académicas, procurando hacer del saber académico un instrumento al servicio de la "inmensa mayoría", para recordar el imagen del poeta español Blas de Otero. En contra de esta lucidez autocomplaciente, entonces, me parece justo concluir esta narrativa observando que no es que *perdimos* a causa de una serie de equivocaciones e ilusiones románticas, entre ellas la idea de una "política de la teoría", que ahora debemos abandonar (aunque de equivocaciones, ilusiones y romanticismo había mucho en todo esto); más bien fuimos *derrotados* por una fuerza más poderosa, la de la globalización, una fuerza a la que inconscientemente, por una especie de fatalidad objetiva, servíamos, al mismo tiempo que creíamos estar combatiendo, como los rebeldes de la película *The Matrix*. Creíamos en la posibilidad de un "postmodernismo de resistencia", pero desde la perspectiva de hoy, está claro que lo que el postmodernismo significó fue más bien la cooptación de la promesa de los 60 por una Restauración conservadora, cuyo otro brazo era el neoliberalismo. Se le atribuye a Régis Debray, el compañero del Che el dicho: "pensábamos que íbamos hacia la China, pero terminamos en California". Pero esa promesa sigue siendo real y, como el "viejo topo" de Marx, alienta el contradictorio pero insistente aun en sus derrotas el renacimiento de la izquierda en ambas Américas. Es la promesa de una sociedad sin las grandes desigualdades e injusticias de todo tipo que atraviesan la nuestra, donde la diferencia puede coexistir con la igualdad.

2

La economía política del *Locus Amoenus*
(1983)

COMO SUGIERE EL CASO de la novela picaresca, la transición del feudalismo (o de otras formaciones precapitalistas) al capitalismo involucra, siempre y cuando ocurre, una problemática ética y epistemológica sobre la naturaleza del valor económico y las metas de la producción y circulación de la riqueza. En la España de los Austrias, como Pierre Vilar ha señalado en un ya muy conocido trabajo,[1] esta problemática se expresa en el conflicto entre dos escuelas de economía política: bullonistas y cuantitativistas. Los bullonistas eran los partidarios de la nueva economía minera colonial; por lo tanto abogaron por el principio mercantilista que la riqueza de una república consistía en la cantidad de metales preciosos que podía acumular. Los cuantitativistas, por el contrario, se relacionaron más con los intereses latifundistas establecidos durante el proceso de la Reconquista; anticipaban la doctrina desarrollada por los fisiócratas franceses del siglo XVIII, en que el valor económico derivaba de la producción agrícola exclusivamente, el oro y la plata tenían un valor convencional en vez de esencial, y por lo tanto la acumulación de riqueza en forma de dinero era una actividad ilegítima, deshonrada e improductiva.

Debe estar claro que este es un debate *dentro de* una estructura de poder aristocrático y no entre concepciones de valor feudales y propiamente

---

1. Pierre Vilar "Los primitivos españoles del pensamiento económico", originalmente en *Bulletin hispanique* (1962); re-editado en su *Crecimiento y desarrollo: reflexiones sobre el caso español* (Barcelona: Editorial Ariel, 1964), pp. 175–297.

capitalistas. Si el mercantilismo —y en particular la producción de las minas americanas— era una forma de la acumulación primitiva del capital, no llegó por mucho a ser, como se sabe, la economía política del capitalismo maduro. Sin embargo, la existencia de la polémica en sí indica una fuerte preocupación y disidencia entre ciertas fracciones de la aristocracia dominante y sus cuadros intelectuales acerca de la dirección del cambio económico en el Siglo de Oro. ¿Favorecía o no este cambio al sistema estamental? ¿Era coherente con los presupuestos morales y religiosos de la hegemonía aristocrática?

Esta preocupación ya es evidente en las *Coplas* de Manrique en la segunda mitad del siglo XV. Hay unos versos del poema donde Manrique retrata a Enrique IV de Castilla. Habla de la gran riqueza que ostentaba Enrique, de sus "edificios reales/llenos de oro", "los enriques y reales/de su tesoro", y pregunta de ellos "¿Qué fueron sino rocíos/de los prados?" José Monleón ha observado acerca de esta imagen:

> El reinado de Enrique IV sufre de una inflación crónica, y las clases dirigentes españolas se encuentran incapaces de resolver el problema. El rey creó una nueva moneda, el enrique, de valor más bajo que el anterior, pero no consiguió ningún avance positivo. La importancia del dinero en la nueva economía castellana era obvia en sus consecuencias, pero su función o regulación todavía no era comprendida en los altos niveles, sobre todo para la desconcertada oligarquía que veía cómo sustituía paulatinamente a la tierra como símbolo de la riqueza. Para los Manrique, el tesoro —el dinero— pertenece al ámbito de lo intrínsecamente mudable; no es un bien trascendente porque, una vez más, es el símbolo de un orden al que ya no pertenecen (...) Manrique enumera los deleites de Enrique IV, los signos de su valer, y los compara al rocío, a la luminosidad, al brillo fugaz que se evapora rápidamente. Pero los prados perduran. Creo que esta estrofa condensa todo el pensamiento de las *Coplas*: la función de la tierra no es producir esplendor o, dicho de otra manera, la riqueza de la tierra no es su esplendor.[2]

El oro americano y la consecuente inflación de precios a lo largo del siglo XVI darán una agudeza especial al tema del dinero. Tomemos como ejemplo la letrilla "Poderoso caballero es don Dinero" de Quevedo. El estribillo que

---

2. José Monleón, "Las coplas de Manrique: un discurso político", *Ideologies and Literature*, no. 17 (1983): pp. 125–26.

sirve de título es evidentemente un oxímoron, subrayado por la consonancia de caballero y dinero. Ser caballero, usar el título de don, significa para Quevedo, como representante de una supuesta legitimidad aristocrática, poseer una calidad estamental de nobleza intrínseca a la "sangre" o linaje familiar. Esto es algo que el dinero ni tiene ni puede, en principio, obtener, porque el honor no es algo que se vende o se compra. Quevedo alude a la costumbre de vender títulos de honor a burgueses ricos, lo que Lawrence Stone ha llamado "la inflación del honor" en el contexto del absolutismo inglés en el siglo XVII.[3] El dinero parece todopoderoso, Quevedo sugiere; pero sólo puede comprar la apariencia y no la esencia de nobleza. Debajo de la apariencia de una sociedad dominada por el dinero y el medro, los fundamentos de una verdadera —es decir, feudal y católica— determinación de valor quedan intactos. Para Quevedo, y en general para la aristocracia tradicionalista del Siglo de Oro, la historia es algo que *ya ha ocurrido*. El aspecto carnavalesco del Madrid barroco, la inversión, el cambio, la novedad, todo lo que sugiere la emergencia de nuevas formas de vida y cultura anti-aristocráticas son meras ilusiones, sueños.[4] Como apunta Marc Shell:

> En *Política*... Aristóteles hace una distinción clave entre naturaleza y convención, o entre producción buena y mala, sobre la cual el sistema valorativo de su estética dependerá. Distingue entre una economía supuestamente natural —cuyo fin es la distribución justa de bienes o *dike*— y una crematística supuestamente artificial —cuyo fin es la ganancia o *kerdos*... El poeta (*poietes*) es un hacedor. La poética aristotélica propone distinguir si un poema es el producto de una representación "económica" de los objetos provistos por la naturaleza (*mimesis*) o de un esfuerzo crematístico de hacer fingir estos objetos mismos...

---

3. Sobre la deconstrucción de valores estamentales por el dinero en el Siglo de Oro español, ver el excelente estudio de Jacqueline Ferreras-Savoye, *La Celestine ou la crise de la société patriarcale* (Paris: Ediciones Hispanoamericanas, 1977).

4. La ideología feudal, siguiendo el modelo de San Agustín en *Civitatis Dei*, supone anacrónicamente que el feudalismo es la forma socio-económica instituida por la pasión de Cristo: de ahí por ejemplo, la idea en Quevedo de una "política de Cristo", es decir, de restauración feudal. La novela de caballería siempre empieza, como *Amadís*, "No muchos años después de la pasión de nostro redentor y salvador Jesu Cristo..."

Crematistike, a diferencia de *oikonomike*, hace pensar que "la riqueza consiste en una cantidad de dinero" (*Política* 1257b) que puede comprar y que por lo tanto parece ser homogéneo con cualquier valor de uso. Para un hombre como el rey Midas, todo se convierte en oro en la misma manera que para algunos poetas la metaforización es todo.[5]

En otras palabras, hay en la poética aristotélica un sentido de la distinción entre poesía (es decir, literatura en el sentido moderno) buena y mala que es análoga a la distinción entre crematistike y oikonomike. Crematistike es en la ética una actividad no sólo ilegítima sino monstruosa, porque no tiene un límite con respecto a su fin, dado que su fin es la acumulación de riqueza y no la satisfacción de una necesidad justa y natural. El rey Midas —como más tarde el espíritu del capitalismo— será condenado por lo tanto a un descontento y desasosiego perpetuo que corrompe las leyes del "justo medio". En la economía política del escolasticismo (es decir, en la ideologización del modo de producción feudal) esta valoración es aun más fuerte: el deseo de obtener una ganancia "artificial", como en el caso de la usura, significa la presencia de lo demoníaco en la vida humana.[6]

El gran debate en la poética renacentista tiene que ver con el problema de referencialidad discursiva: en particular, para emplear el término aristotélico, con el *decoro* de un discurso, la adecuación del medio de imitación con el sujeto de imitación. La sátira de Quevedo contra los neologismos en Góngora deriva directamente de la distinción aristotélica que hemos examinado. Propone definir al gongorismo como una especie de *crematistike* literaria en la que una fascinación por el poder del lenguaje de producir nuevas significaciones lleva al pecado de Babel. La poesía gongorina tiene el mismo valor de cambio falso, ilusorio que la moneda devaluada del estado. Es un fenómeno

---

5. Marc Shell, *The Economy of Literature* (Baltimore: The Johns Hopkins University Press, 1978), pp. 91–92. Traducción mía del inglés.
6. El tema de "menosprecio de corte, alabanza de aldea" común en la literatura del Siglo de Oro refleja casi siempre la angustia de una clase, los hidalgos menores, que se siente amenazada por la nueva centralización de poder y riqueza en la ciudad y Corte absolutista, y por los nuevos mecanismos económicos- el crédito, el interés bancario, la hiperinflación-que no entiende o domina. De ahí, la idea de un estado de las cosas "natural", anterior al "moderno artificio" (como lo nombra Góngora en sus *Soledades*) del presente.

"inflacionario", sin valor auténtico. La sensación de "novedad peregrina" en el manierismo de Góngora es la base (más que una duda real sobre su linaje) de las sugerencias que era un converso —o, en palabras de Francisco Cascales, "Mahoma de la poesía española"—, ya que lo meramente extraño —"la erudición peregrina"— es visto por los letrados tradicionalistas de la Contrarreforma como sinónimo de lo heterodoxo y lo no castizo.[7]

Nos aproximamos aquí a un territorio donde una serie de elementos ideológicos pertenecientes a la economía política, la ética y la estética se han confundido entre sí. Hay en la práctica discursiva del Siglo de Oro una tensión entre dos concepciones de lenguaje literario. La primera es la concepción escolástica-aristotélica que propone una relación suficiente y necesaria entre *verba* y *res*, lenguaje y mundo, sugiriendo así la posibilidad de una *mimesis* absolutamente transparente y harmoniosa. Pero su propia experiencia social sugiere al escritor el modelo de un lenguaje multiforme, protéico, pragmático, demótico, democrático. El letrado tiene por lo tanto —ver *El coloquio de los perros*— un sentido del poder diabólico del lenguaje, de su poder para engañar o embrujar. Si la España del Siglo de Oro presencia el desarrollo de las nuevas prácticas y teorías económicas del mercantilismo absolutista, también es el escenario de la producción de una nueva lingüística. Tanto Cervantes como Góngora eran estudiantes del *Examen de ingenios* de Huarte de San Juan, el texto fundador de lo que Noam Chomsky ha denominado "la lingüística cartesiana", cuyo dogma central es que el lenguaje humano no está sujeto necesariamente a estímulos externos o estados internos identificables como cosas en si, que provee medios limitados pero posibilidades infinitas de expresión controladas solamente por las reglas de formación de frases.[8]

He aquí la génesis de la idea barroca del *ingenio* (o agudeza) y del *concepto*. Tanto Góngora como Cervantes transgredían las "reglas" de decoro genérico y estilístico. En la arquitectura laberíntica de sus textos desaparece la idea de la representación literaria como una mera "lectura" pasiva de un contenido

---

7. Sobre este punto, véase el excelente libro de Andrée Collard, *Nueva poesía: conceptismo, culteranismo en la crítica española* (Madrid: Editorial Castalia, 1967).
8. Noam Chomsky, *Cartesian Linguistics* (New York: Harper & Row, 1966), pp. 282–89; ver sobre el tema también Michel Foucault, *Les mots et les choses* (París: Gallimard, 1966), caps. 2 y 3; Claude-Gilbert Dubois, *Mythe et langage au seizième siècle* (Bordeaux: Editions Ducros, 1970).

creado y garantizado por la naturaleza o la providencia divina, como en la idea gnóstica de *signatura rerum* (en que cada cosa lleva en sí su signo lingüístico). Al contrario, sus obras se desarrollan sobre la base de nuevas técnicas de significación que buscan dominar y organizar la naturaleza del lenguaje mismo al servicio del deseo humano. Pero una empresa tal lleva el peligro —ambos escritores son hidalgos atentos al poder de la censura inquisitorial— de exceso o transgresión lingüística, de una desintegración del discurso en lenguaje demótico, de una crisis del significante: la caída de Babel. Por esto los sitios del contrato con el diablo —la caverna, el sueño, el huerto, la noche, la soledad— son el escenario obsesivo de sus obras.

Por contraste, su imaginario social utópico —en que esta tensión entre norma e invención se neutraliza— es el *locus amoenus*. En la convención literaria de lo pastoril, el *locus amoenus* —es decir, el texto como un espacio homólogo con el espacio físico que representa— sólo puede ser instituido con la suspensión de actividad mundanal: **negotium**. *Negotium* significa guerra, gobierno, negocios, trabajo, ejercicio, caza —cualquier actividad que implica un esfuerzo prolongado y/o difícil, laborioso. La ficción pastoril contrapone el ocio (*otium*), el silencio, la recreación, el estado de la naturaleza anterior a la Caída. Es una "tregua", un momento de liberación de la necesidad, el "oasis pastoril" de Renato Poggioli, el albergue campesino rescatado providencialmente de la guerra por su modestia y apartamento, la isla-utopía, el huerto secreto de los amantes. Su figura de tiempo es "en tanto" o "mientras" —el espacio de ocio y recreo demandado del lector del poema ("déjate *un rato* hallar del pie acertado"— *Soledades*). El espacio pastoril está "enmarcado" por la historia, y en el Siglo de Oro español la historia es sobre todo el discurso del estado y del imperio: en poesía, la épica culta. En contradicción a esta historia, a ese discurso, el *locus amoenus* significa el retomo de la edad de oro, siempre/todavía presente pero oscurecido, enajenado por el "mundanal ruido" de la vida cotidiana, por su estructura de deseos, obligaciones, límites, frustraciones. La práctica estética —en la concepción neoplatónica o manierista— anula este ruido y reinstituye tanto en imagen como en sensación (verbal, musical, pictórica, etc.) lo bello, lo armonioso, lo bueno.

Pero el *locus amoenus* pastoril no es sólo la experiencia de una transfiguración estética en sí. Es también la ficción de un espacio social: la Arcadia. La Arcadia por su parte es el imaginario nostálgico de un estado previo a las enajenaciones del presente, siempre una edad de hierro para el poeta, no importa cuando. En ese estado (por ejemplo, el discurso ovidiano de la edad de oro en el

Quijote) existe una fraternidad y reciprocidad natural entre todos los seres humanos (y entre lo humano y lo natural); los valores de uso necesarios a la vida son apropiados directamente de la naturaleza sin la necesidad de trabajo duro o excesiva elaboración; por lo tanto, hay abundancia y generosidad sin riqueza ni lujuria; las enajenaciones de la moralidad, la ley y estado no existen. El poema pastoril es una utopía estética precisamente en la medida en que la frontera entre el trabajo y el juego, el deseo y la necesidad, lo sencillo y lo culto, ha desaparecido en ello. De ahí que se supone que es un espacio mágico, capaz de sanar al ser o la sociedad dañada por las enajenaciones sufridas en el reino del *negotium*, el presente perpetuo de la edad de hierro. Don Quijote suele decir a sus oyentes que es el caballero nacido en "esta edad de hierro" para devolver los tiempos de la edad de oro. Como cualquier lector del *Quijote* sabe, la edad de oro coexiste con la época que Don Quijote ha experimentado en sus lecturas de las novelas de caballería, es decir, con el imaginario o "pseudo-real" del modo de producción feudal. Tanto como el *locus amoenus* representa un paisaje "del alma", vagamente neoplatónico y sensual a la vez, obtenido por un distanciamiento o "desfamiliarización" del contexto histórico-social inmediato, el lenguaje del poema pastoril representa una desviación y depuración del castellano, que se siente como un lenguaje inadecuado o desvalido.

La efectividad estética de lo pastoril en el Siglo de Oro se debe a que a la vez involucra y mediatiza ideológicamente una contradicción profunda que existe dentro de la cultura y la psique de la clase dominante española. El reino de la guerra, el gobierno, el poder, el imperio, la riqueza -esto es la dimensión de *esplendor* aristocrático, de pompa, majestad, furor épico. Pero es un reino a la vez que, aunque puede seducir al cortesano ambicioso, no es capaz de satisfacer su deseo más profundo de legitimidad y autenticidad. Después de todo, lo que se está acumulando a través del mercantilismo absolutista no es el honor sino el capital en su forma primitiva: *negotium* es negocio, el Siglo de Oro no es la edad de oro. Al contrario, según la sensibilidad aristocrática dominante, el presente histórico es la edad de hierro de una necesidad quizás majestuosa pero a veces brutal y agobiante que tiene que ser suspendida, puesta "en paréntesis" en el poema. El hidalgo no es un burgués; es católico, cortés, liberal (en el sentido arcaico de generoso). En la España de los siglos XVI y XVII la poesía pastoril es un género esencialmente aristocrático: es el sitio donde el hidalgo expresa su intimidad. La paradoja que involucra es que el hidalgo se siente atraído a expresar su subjetividad en la figura y el lenguaje (convencionalmente a lo pastoril corresponde el estilo humilde o "bajo": Garcilaso, "de mi *baja* lira") de ese Otro —el pastor, es decir, la idealización del campesino y de su vida— sobre la explotación del cual el poder y la opulencia de la aristocracia se construyen. El *locus amoenus* y el tópico pastoril en general son entonces, para la imaginación literaria aristocrática o aristocratizante del Siglo de Oro español, el imaginario —otra vez en el sentido lacaniano de una proyección de deseo que tergiversa lo real— de un sistema feudal ideal, recordado no como es o era para el poeta en realidad, sino como un comunismo.[9]

Un comunismo bastante extraño, indudablemente, que como la *Utopía* de Tomás Moro sólo puede mantenerse dentro del espacio discursivo del texto y que está destinada al gozo no del artesano o del campesino sino del hidalgo ocioso, "recreándose" (para usar un término garcilasista) con los mal gustos y enajenaciones de la dominación. Historicizar el género pastoril, contaminar sus reglas de decoro (mezclando lo épico y lo "humilde", como hace Góngora por ejemplo), equivale señalar que la edad de oro existe y que puede ser recuperada en la imaginación y en el "trabajo" estético, pero sólo como un momento que tiene que ser enajenado —"desengañado"— por el lector/peregrino dentro de la diacronía del texto. Esta relativización del concepto de la edad de oro y de los tópicos literarios pastoriles que lo expresan representa la articulación primitiva de un nuevo concepto ideológico: la visión burguesa de la historia como progreso.[10] Pero para el barroco español la armonía

---

9. Cros observa a propósito de la articulación de los amores de Dorotea y Fernando y Crisóstomo y Marcela-amores que envuelven el problema de la relación entre una burguesía rural rica, representada por el padre de Dorotea, y la nobleza-que: "Le texte efface donc les frontières de classe par son jeu d'intrigues [...] La pastorale, tout au moins dans *Don Quichotte*, est donc bien une zone de contact entre nobles et roturiers et un espace d'assimilation qui implique, avec les enfants de ces *labradores ricos*, une nouvelle génération [...]" Edmond Cros, "Sur le caractère opératoire de la notion de formation discursive: les cas de *Don Quichotte*", *Imprévue* (1984-2): pp. 140-41.
10. Giulo Carlo Argan ha notado que en el barroco "el gusto de lo monumental, con su referencia a la antigüedad clásica, encuadraba bien a las clases dominantes, quienes se consideraban como llamadas por la divinidad a ejercer el poder y la autoridad. El 'gran estilo' —que no es más que una extensión del concepto de

de un pasado "clásico" representado por la literatura del Renacimiento y la figura del *locus amoenus* no puede ser recuperada. Lo único que queda de ella son fragmentos de los cuales nuevas formas de representación literaria pueden ser construidas. Pero estas formas —otra vez, para una sensibilidad aristocrática— inevitablemente son vistas por sus propios creadores como dudosas o deshonrosas, y se sostienen sólo en la modalidad de lo que Georg Lukács llamó "ironía romántica".

La poesía del Siglo de Oro español queda para nosotros como una especie de ruina cultural: la ruina es, precisamente, la figura poética de la disgregación ideológica. Si la ideología nace de la distinción (arbitraria) de naturaleza y cultura, la ruina representa como objeto de contemplación la suavización de la línea divisoria entre naturaleza y cultura. Podemos, sin embargo, distinguir en esta situación dos alternativas. Por un lado, dado que el *locus amoenus* es precisamente "estético" o "imaginario" —es decir, no realizable como una forma de vida concreta, un "no-lugar" (*utopía*)—está, en los místicos, subjetivizado, erotizado, sin perder por esto su relación con la problemática ideológica que hemos trazado aquí. La unión mística en San Juan de la Cruz —"nuestro lecho florido"— es "de mil escudos de oro coronado", detalle interesante en un poema de supuesta pureza espiritual (escudo designaba entre otras cosas una moneda introducida por los Austrias). El cuerpo del Amado —es decir, el poema mismo— es una proliferación mágica de sensaciones y propiedades —"mil gracias derramando", "mil gracias refiriendo"—, todas producidas, ofrecidas y aceptadas libremente. La unión mística es el retorno de lo reprimido, de la edad de oro anterior al pecado. Instituye una nueva "economía" de increíble abundancia, una liberación del cálculo económico de pérdidas y ganancias tanto monetarias como psíquicas.[11] El *Cántico espiritual* es por esto una de las representaciones más dramáticas, más anticipadoras de ese "reino

---

monumento a todas las artes— llega a identificarse con los gustos y la cultura de la clase conservadora; así se explica cómo la clase media empieza a producir en contraposición a lo monumental o artificioso sus propias formas artísticas". *The Europe of the Capitals: 1600–1700* (Ginebra: Edition d'Art Albert Skira, 1964), p. 7 (trad. mía del inglés).

11. "En la interior bodega / de mi amado bebí, y cuando salía / por toda aquesta vega, / ya cosa no sabía, / y el ganado perdí que antes seguía". *Cántico espiritual*, estrofa 17.

de la libertad" que Marx vislumbró con el establecimiento de un comunismo verdadero, es decir, una sociedad sin clases, sin explotadores y explotados.

La otra alternativa podría ser representada por *La grandeza mexicana* (c. 1603) de Bernardo de Balbuena, un texto característico de la poesía colonial del Siglo de Oro. *La grandeza* está construida sobre la base del tópico barroco de la cornucopia y es, como texto, en cierto sentido un simulacro literario de una cornucopia, ofreciendo al lector metropolitano una "abundancia" y "variedad" de cosas mejicanas en una especie de festivilización de la explotación colonial. La riqueza que ofrece "la primavera mejicana" —la eterna primavera de una nueva Arcadia— al colonizador español es como en el mito de la edad de oro, "regalos". De ahí que la figura que representa las fuerzas humanas que realmente producen esta riqueza y sostienen el estilo de vida arcádico de la colonia —"el feo indio", como Balbuena lo nombra— queda al margen del poema como otro detalle costumbrista. En este tipo de estetización —bastante común en la literatura menor del barroco español y colonial— la riqueza aparece como un producto automático de la providencia divina y natural manejada por el sistema imperial, y no como producto de una elaboración humana realizada, en el caso de la economía americana, bajo relaciones de producción sumamente brutales. *La grandeza*, si se quiere, es bullonismo poético. El decorado pastoril se vuelve una especie de "teoría de acumulación mágica" que enmascara la actual acumulación primitiva del capital, armonizándola, en apariencia, con las bases ideológicas estamentales y religiosas del colonialismo español.[12]

En esta forma de discurso "estético", el encomendero colonial y el *grande* metropolitano, el bullonista y el cuantitativista pueden disfrutar a la vez del sistema de explotación colonial, porque en su idealización poética resulta ser nada más que una nueva versión de la edad de oro de un feudalismo puro.

---

12. En el epílogo de *La grandeza*, Balbuena escribe a y de su lector metropolitano, en principio el rey:

> y pues ya el cetro general te ensayas
> con que dichosamente el cielo ordena
> que en triunfal carro de oro por él vayas,
> entre el menudo aljófar que a su arena
> y a tu gusto entresaca el indio feo,
> y por tributo dél tus flotas llena.

A través de un despliegue de tópicos y metáforas pastoriles, el barroco colonial construye el espacio social de la colonia como una utopía, en principio armoniosa y bella, en que cualquier elemento de disidencia o rebeldía aparece necesariamente como una emanación del mal-una fealdad-que amenaza deconstruir su orden.

La estetización de la dominación, explotación y el genocidio para suavizar la mala conciencia de una clase social que estaba elaborando su propia liquidación histórica con el sistema colonial americano: esta es una cara de lo que hemos llamado aquí la economía política del *locus amoenus* en la poesía del Siglo de Oro. Pero también lo pastoril ofrece una especie de "eterno encanto" (para recordar las palabras de Marx sobre la épica griega) que no se limita a esta circunstancia. En Milton o en los poetas de la Ilustración, por ejemplo, lo pastoril se articula precisamente como una crítica de la artificialidad del poder absolutista y del sistema estamental. En las *Silvas americanas* de un Bello es la base de una nueva visión de un cosmos americano utópico. En Lorca (*Poeta en Nueva York*), los surrealistas, la poesía negrista de un Césaire, o la poesía Sandinista de Ernesto Cardenal se convierte en la figura de la utopía alcanzada de una sociedad sin clases real. Allí se agotaría su poder de atracción estética.

3

Barroco de estado: Góngora y el gongorismo colonial
(1981)

"PONDÉRASE A LA DISCORDANCIA", escribe Gracián en su *Agudeza y arte de ingenio,* "y luego pasa el ingenio a dar sutil y adecuada solución". El arte de ingenio barroco se aprende en el laboratorio del concepto poético, pero se aplica en el ejercicio del poder político donde el "varón avisado" tendrá que navegar por el laberinto de la Corte. En el soliloquio del peregrino en la *Soledad segunda* Góngora se representa como Ícaro —"aquel que con las alas derretidas/cayendo fama y nombre al mar ha dado" (Garcilaso, soneto 12):

> Audaz mi pensamiento
> el cenit escaló, plumas vestido,
> cuyo vuelo atrevido,
> si no ha dado su nombre a tus espumas,
> de sus vestidas plumas
> conservarán el desvanecimiento
> los anales diáfanos del viento,

El acto de ingenio como una forma de cálculo existencial en un "mundo trabucado"—un "vuelo"—, o como un "desvanecimiento", un deshacerse: estos son los polos de la imaginación barroca. En la didáctica medieval, la figura de Ícaro emblematiza la doctrina de *noli altum sapere* —no atreverse a conocer las cosas "altas"—; define los límites propios al conocimiento humano y el castigo que recibirá el deseo vano de superarlos. Por contraste, el tópico funciona aquí como una alegoría de la escritura, del trabajo del poeta mismo ("pensamiento...plumas vestido...anales diáfanos"). Góngora tendrá en cuenta la nueva significación de Ícaro, muy difundida en la cultura humanística del siglo XVII, como arquetipo de él que se atreve peligrosamente a revelar *arcana natura*: los secretos de la naturaleza. Como señala Carlo Ginsburg, "las ideas mismas de 'peligro' y 'novedad' comienzan a ser vistas como valores positivos en una sociedad fundada más y más sobre el comercio. *Nil linguere inausam* (atreverse a todo) reemplaza el *noli altum sapere* escolástico.[1] Este nuevo Ícaro barroco no es solamente el poeta o el intelectual: representa también, como la situación del mismo peregrino de las *Soledades*, al cortesano, el "político" de Gracián, jugando su destino entre la sublimación y el desastre. En una anécdota más utilitaria pero no menos reveladora, Emilio Carilla observa en su ensayo sobre el gongorismo colonial: "En Lima, el Real Colegio de San Martín..., en alabanza al virrey por la construcción de un muelle, le ofrece 'una varia y hermosa florida selva de poesías', que no es precisamente varia, hermosa, ni florida, aunque sí, con frecuencia, gongorista".[2]

Nos proponemos aquí hacer un bosquejo de la relación entre el gongorismo como un fenómeno estético y la estructura del poder en España en la primera mitad del siglo XVII, época de crisis de su imperio americano y europeo. ¿Relación de disidencia o de conformidad? Podemos notar, para comenzar, la existencia de una polémica reciente sobre el valor del llamado "neobarroco" en las letras latinoamericanas. Según Severo Sarduy, el barroco (y, en el terreno del discurso, más particularmente el gongorismo) configura, en principio o en potencia, una práctica subversiva del orden establecido.

> Ser barroco hoy significa amenazar, juzgar y parodiar la economía burguesa, basada en la administración tacaña de los bienes, en su centro y fundamento mismo: el espacio de los signos, el lenguaje, soporte simbólico de la sociedad, garantía de su funcionamiento, de su comunicación [...] El barroco subvierte el orden supuestamente normal de las cosas,

---

1. Carlo Ginsburg, "High and Low: The Theme of Forbidden Knowledge", *Past and Present*, N₂ 73 (1977), p. 38. Traducción mía del inglés.
2. Emilio Carilla, *El gongorismo en América* (Buenos Aires: Universidad de Buenos Aires, 1946), p. 231.

como la elipse —ese suplemento de valor— subvierte y deforma el trazo, que la tradición idealista supone perfecto entre todos, del círculo.³

De ahí su conocida consigna "barroco de la revolución" y su celebración del estilo "estridente, abigarrado y caótico" de Lezama Lima como modelo de un discurso de liberación. Leonardo Acosta responde que, al contrario:

> El barroco fue un estilo importado por la monarquía española como parte de una cultura estrechamente ligada a su ideología imperialista. Su importación tuvo, desde el principio, fines de dominio en el terreno ideológico y cultural. Esto no implica una valoración estética negativa. Pero sí estimamos necesaria una toma de conciencia respecto a la verdadera significación del barroco, que es un fenómeno estrictamente europeo, y al imperativo de elaborar nuestras propias formas artísticas en la etapa de liberación económica, política y cultural de la América Latina, formas que en una serie de aspectos serán todo lo contrario del barroco.⁴

El debate no es nuevo. Sabemos que la recepción del gongorismo en su propia época, la España de la Decadencia, también fue contradictoria. Quevedo acusa a su rival de converso ("yo te untaré mis versos con tocino / porque no me los muerdas, gongorilla"). La Inquisición prohíbe por varios años, la venta de la primera edición comercial de su poesía, las *Obras en verso del Homero español* recopiladas por López e Vicuña después de la muerte de Góngora. A la vez, bajo el régimen de Lerma, Góngora está a punto de conseguir, cuando interviene la caída del privado, el puesto de capellán de la familia real. Olivares, nuevamente instalado como favorito, comisiona una edición caligrafiada sobre vitela de los poemas de Góngora para su biblioteca particular, el llamado manuscrito Chacón. En las justas poéticas de los virreinatos americanos, la "nueva manera" gongorina rápidamente se hace indispensable.

---

3. Severo Sarduy, *Barroco* (Buenos Aires: 1974), p. 99; también su ensayo "Barroco y neobarroco", en *América Latina en su literatura* (México: Siglo Veintiuno, 1972).

4. Leonardo Acosta, "El 'barroco americano' y la ideología colonialista", *Unión* (La Habana) XI, nos. 2–3 (1972): p. 59. Jaime Concha hace eco de esto cuando observa que "la renovación gongorina... se pone al servicio de intenciones claramente apologéticas del orden colonial, especialmente de una superestructura administrativa y eclesiástica". "La literatura colonial hispano-americana: problemas e hipótesis", *Neohelicon* (Budapest) IV, nos. 1–2 1976): p. 46.

Lo específico del gongorismo como manera poética, lo que define su novedad, su "vuelo atrevido", es sin duda su cultivo de una dificultad formal rebuscada. La defensa de la dificultad como una cualidad estética en sí fue hecha antes de Góngora por los manieristas italianos en conexión con una defensa neoplatónica de la libertad de creación artística. Por otra parte, la poética aristotélica de la Contrarreforma, con su conocido énfasis en la disciplina de las reglas y en la subordinación necesaria del efecto estético a la didáctica, sostenía que el gongorismo manifestaba una desvinculación de la relación escolástica *verba* y *res* —el lenguaje y lo que significaba. Por haber elevado el juego lingüístico ingenioso como centro del gusto poético, no directamente relacionado con la moral o la doctrina, se pensaba que Góngora había producido un formalismo funcionalmente ateo, que su poesía era babélica. De ahí los ataques a él como supuesto converso.[5]

Góngora se defendió de estos ataques en una carta abierta de 1615, la llamada "Carta en respuesta". Su argumento central es lo siguiente:

> ...en dos maneras considero me ha sido honrosa esta poesía [de las *Soledades* y el *Polifemo*]; si entendida por los doctos causarme ha autoridad, siendo lance forzoso venerar que nuestra lengua a costa de mi trabajo haya llegado a la perfección y alteza de la latina [...] ¿y que razón della no está corriente en lenguaje heroico, que ha de ser diferente de la prosa y digno de personas capaces de entenderle? Demás que honra me ha causado hacerme escuro a los ignorantes, que esa es la distinción de los hombres doctos, hablar de manera que a ellos les parezca griego; pues no se han de dar las piedras preciosas a animales de cerda.[6]

Hay que subrayar varias cosas aquí. Primero, la idea de que la poesía "causa" —dicho de otro modo significa— honor; es decir, que es un modo de sublimación estamental. Segundo, la idea de la poesía como un trabajo ("...a costa de mi trabajo"), lo que Espinosa Medrano más tarde denominaría una

---

5. Sobre el debate en torno a las *Soledades* en el barroco español y colonial, ver Collard, *Nueva poesía: conceptismo, culteranismo en la crítica española* (Madrid: Editorial Castalia, 1967); es útil también mi *Aspects of Góngora's 'Soledades'* (Amsterdam: John Benjamins, 1980).

6. Cito la versión de la "Carta en Respuesta" en Ana Martínez Arancón, *La batalla en torno a Góngora (selección de textos)* (Barcelona: Bosch, 1978).

"fabricación".[7] Tercero, la visión del latín clásico como un lenguaje paradigmático. Cuarto, la suposición de que el gongorismo representa una forma de "lenguaje heroico" apropiado a sujetos épicos o trágicos y que, por lo tanto, requiere dificultad en la construcción y en el léxico para ser digno de los que pueden entenderlo, es decir, de los que son "doctos", que poseen honor, que son los protagonistas legítimos de acciones épicas o trágicas. El español vulgar —lo que Góngora llama "el romance" en su carta— es visto como un lenguaje que tiene que ser instrumentalizado porque en su estado natural carece de la "perfección y alteza de la latina", no es digno de su sujeto. El trabajo del poeta es haber extendido y sublimado su capacidad significativa. "El romance" adquiere así en el artefacto poético la condición de un lenguaje imperial: ordenador, monumentalizador, universalizador. Por esto, la poesía "causarme ha autoridad". Bajo la rúbrica de un común arte de ingenio aristocrático se equipara aquí tácitamente el dominio del discurso escrito —función que la división del trabajo concede a las técnicas especializadas del poeta— con el dominio de gobierno y economía. El poeta se representa como vate: legislador de la conciencia de una clase dominante. La dificultad de su verso —"hablar de manera que a ellos les parezca griego"— asegura que el vulgo deshonrado no pueda hacerlo suyo. Es un discurso, insiste Góngora, "no para los muchos", destinado a evitar el estado de una mercancía que podría ser comprada y consumida por cualquiera, a circular solamente en manuscrito entre las tertulias de la corte.

¿Quiénes eran estos "hombres doctos" que producían y/o consumían el gongorismo en el siglo XVII? La paradoja quevediana de "don Dinero" también se refiere a una ambigüedad en la situación estamental de hidalgos como Quevedo o Góngora en su función cívica como letrados. El absolutismo español dio lugar, como en otras partes de Europa, a la marginación y disminución de amplios sectores de la aristocracia tradicional durante el siglo XVI. Sin embargo, como el sistema estamental continuaba en vigor, una posición de "alteza" en el aparato estatal o eclesiástico requería, nominalmente por lo menos, un título. José Antonio Maravall ha insistido entre otros, por ejemplo, en que la famosa prueba de limpieza de sangre se empleaba no sólo para discriminar en los nombramientos oficiales contra los conversos,

---

7. Eduardo Hopkins, "Poética de Espinosa Medrano en el *Apologético en Favor de D. Luis de Góngora*", *Revista de crítica literaria latinoamericana* (Lima) IV, nos. 7–8 (1978): pp. 105–118.

sino también contra los que no tenían prueba de sangre noble. Por otro lado, un título por sí mismo podía significar poco en una sociedad dominada más y más por el dinero, el mercado y la inflación.[8]

La figura del escudero en el *Lazarillo* que ha perdido su hacienda y vive en la más absoluta miseria sirve para precisar que existía una discontinuidad posible entre el honor como atributo estamental y su base económica en las diversas formas de renta feudal o los censos y juros emitidos por el estado. La situación social de muchos hidalgos quedaba, por lo tanto, sujeta a una doble y a veces contradictoria determinación. La idea de calidad y autoridad como atributos intrínsecos de nobleza de sangre tiende a ser mediatizada por una competencia general y abierta —análoga al medro plebeyo de la novela picaresca— para conseguir un oficio en el enmarañado aparato burocrático del imperio.

El hidalgo barroco tiene que ser "limado" para pasar de una situación marginal y precaria a los nuevos centros de poder y riqueza. Depende del patronaje de los *grandes*; requiere no sólo un título sino una especialización profesional. Esta modificación interna en la naturaleza de la aristocracia explica la enorme expansión de las universidades castellanas en el Siglo de Oro-van de cinco en tiempos de los Reyes Católicos hasta más de veinte en época de Góngora.[9] Con pocas —aunque a veces importantes— excepciones, la universidad era un casi-monopolio de la aristocracia. Su producto característico, el licenciado en leyes o teología, viene a ser el intelectual orgánico del aparato eclesiástico-estatal del imperio español a finales del XVI y comienzos del XVII: el letrado.

---

8. José Antonio Maravall, "La función del honor en la sociedad tradicional", *Ideologies and Literature,* no. 7 (1978): pp. 9–27, y su imprescindible *La cultura del barroco: análisis de una estructura histórica* (Barcelona: Ariel, 1975). La filiación de Góngora con la aristocracia menor de provincia amenazada por la política del absolutismo hapsburgo es expuesta por Robert Jammes en sus *Études sur l'oeuvre poetique de D. Luis de Góngora* (Bordeaux: Institut d'études ibériques et ibéro-américaines de l'Université de Bordeaux, 1967). Para un estudio de fondo, ver Charles Jago, "La 'crisis de la aristocracia' en la Castilla del siglo XVII", en J.H. Elliott (ed.), *Poder y sociedad en la España de los Austrias* (Barcelona: Crítica, 1982), pp. 248–86.

9. Para el fenómeno de las universidades en el Siglo de Oro, ver Richard Kagan, "Las universidades en Castilla, 1500–1700" (en Elliott, *Poder y sociedad,* pp. 57–89), o su libro *Universidad y sociedad en la España moderna* (Madrid: Tecnos, 1981).

Ser letrado significaba dominar y saber manejar una de las diferenciadas pero entrelazadas prácticas ideológicas o técnicas que formaban en conjunto la base de la hegemonía aristocrática tanto en España como en la Colonia. Pero todos estas prácticas —jurisprudencia, teología, política, arbitrismo, administración, estrategia militar, etc.— tenían en común la necesidad de ser elaboradas en un discurso escrito estilísticamente compatible con los presupuestos de una elevación aristocrática, un sentido de derecho de mando. De ahí la importancia de la literatura culta para la hegemonía aristocrática (que se refleja en la intensidad del debate sobre el gongorismo, por ejemplo), algo difícil de entender hoy. De ahí también que Góngora insista que su poesía requiere un trabajo específico de composición e interpretación, que no es simplemente la expresión natural de un valor aristocrático preexistente.[10]

Góngora escribe en una situación en que la literatura comenzaba a ser una forma bastante desarrollada de producción de mercancías en que un burgués ilustrado, como Fernando de Rojas, tenía tantas o más posibilidades de éxito comercial que un esteta cortesano como Garcilaso. En el Siglo de Oro escribir, publicar y vender libros se habían convertido en actividades empresariales; la máquina de imprimir que permitía la reproducción mecánica en serie de un texto escrito fue una de las primeras formas de producción masiva capitalista; por lo tanto, el surgimiento de la novela y otras formas populares de literatura, como los pliegos sueltos o la poesía de cordel, no sólo refleja sino es parte integral de una sociedad donde el intercambio de mercancías era, o comenzaba a ser, la forma principal de producción y apropiación cultural (como lo es hoy en las sociedades capitalistas).

Esta situación constituye un problema evidente para el letrado-hidalgo, como Góngora, que entiende a la literatura como una práctica esencialmente aristocrática, propia a su estamento social. Es conveniente recordar que "el lector", en el sentido que tiene en la crítica literaria moderna, y el acceso a la literatura por un "público lector" son formas sociales relativamente recientes.

---

10. En su carta, Góngora explica que "si la obscuridad y estilo intricado de Ovidio... de causa a que, vacilando el entendimiento en fuerza del discurso, *trabajándole* (pues crece con cualquier acto de valor), alcance lo que así en la lectura superficial de sus versos no pudo entender, luego hase de confesar que tiene utilidad avivar el ingenio, y eso nació de la obscuridad del poeta" (cursivas mías). Lectura como "acto de valor": un concepto que se relaciona a la problemática sobre la función social del hidalgo-letrado. Volveremos a este punto.

Góngora no escribe para un público lector general, al que llega a través del mercado. Durante su vida, siguiendo el ejemplo de Garcilaso, rehúsa siempre la publicación comercial de su obra. Su cultivo de la dificultad hace de su poesía una forma de exclusividad estamental; significa una sublimación por parte del emisor y receptor a la vez. Hay en esto una compulsión parecida a la que Adorno identificaba en la producción de la vanguardia burguesa (Schoenberg, el cubismo, Joyce y Kafka): la necesidad de "enajenar" el texto o artefacto para evitar su incorporación en el sistema de gratificación fácil provisto por el desarrollo de una industria cultural que atraviesa en su público divisiones tradicionales de clase y nivel cultural. Pero al mismo tiempo que defiende en su propia tecnificación estética una postura anti-mercantilista y aristocratizante, Góngora, como con muchos hidalgos del Siglo de Oro, es un hombre siempre acosado por problemas de dinero; sus cartas revelan a veces no la figura severa y penetrante del famoso retrato de Velázquez sino la semblanza de alguien obligado a mendigar.

Lo que transmite el gongorismo no es sólo un signo de ascendencia social sino también una técnica de poder social, un instrumento de legitimación y dominación. El discurso es un ejercicio que, por su dificultad, agudiza y habilita la inteligencia del poder. Se dirige a una clientela de patrones —los grandes— en los centros de acumulación y legislación del imperio: la Corte, los Virreinatos, la red de ciudades. Propone una manera de ritualización y pseudo-universalización de estos centros: un lenguaje heroico. Crea entre poeta y príncipe y contra "los muchos" (es decir, en el caso de la Colonia, contra la población indígena) lo que Hernán Vidal ha llamado "una comunidad lingüística diferenciadora".[11] Por lo tanto, es un modo de inserción y de medro para el hidalgo dentro del aparato ideológico-burocrático del imperio, como demuestran las justas poéticas. La poesía tiene todavía un valor *legislativo*, ya que para el cortesano del Siglo de Oro la suntuosidad y la ceremonia —la apariencia del poder— no están del todo separados de la esencia del poder: el poder es, en un sistema aristocrático, ostentación.[12]

---

11. Hernán Vidal, *Socio-historia de la literatura colonial hispanoamericana: tres lecturas orgánicas* (Minneapolis: Ideologies & Literature, 1985), pp. 108–18.
12. Clifford Geertz estudia el problema de una "semiótica del poder" del absolutismo en su *Negara: The Theatre State in Seventeenth Century Bali* (Princeton: Princeton University Press, 1980). Ver también los estudios de Jean-Marie Apostolidés, *Le Roi-Machine: Spectacle et politique au temps de Louis XIV* (París Editions de

Este nos lleva a un segundo punto: la cuestión de la temática del gongorismo y, en particular, su representación de la dialéctica de ciudad y campo, arte y naturaleza, lo primitivo y lo culto, épica y pastoril. Como hemos visto, Góngora se jacta de haber creado un "lenguaje heroico". Ahora bien, la disciplina aristotélica de las reglas permitía a la poesía épica o trágica una complicación desmesurada de sintaxis y lexis para que el estilo de imitación correspondiese a la supuesta universalidad de su materia. Pero la poesía gongorina no tiene una temática épica; es más bien una especie de bucólica cortesana. Para la crítica anti-gongorina del siglo XVII, su pretensión estética fallaba no sólo por su formalismo, su falta de relación directa con la didáctica, sino también porque significaba una idealización de —en palabra de Jáuregui— "cosas humildes", produciendo así un "desgarrón afectivo", un desdoblamiento entre significante y significado.

Esta anomalía (temática bucólica, estilo heroico), sin embargo, explica en parte por qué el gongorismo se extendió como un discurso estético casi-oficial en España, Portugal y la Colonia en los años después de la muerte de Góngora en 1627. El período expansionista del imperialismo español —la Conquista— había sido completado hacia finales del siglo XVI. Bajo la presión de Inglaterra, Francia y los Países Bajos, y del desastre económico y demográfico ocasionado por la explotación de la población indígena en la producción de oro y plata, tanto el imperio europeo como el americano entran en proceso de contracción y reestructuración. El problema de los privados como Lerma y Olivares y de sus virreyes americanos era ya no tanto extender sino mantener la unidad y el orden de un laberíntico imperio, preservando el monopolio mercantil de la metrópoli española y la estructura del poder estamental en las relaciones de producción. Esto requería la estrategia del zorro en lugar del león, el modelo del *discreto* gracianesco en vez de su *héroe*. Entre otras cosas, en la Colonia era preciso desarrollar un estado civil en el que la función de las *letras* —jurisprudencia, pedagogía, poesía, discurso político-moral, sermones, cartas de relación, etc.— escondiera y aminorara la necesidad de gobernar a través de un monopolio de los medios de violencia. El discurso paradigmático de las armas es la épica. Pero la épica como género poético había perdido su vigor en el contexto de la decadencia imperial del siglo XVII: representaba una forma de heroísmo —y de narración— ya anacrónica. Si las acciones

---

Minuit, 1981) y Louis Marin, *Le portrait du roi* (París: Editions de Minuit, 1981) sobre la relación entre representación y poder en el barroco francés.

del héroe épico tienen por eje la dualidad entendimiento-voluntad, las del hombre de la nueva política de la Corte barroca —el privado— tienen por eje la dualidad genio-ingenio (Don Quijote sólo es posible como "ingenioso caballero").[13] Es aquí donde surge la heterodoxia del *ejercicio* que propone el gongorismo: dar una estilización épica a materias no épicas, construir una poesía bucólica pero intelectualizada que sería "émula de las trompas", como suele declarar Góngora en sus dedicatorias. El gongorismo preservaba el alcance y la sublimidad de la épica-su función de legitimizar e idealizar el proyecto histórico de una clase dominante- pero en una situación, el mundo del Quijote, en que la poetización de una expedición militar o la aventura caballeresca tenía ya un sabor arqueológico, como algo pasado de moda. Las *Soledades*, el *Polifemo*, el hoy menos conocido *Panegírico* al Duque de Lerma, ofrecían al letrado metropolitano o colonial modelos de un nuevo género *postépico* en que podían ser representadas e idealizadas las actividades ordinarias de la producción, acumulación y reproducción social —es decir, la sociedad civil y su estructura inherente de poder.

Es importante ver, en este sentido, que el manejo del tópico de menosprecio de corte y alabanza de aldea —cliché de la temática gongorina— representa sólo una contradicción nominal, en la que las contradicciones verdaderas —la explotación del campo por la ciudad, del campesino por el noble, de la población indígena por una aristocracia colonizadora, de la periferia por la metrópoli— quedan mistificadas. Si la épica renacentista ha perdido su vigor, también el "lugar ameno" pastoril ha perdido su sentido como contra-utopía, refugio del alma noble ante las devastaciones de la historia y del poder. Crear un lenguaje heroico para representar temas bucólicos equivale a diacronizar lo pastoril, abrirlo a la historia, someterlo a una voluntad extrínseca. El sabor campesino y bucólico de la poesía gongorina deriva necesariamente de una falsificación idealizadora de los datos reales de vida y producción en el campo

---

13. Monroe Hafter estudia al "político" como una figura barroca en su *Gracián and Perfection: Spanish Moralists of the 17th Century* (Cambridge: Cambridge University Press, 1966). En el barroco, escribió Walter Benjamín, "el ingenio se muestra en el ejercicio del poder: el ingenio es la capacidad de ejercer la dictadura". *Ursprung des deutschen Trauerspiels*. Cito de la versión inglesa, *The Origin of German Tragic Drama* (London: Verso, 1977), p. 98.

español o colonial.¹⁴ Obedece, en su procedimiento técnico metafórico, a la misma estructura de explotación y acumulación que caracteriza el mercantilismo feudal. Lo rural, lo indígena, no es válido en sí. Tiene que ser pulido y limado, puesto en relación con una lógica supuestamente universalizadora y ordenadora propia de una aristocracia urbanizada e imperialista, con el espectáculo "culto" de esa concentración de poder y riqueza que es la ciudad-corte del absolutismo barroco. En su análisis de los cambios repentinos de escena entre corte, villa y campo en las comedias de Calderón, Walter Benjamin observó acertadamente que

> Lo que es decisivo en el escapismo pastoril del barroco no es una antítesis entre historia y naturaleza; representa más bien la secularización de lo histórico en el estado de la naturaleza. La comedia española incluye el panorama de toda la naturaleza, pero vista como sujeta a la Corona [...] Por otro lado, el orden social y su representación, la Corte, son vistos como un fenómeno natural de más alto orden, cuya primera ley es el honor del príncipe.¹⁵

Nöel Salomon demostró que el proceso de legitimización en la comedia implicaba para sus héroes nobles un período necesario de aprendizaje en el campo.¹⁶ El príncipe se ha urbanizado: es un hombre de la corte y no de la hacienda, el núcleo productivo y social del sistema feudal. El laberinto arquitectónico, político y moral de la ciudad le esconde las "eternas verdades" de

---

14. Robert Jammes precisa "qu'en présentant l'idéal de vie rustique Góngora ne pretend pas évoquer la masse des paysans dans son ensemble, mais seulment les plus riches d'entre eux". *Études*, p. 617, nota 87. Elias Rivers habla de un "pastoral paradox" en el gongorismo, señalando que "Góngora gives us a new vision of the world of nature by creating enigmatic verbal artifacts which can be deciphered only by the humanistically educated, constantly alert intellectual... [a vision] which the blissfully ignorant peasant is not even aware of perceiving". Introducción a G.C. Cunningham (trad.), *The 'Solitudes' of Luis de Góngora* (Baltimore: The Johns Hopkins University Press, 1968), p. xix. También su "The Pastoral Paradox of Natural Arts", *Modern Language Notes*, no. 77 (1962): pp. 144–50.
15. Benjamin, *Origin*, pp. 92–93. Trad. mía del inglés.
16. *Recherches sur le theme paysan dans le 'comedia' au temps de Lope de Vega* (Bordeaux: Institut d'Études Ibériques et Ibéro-Americaines de l'Université de Bordeaux, 1967), especialmente pp. 250–357.

la vida rústica. Tiene que dejar (o ser exiliado de) la ciudad, disfrazarse como villano, hacerse "uno de ellos". Es precisamente la situación del personaje típico del gongorismo —el peregrino andante, "náufrago, y desdeñado sobre ausente". Pero el destino del héroe no es quedarse en el exilio o el ocio pastoril, en la "soledad confusa" del estado de la naturaleza y de comunidades humanas igualitarias y candorosas. Tiene que volver a la Corte, reconciliarse con la "enemiga amada" que ha provocado su exilio, hacerse gobernador. Lo que Benjamin llamó la "dialéctica de escena" en la representación barroca del proceso histórico representa un esfuerzo de presenciar y, a la vez, de reconciliar ideológicamente (es decir, a través de la producción en el artefacto estético de un imaginario) una serie de oposiciones inquietantes: naturaleza/cultura, ciudad/campo, centro/periferia, historia (cambio)/orden estamental eterno, pueblo/estado, cultura metropolitana/cultura plebeya o indígena, virtud/poder, entendimiento/voluntad. El centro de todas ellas—su punto de irradiación—es el conflicto irremediable en un sistema basado en relaciones de producción feudales entre campesino y noble.[17]

En la metáfora gongorina, la riqueza y el poder aparecen como reflejos automáticos de una providencia teleológica, y no como productos de una elaboración humana realizada bajo determinadas relaciones de producción y acumulación explotadoras. Las *Soledades* o el *Polifemo* presentan a la naturaleza como una gran máquina productora de gente y de bienes—el tópico barroco de la cornucopia—, todos al servicio y a la disposición de un

---

17. Cabe recordar que el barroco corresponde a una época de *conquista* del campo por la ciudad. Como señala Lewis Mumford: "Era uno de los grandes triunfos del barroco organizar el espacio, darle continuidad, medirlo y ordenarlo, extender los limites de su magnitud, combinando igualmente lo distante y lo diminuto; finalmente, asociar el espacio y la moción...La centralización de poder en la capital política fue acompañada por una pérdida de iniciativa y poder en los centros regionales [...] La ley, el orden, la uniformidad son los productos específicos de la capital barroca; pero la ley existe para confirmar los estamentos y posición de las clases dominantes, y el orden es un orden mecánico. La manera externa de mantener esta forma de vida es el ejército; su brazo económico es el mercantilismo; y sus instituciones más típicas son el ejército, la bolsa, la burocracia, la Corte. Existe una armonía subyacente entre todas estas instituciones; en conjunto constituyen una nueva forma de vida social: la ciudad barroca". *The Culture of Cities* (Nueva York: Harcourt Brace, 1939), p. 30. Trad. mía del inglés.

protagonista noble/ peregrino. Beatrice Pita nos ofrece los siguientes ejemplos de las dos *Soledades* (se podrían multiplicar fácilmente):

"le dió el robre alimento" (I, 142)
"orladas sus orillas... cornucopia" (I, 202–3)
"le rindió (el Perú) ... blancas hijas...metales" (I, 429–34)
"te guardan su más precioso engaste" (I, 446, 460)
"expriman líquido a Minerva" (I, 827)
"dió la ría pescados" (II, 104)
"la sierra dió bacantes" (I, 272)
"Cuantos la sierra dió cuantos dió el llano" (I, 854)
"la vista saltearon poco menos... las no líquidas perlas" (muchachas) (II, 230)
"tanta ofrecen los álamos zagala" (I, 664)
"tres hijas suyas cándidas le ofrecen" (II, 218)
"libremente corresponde" a los pescadores la pesca (II, 82)
"del árbol que ofreció a la edad primera" (II, 341)

"Es a una 'divina próvida mano' (II, 362) a quien se deben los bienes", concluye ella. "Todo dentro del idealizado, pero caduco, mundo de las *Soledades* refleja esta misma visión teleológica de las personas, las relaciones, el propósito y la utilidad de las cosas: la naturaleza da los bienes de la tierra, los serranos/ pescadores están allí, y es el noble quien da un sentido y un orden al conjunto".[18]

A la pregunta de cómo el gongorismo, atacado y censurado como heterodoxo en España durante la vida de Góngora, llega paradójicamente a ser el discurso estético oficializante de la Colonia en el siglo XVII, podemos entonces responder: Representa, en esencia, una nueva modalidad de colonización por las letras en vez de por las armas (aunque, por supuesto, éstas quedan en reserva). Es una técnica, un "arte de ingenio", un ejercicio que puede servir como forma de indoctrinación en las nuevas prácticas ideológicas elaboradas por y dentro del aparato burocrático de la Corte y los Virreinatos. Para el estudiante o letrado colonial, el gongorismo tiene una fuerza significativa especial. "Es sobre todo por la vía de la educación que los jesuitas se apropian rápidamente de la revolución gongorina y la convierten en un pesado instrumento

---

18. Beatrice Pita, en una investigación realizada para mi seminario sobre el gongorismo en el Departamento de Literatura, Universidad de California, San Diego (1980), sin publicar.

pedagógico", explica Jaime Concha. "La memorización de largas tiradas de Góngora hacía que los alumnos coloniales, desde niños, se apartaran de sus circunstancias inmediatas para sumergirse, mediante el espejismo seductor de las palabras, en la distante patria metropolitana".[19]

¿Se reduce, entonces, el significado del gongorismo a su función técnica como práctica ideológica dentro del sistema estamental-colonial del Siglo de Oro español? Evidentemente no. Como un elemento del canon literario, el gongorismo está sujeto a relecturas, reinterpretaciones, rearticulaciones que corresponden a coyunturas históricas y proyectos ideológicos bastante distintos. La vitalidad del gongorismo como una manera estética se debe quizás a ese desplazamiento continuo del significante que constituye su particular dificultad y placer. Sarduy habla, a propósito del neobarroco, de un efecto de "desequilibrio, reflejo estructural de un deseo que no puede alcanzar su objeto".[20] En el caso del gongorismo histórico, el cultivo de este efecto envuelve una forma de conciencia de clase que, en su mismo deseo de diferenciación y sublimación, se ha vuelto contradictoria, incapaz de totalizar su relación con sus propios principios estamentales y con la historia. Aunque en sus dedicatorias el poeta tutea al grande, su relación social real con el poder es asimétrica. La "autoridad" que confiere el poema requiere un "trabajo", tanto por el poeta como su lector: hace falta "trabajar el discurso" a causa de su dificultad y sutileza. Pero esta insistencia suena inconsistente con el principio estamental que la función social del noble es propiamente apropiar el trabajo de otros, mandar. El comportamiento del aristócrata se basa más en un código de "consumo conspicuo" que de producción (por lo tanto, el desprecio del trabajo manual que, como elemento ideológico, afecta no sólo la nobleza sino otros sectores sociales: el caso del pícaro, por ejemplo). Pero en Góngora hay una conciencia agudizada de su poesía como producto de una actividad artesanal, en que el trabajo invertido en la creación de la forma es vista como trabajo productivo, trabajo que crea un nuevo valor. Precisamente porque requiere una especialización técnica, no hay en el gongorismo la noción de la poesía como mera representación o expresión de una calidad estamental pre-existente.[21]

---

19. Concha, "La Literatura Colonial...", p. 46.
20. Sarduy, *Barroco,* p. 103.
21. En principio, en un sistema estamental uno o es noble o no lo es. ¿Por qué haría falta un "trabajo"—palabra que había adquirido en el siglo XVI una connotación peyorativa y plebeya—para significar la nobleza de uno? Pero Góngora tendría en

Como hemos visto, en la temática del gongorismo hay un gusto evidente por la representación detallada de las formas y técnicas de trabajo de los serranos, labradores y pescadores que pueblan el fondo de sus paisaje campestres. No hay la necesidad aquí, como en la poesía pastoril de Garcilaso o *La grandeza mexicana* de Balbuena, de que la invocación del *locus amoenus* requiera el amortiguamiento o la suspensión del trabajo cotidiano. En la representación pastoril renacentista, el pastoreo es evidentemente más una forma de apropiación ociosa que una forma de trabajo. Esto es lo que permite la ficción de que los pastores son nobles transpuestos, una ficción que tendría que deshacerse si, como en el *Quijote, se* representara al pastor como un jornalero que vive de su trabajo rudo. Góngora soluciona el problema en la siguiente manera: representa un pastor "real" —como al principio de la *Soledad primera*- pero con un decoro metafórico-alusivo vagamente mitológico y arcadiano.[22]

La defensa que hace Góngora de su poesía implica la identidad de una aristocracia de sangre y de letras, una comunidad de "hombres doctos". ¿Pero, es necesaria esa identidad? "¿Se puede ser letrado sin ser noble?", pregunta Jaime Concha:

---

cuenta el sentido más antiguo de trabajo como prueba de virtud y valor, todavía presente en, por ejemplo, Cervantes, *Los trabajos de Persiles y Segismunda*. Sobre este punto, ver José Antonio Maravall, "Reformismo social agrario en la crisis del siglo XVII: tierra, trabajo y salario según Pedro de Valencia", *Bulletin hispanique* LXXII, nos. 1–2 (1970): pp. 33–36.

22. Por ejemplo, Góngora describe a los cabreros del "Bienaventurado albergue" así:

> No pues de aquella sierra, engendradora
> más de fiereza que de cortesía
> la gente parecía
> que hospedó al forastero
> con pecho igual de aquel candor primero, (I, 136–40).

Es decir, los cabreros y su modo de vida recuerdan el mito de la edad de oro —"aquel candor primero"— cuando reinaba la igualdad y la generosidad a pesar de la pobreza del paisaje de Arcadia, región montañosa como ésta. Esto es cambiar lo mítico propiamente dicho por lo mítico como símbolo o "decorado" de una realidad social contemporánea.

Ser noble, ser sacerdote, ser ganapán, eran cosas muy nítidas, aristotélica y escolásticamente nítidas en la conciencia colectiva del período. No así el letrado, cuya práctica social no encajaba plenamente dentro de la mentalidad excluyentemente nobiliara de los estamentos dominantes... En el tiempo, las reacciones [a esta falta de clara definición social] oscilan en un abanico de posibilidades que va desde la básica postulación del letrado-noble hasta un débil conato ideológico de reconocer la especificidad técnica de tal praxis intelectual.[23]

Esta ambigüedad o indeterminación en el gongorismo con respeto a los determinantes de su propia identidad estamental tiene también una dimensión económica. Hemos sugerido que el gongorismo es un estilo apropiado a la estructura de poder del imperio español en el siglo XVII. Pero Góngora es alguien que se identificó no con la escuela bullonista de economía política, sino con los cuantitativistas. Su más íntimo amigo intelectual —a quien encarga la corrección de las *Soledades*— fue el letrado y arbitrista Pedro de Valencia, entre otras cosas el autor de un tratado de economía política antimercantilista donde podemos leer, por ejemplo, lo siguiente: "Piénsase que el dinero las mantiene [a las repúblicas] y no es así: las heredades labradas y los ganados y pesquerías son las que dan mantenimiento. Cada uno había de labrar su parte; ahora los que se sustentan con dinero, dado a renta, inútiles y ociosos son, que quedan para comer lo que los otros siembran y trabajan".[24]

Desde una perspectiva tal, la función del decorado no es exclusivamente la de asimilar las "cosas humildes" del campo español y de sus colonias en una forma que lisonjea los principios de una aristocracia urbanizada y, por lo menos en la práctica, mercantilista. Cuando Góngora habla del aceite de olivo como "oro [que] le expriman líquido a Minerva" (*Soledad primera*, 827; el olivo es el árbol consagrado a Minerva en la mitología clásica), ¿significa

---

23. Jaime Concha, "Introducción al teatro de Ruiz de Alarcón ", *Ideologies and Literature,* No. 9 (1980): p. 41.

24. Pedro de Valencia, *Escritos sociales,* ed. Viñas Mey (Madrid: Escuela Social de Madrid, 1944), pp. 36–37. Para un estudio de fondo de la economía política de Pedro Valencia ver el trabajo de Maravall, "Reformismo social agrario", citado arriba. Para las relaciones de Góngora y Pedro de Valencia, ver Dámaso Alonso, "Góngora y la censura de Pedro de Valencia" en sus *Estudios y ensayos gongorinos* (Madrid: Gredos, 1955).

que el oro y la alusión a Minerva "ennoblecen" el vulgar aceite? ¿O, más bien, es el aceite la riqueza verdadera, el oro su expresión simbólica? El hispanista inglés R.O. Jones opinó sobre este tipo de metáfora en Góngora que representa "[...] la riqueza de la naturaleza, superior a todas las riquezas ficticias de las Indias", y describe las *Soledades* como "poema pastoril anti-imperialista".[25] En efecto, como hemos visto, Góngora considera a su poesía como una actividad productiva, pero precisamente no de un valor de cambio mercantil. En el universo discursivo del gongorismo, para ser "raro" algo tiene que ser "no comprado": "la comida prolija de pescados/raros muchos, y todos no comprados" (*Soledad segunda*, 246-7). Una y otra vez, Góngora se complace en sus figuras en oponer valor de uso a valor de cambio. El gongorismo mismo, como manera estética, representa una especie de fetiche aristocrático de una forma poética extremadamente elaborada, vista como sublime y noble porque evita por su dificultad la comprensión del vulgo y porque se sitúa fuera del dominio del mercado y del dinero como medios de adquisición. Paradójicamente, en Góngora esta voluntad aristocratizante (que responde al temor de perder privilegio estamental, de ser desclasado), coexiste con un acercamiento a ese Otro representado por el estado primitivo de la naturaleza —la *soledad*— y los productores directos de riqueza agrícola. En el caso de los varios "políticos serranos" de las *Soledades*, se podría hablar de un nuevo ideal aristocrático del *noble-campesino*, que vive en relativa igualdad y armonía con la naturaleza y otros seres humanos.[26]

---

25. R.O. Jones, introducción a su *Poems of Góngora* (Cambridge: Cambridge University Press, 1966), p. 26. Para González de Cellorigo, "el dinero no es la verdadera riqueza", para Lope de Deza es "una cosa infructífera totalmente" (citados en Maravall, "Reformismo social-agrario", p. 37). Ambos eran contemporáneos de Valencia y Góngora.

26. Pedro de Valencia pensaba que el oficio de labrador debía ser "tenido por oficio de nobles, como verdaderamente lo es" *(Discurso sobre la labor de la tierra,* citado en Maravall, "Reformismo social agrario", p. 18). Según Maravall, para Valencia "el 'valor propio' de la persona no está en su linaje, sus estados y dignidades, sus títulos; está en su trabajo personal y en la capacidad productora que con él pone en juego *y* que le permite bastarse a sí mismo... La consecuencia económica de esta concepción la saca, en un principio que podríamos llamar de inspiración socialista, el mismo Pedro de Valencia: 'los que no quieren trabajar, pudiendo, son indignos de la comida'" (p. 350). Sobre la representación de la relación

La función del gongorismo como una forma de historicismo también revela una indeterminación necesaria al corazón de su razón de ser. La meditación desengañadora sobre el período del día, la representación de las estaciones del año en su coincidencia alegórica con las cuatro edades del hombre y el ciclo del auge y ocaso de la civilización representada por el mito de las edades de metal, el gusto de poner en correspondencia lo distante y lo cercano, lo primitivo y lo moderno, lo cortesano y lo bucólico, mito y realidad, naturaleza y artificio, el momento de origen y de apoteosis: todos estos elementos son básicos al *concepto* gongorino y lo definen como una forma de representación esencialmente historicista. Esto es parte de lo que Góngora quiere decir cuando pretende en su "Carta en respuesta" haber elaborado un "lenguaje heroico". Como hemos visto, su poesía aspira a ser el discurso de la historia —*historia conficta*— en una manera que reemplaza la función tradicional de la épica. La historia, en la representación épica, es el proceso que lleva a la conquista del estado de la naturaleza (y de los pueblos "naturales") y a la fundación de la ciudad como centro de poder y acumulación. La historia es lo que conduce al presente, al Absoluto ideológico de la iglesia y del estado, a las formas consagradas de privilegio, trabajo y deber. Pero la meditación épica sobre la historia —la historia como Triunfo— tiene una dimensión problemática en el discurso del barroco español, ya que corresponde a una situación en que comienza a existir un sentido colectivo de que España ha entrado en su edad de hierro, su período de decadencia. "La idea de un proceso cíclico infinito, por medio del cual todos los organismos vivientes estaban sometidos a crecimiento, madurez, y decadencia, estaba profundamente enraizada en el pensamiento europeo" del siglo XVII, explica el historiador J.H. Elliott. "Si todos los grandes imperios, incluido el más grande de todos, habían ascendido sólo para caer, ¿podía España sóla escapar?" Si la historia es análoga a un proceso orgánico, paradójicamente lo que lleva a la grandeza a la vez lleva a la muerte.[27]

---

hombre-naturaleza en el gongorismo, es útil M.J. Woods, *The Poet and the Natural World in the Age of Góngora* (Oxford: Oxford University Press, 1980), aunque carece de un análisis ideológico.

27. J.H. Elliott, "Introspección colectiva y decadencia en España a principios del siglo XVII", en su *Poder y sociedad,* citado arriba, pp. 206-7. Benjamin señala que en la alegoría barroca la importancia de la historia "reside exclusivamente en las estaciones de su declinación [...] porque la muerte es lo que marca la línea

Para una visión estrictamente estamental como la de Quevedo, la historia es la dimensión de cambio, es decir, del medro, de lo inauténtico, lo pasadizo. El aristócrata verdadero tiene que elaborar a través de la estrategia del desengaño una retirada del mundo. En el caso de Quevedo, esta retirada equivale a una especie de negación de la realidad de la historia como tal: la historia es algo que ya tuvo su momento de culminación en la pasión de Cristo, anacrónicamente vista como contemporánea con el establecimiento del sistema monárquico-feudal. El ensimismamiento estoico es una manera de establecer (o más bien, de revelar, ya que están "eternamente" presentes) los principios de una "política de Dios" que manifestaría los medios de corrección o escarmiento del presente decadente: la vuelta a una utopía feudal reaccionaria anterior a las distorsiones que introduce el flujo de dinero, el crecimiento del mercado, la pujanza de nuevos grupos sociales (simbolizado, según han mostrado Edmond Cros y James Iffland, en la representación carnavalesca o grotesca de lo social).[28] Desde esta perspectiva, la decadencia es un ensueño: "el futuro se sitúa en el pasado", explica Elliott. La salvación nacional recae en un "retorno a las virtudes sencillas de una sociedad rural y marcial".[29]

En Góngora este problema tiene una elaboración distinta. El sujeto de su poesía, el "peregrino errante", alegoriza un estado real o virtual de exilio aristocrático. El peregrino viaja en busca de algún punto de reconciliación con su destino, con su "enemiga amada". Esto requiere, sin embargo, su retorno del estado de exilio a la ciudad y a la Corte. Su historia —el movimiento de la figura gongorina— implica un movimiento de la periferia del "albergue bienaventurado" al laberinto de la Corte, "en que la Arquitectura a la Geometría se rebela" (*Soledad segunda*, 669–70), del estado de la naturaleza — la "soledad confusa"— hacia un momento de apoteosis ordenador, centralizador representado por el "moderno artificio" de la ciudad barroca. Pero el retorno del peregrino a la ciudad-Corte implica una trasposición de su significado original como dimensión de lo enajenado y vanidoso. Esta trasposición,

---

divisoria irregular entre significación y naturaleza bruta", *Origin,* p. 166. Trad. mía del inglés, De ahí el culto barroco del poema, monumento o espectáculo funerario, muy desarrollado por el gongorismo.

28. E. Cros, *L'aristocrate et le carnaval des gueux: Étude sur le 'Buscón' de Quevedo* (Montpelier: Centre d'Etudes Sociocritiques, Universite Paul Valery, 1975); J. Iffland, *Quevedo and the Grotesque,* dos tomos (Londres: Tamesis, 1982).
29. Elliott, "Introspección colectiva", p. 211.

que depende de fuerzas que no puede controlar el héroe, es vista como problemática o imposible: el retorno a la ciudad implica no una apoteosis sino una posible degradación, una pérdida de honor, de calidad estamental. Pero para el peregrino —representación alegórica de todo un estamento social— tampoco es posible como destino la utopía candorosa del albergue primitivo. Así, queda como sujeto suspendido en la narración, sin continuación o fin posible. De ahí, el gusto por lo inacabado, lo fragmentario, la obra de arte como ruina de su forma esperada en el gongorismo y en el barroco en general.[30]

En la representación gongorina la posibilidad de sublimación no puede separarse de una conciencia agudizada de imperfección y mortalidad, creando así una oscilación perpetua entre monumentalización y entropía : el "vuelo atrevido" acaba en "desvanecimiento"; la cornucopia de signos revela el esqueleto constituido por su propia elaboración lingüística; la figura poética completada es una "tumba"; la afinidad estética más profunda se siente no con el palacio sino con la belleza mediatizada de la ruina, donde la naturaleza ha deshecho una ilusión humana de permanencia y poder. El "trabajo" de elaborar una nueva manera poética coexiste con la conciencia de un proceso de cambio histórico que está constantemente desmantelando sus premisas. La naturaleza de esta situación hace que el gongorismo pueda servir a la vez para idealizar el estado imperial en todos sus órdenes, desde la acumulación primitiva colonial hasta esa intimidad aristocrática representada por la sensación de desengaño, y para sugerir la posibilidad de *otra* sensibilidad, *otras* formas sociales, como si su intención estético-ideológica fuera no tanto halagar sino seducir la imaginación del poder. En este sentido, el gongorismo es una especie de discurso utópico, sin bases políticas o sociales concretas. De ahí su posible articulación como un "barroco de revolución", volviendo al concepto de Sarduy. No es difícil trazar una línea que va desde Góngora al barroco ya propiamente *criollo* de figuras como Espinosa Medrana, Sor Juana o Caviedes al final del siglo XVII; a las *silvas* americanas de un Andrés Bello; a Darío y el modernismo; a la novelística de Carpentier y Lezama Lima; o a ese creador de *soledades* modernas, Gabriel García Márquez.

---

30. Maravall, *La cultura del barroco,* pp. 417–48. Sobre la forma narrativa de las *Soledades,* ver la introducción a mi edición comentada de las *Soledades* (Madrid: Ediciones Cátedra, 1982), en particular pp. 42–61.

Sin embargo, si el gongorismo llevó y lleva el signo de cierto tipo de radicalismo debe quedar claro que la revolución poética que significa en el siglo XVII se desarrolla precisamente *en vez de*, y en cierta medida *en contra de*, una revolución social verdadera del sistema estamental y colonial español. Como la poesía del puritanismo inglés —movimiento contemporáneo al barroco literario en España y América— el gongorismo tendría que haber elaborado un discurso abierto a un público lector más y más generalizado, la "inmensa mayoría" (la frase es de Blas de Otero) de un sujeto revolucionario concreto. Por el contrario (limitación también de una práctica neobarroca), produce deliberadamente una escritura que sólo puede ser manejada por una élite de cortesanos, letrados, arbitristas y funcionarios del aparato eclesiástico-estatal, figuras que encuentran sus dobles en esos intelectuales burgueses anti-burgueses —Flaubert, Baudelaire, Manet— que surgen en Europa después de las revoluciones de 1848. Por todo su esplendor, por todo su "vuelo atrevido" sintáctico-alusivo-metafórico, la dialéctica del gongorismo es una dialéctica paralizada. Bajo el pretexto de crear una nueva forma de trascendencia, su cultivo de la dificultad revela una vacuidad mecánica y ostentosa. Representa, últimamente, el narcisismo exacerbado de una forma de poder en decadencia. El estilo es una máscara, y el duelo barroco, el *Trauerspiel*, es según Walter Benjamin, "ese estado de conciencia en que el sentimiento trata de resucitar un mundo vacío en la forma de una máscara, y deriva una satisfacción enigmática al contemplarla".[31]

---

31. Benjamín, *Origin*, p. 139.

4

Anatomía del testimonio

(1987)

SE HABLA MUCHO ESTOS días de "testimonio". Pero, ¿qué es, precisamente, un testimonio? ¿Una forma discursiva o varias? ¿Algo con un valor esencialmente documental, o un nuevo género literario? Y si es de hecho un nuevo género literario, ¿en qué consiste su efectividad estética particular? ¿Cómo se distingue de formas como la autobiografía o la novela narrada en primera persona, como la picaresca? Pensando en estas preguntas, logro reunir de los materiales que por casualidad tengo en casa el siguiente corpus testimonial *ad hoc*:

- *Nicaragua: Revolución*: relatos de combatientes del Frente Sandinista, publicada por Siglo XXI en su colección "Historia Inmediata".
- Omar Cabezas, *La montaña es algo más que una inmensa estepa verde*: relato de un comandante sandinista, publicado por Siglo XXI en su colección "La Creación Literaria".
- Angela Zago, *Aquí no ha pasado nada*: la "educación sentimental" de una joven venezolana a través de su participación en la lucha armada en su país. Llegó a ser un *best-seller* en Venezuela.
- *El diario de campaña del Che Guevara en Bolivia*: con una fotoreproducción de las hojas del manuscrito original, escrito a mano por el Che; publicada por el Instituto de Libro Cubano en 1968.
- Sheryl Hirshon y Judy Butler, *And Also Teach Them to Read*: narración basada en los diarios del campo de una maestra

norteamericana que participó en la campaña de alfabetización en Nicaragua.
- John Rechy, *The Sexual Outlaw*: diario chicano de la vida nocturna en la subcultura homosexual de la ciudad de Los Angeles, descrito por su autor como "a documentary" (un documental).
- William Burroughs, *Junky*: relato autobiográfico de sus experiencias como drogadicto por el gran novelista norteamericano; publicado originalmente bajo el pseudónimo William Lee por una editorial especializada en pornografía
- *A Life Full of Holes*: historias picarescas de un marihuanero marroquí, traducidas del magrebi y editadas por el novelista Paul Bowles (amigo de Burroughs), que describe el libro como una "novela grabada".
- Ramón Antonio Brizuela, *Soy un delincuente*: historias picarescas de un marihuanero caraqueño. El libro termina con un recorte de periódico que describe la muerte del narrador en plena juventud en un tiroteo con la policía.
- Salvador Cayetano Carpio, *Secuestro y capucha*; Tomás Borge Martínez, *Carlos, el amanecer ya no es una tentación*; *"Somos millones": La vida de Doris Tijerino*; Hernán Valdés, *Tejas verdes: diario de un campo de concentración chileno*: experiencias carcelarias de líderes o militantes revolucionarios en América Latina.
- Bobby Seale, *Seize the Time*; Moses Diami, *Robben Island Hell Hole*; Bobby Sands, *One Day in My Life*; Pierre Vallieres, *Negres Blancs d'Amerique*; Yang Jiang, *A Cadre School Life*: experiencias carcelarias de, respectivamente, un militante del Black Panther Party en los Estados Unidos; un miembro del Pan African Congress en Sud Africa; un cuadro militar del Irish Republican Army (que murió en la carcel a consecuencia de una huelga de hambre); un autodenominado "terrorista" nacionalista quebeçois en Canada; una maestra durante la Revolución Cultural en China.
- *Woman at Point Zero*: narración que toma la forma de una confesión hecha ante un psiquiatra por una prostituta egipcia, Firdaus, a punto de sufrir la pena de muerte por matar a su proxeneta. La editorial presenta el libro como una obra de ficción. (La autora, Nawaal El Saadawi, había sido en realidad psiquiatra de cárcel y

después de aparecer el libro, fue encarcelada en la misma prisión por el régimen de Sadat a causa de sus actividades en favor de los derechos de la mujer.)
- Robert Linhart, *L'etabli:* experiencias de un joven militante como trabajador en la fábrica Citröen en París.
- Dieter Eich y Carlos Rincón, *La contra:* colección de entrevistas con contras capturados por el ejército sandinista.
- Margaret Randall, *No se puede hacer la revolución sin las mujeres:* colección de entrevistas con mujeres comprometidas en luchas populares en América Latina.
- Frantz Fanon, "Guerra colonial y trastornos mentales" (parte final de *Los condenados de la tierra):* presentación de una serie de casos clínicos de argelinos y europeos afectados psicológicamente por la guerra en Argelia tratados por Fanon cuando era psiquiatra.
- *El Salvador,* No. 4 (1981): revista internacional del FMLN. Contiene fotos y descripciones personales de vida en los varios frentes guerrilleros, y presentaciones autobiográficas de los miembros del comando general del ERP (Ejército Revolucionario Popular).
- *Chile's Days of Terror: Eyewitness Accounts of the Military Coup:* testigos presenciales del golpe del 11 de septiembre, 1973; panfleto publicado por el partido trostkyista norteamericano (SWP).
- "La complicidad de la junta militar, democristiana con los grupos paramilitares": panfleto de unas veinte páginas publicado por la Comisión de Derechos Humanos en El Salvador. Consiste de una serie de trece fotos, tomadas clandestinamente, que muestra la detención de un estudiante por la Guardia Nacional salvadoreña y su entrega a un grupo paramilitar vestido de civil, seguido por una declaración de su madre que no pudo encontrarle después.
- Roque Dalton, *Miguel Mármol:* reconstrucción testimonial de la insurrección campesina de 1932 en El Salvador por un viejo militante comunista. Dalton también publicó una novela autobiográfica basada en sus experiencias como cuadro clandestino: *Pobrecito poeta que era yo.*
- *The Making of a Middle Cadre*: panfleto mimeografiado que describe en sus propias palabras la formación de un cuadro medio del MPLA, publicado por el comité inglés de solidaridad con Angola.

- Gabriel García Márquez, *Relato de un náufrago...* (1970); *La aventura de Miguel Littín, clandestino en Chile* (1986): dos "narraciones grabadas" hechas por el Premio Nobel colombiano.

¿Tienen algo en común estos textos, a pesar de sus aparentes diferencias de forma (entrevista, autobiografía, novela, foto-reportaje, memorias, diario, crónica); modo de publicación (libro comercial, revista, panfleto, folleto mimeografiado); y contenido narrativo (que varía desde la delincuencia hasta el martirio revolucionario)? Sería difícil definir con mucho rigor algo que muestra una variación tan grande. Para comenzar, ¿cuáles de estos textos caben dentro de lo que solemos llamar "literatura", cuáles no? La respuesta no es simple: para la editorial Siglo XXI los relatos de los combatientes sandinistas son "historia viva", el del comandante Cabezas "creación literaria". De ahí quizás la proliferación en la crítica de oximorones para describir al testimonio: novela-testimonio, narración o novela documental, *nonfiction novel*, socioliteratura, "literatura factográfica" (término que recogió Roque Dalton). Parte de la razón de ser del testimonio es que escapa a nuestras categorizaciones usuales, y en particular a la distinción entre lo literario y lo no literario.

Podemos, sin embargo, distinguir en nuestra selección una forma general: un testimonio es una narración —usualmente pero no obligatoriamente del tamaño de una novela o novela corta— contada en primera persona gramatical por un narrador que es a la vez el protagonista (o el testigo) de su propio relato. Su unidad narrativa suele ser una "vida" o una vivencia particularmente significativa (situación laboral, militancia política, encarcelamiento, etc.). La situación del narrador en el testimonio siempre involucra cierta urgencia o necesidad de comunicación que surge de una experiencia vivencial de represión, pobreza, explotación, marginalización, crimen, lucha. En la frase de René Jara, el testimonio es una "narración de urgencia" que nace de esos espacios donde las estructuras de normalidad social comienzan a desmoronarse por una razón u otra.[1] Su punto de vista es desde abajo. A veces su producción obedece a fines políticos muy precisos. Pero aun cuando no tiene

---

1. Jara señala que el testimonio "es, casi siempre, una imagen narrativizada que surge, ora de una atmósfera de represión, ansiedad y angustia, ora en momentos de exaltación heroica, en los avatares de la organización guerrillera, en el peligro de la lucha armada". Prólogo a R. Jara y H. Vidal (eds.), *Testimonio y literatura* (Minneapolis: Ideologies & Literature, 1986), p. 2.

una intención política explícita, siempre implica un reto al *status quo* de una sociedad dada.

Debido a su situación vivencial, el narrador del testimonio en muchos casos es o analfabeto o excluido de los circuitos institucionales de producción periodística o literaria. Por lo tanto, el modo de producción de un testimonio suele involucrar la grabación, transcripción y redacción de una narración oral por un interlocutor que es un etnógrafo, periodista o escritor profesional. La naturaleza de esta función "compiladora" es uno de los puntos más debatidos en la discusión del género; volveremos a ello.

El desarrollo del testimonio ha sido particularmente concentrado en los países del Tercer Mundo o entre las minorías nacionales o subculturas de la metrópoli. En el caso de América Latina, comienza a generalizarse en los 60. Cuando Miguel Barnet publica su *Biografía de un cimarrón* en 1966 — primer gran éxito de la llamada "novela-testimonio"— ya existía en Cuba una abundante producción de testimonios sin pretensiones literarias (reportajes, memorias de combatientes, etc.). En 1970, Casa de las Américas establece un premio en testimonio entre sus otras categorías (novelas, cuento, poesía, teatro, ensayo). En Venezuela entre 1968 y 1975 (para dar un ejemplo más), una serie de testimonios de ex-guerrilleros de la FALN o de delincuentes publicados como libros de reportaje principalmente por la Editorial Fuentes llegan a ser *best-sellers* (algunos de ellos son convertidos en telenovelas). Con variaciones coyunturales, esta situación se reproduce en los otros países de América Latina en la misma época.

La proliferación repentina del testimonio se debe a una coincidencia de varios factores:

1. La importancia tradicional en la cultura latinoamericana de una serie de textos de carácter documental difícilmente asimilables por normas literarias metropolitanas: por ejemplo, los *Naufragios* de Cabeza de Vaca y otras crónicas coloniales; el libro o diario de viaje (Concolorcorvo, Humboldt, Hudson); el ensayo histórico-costumbrista (*Facundo, Os Sertões*); la biografía romántica, género clave del americanismo literario; las memorias de campaña (Bolívar, Martí, el Che); el énfasis documental de la novela social o indigenista; el *corrido* y otras formas de poesía popular narrativa.

2. La popularidad del tipo de historia etnográfica *(life history)* desarrollada en las ciencias sociales a partir de 1950, por, entre otros, Oscar

Lewis *(Los hijos de Sánchez,* etc.) y Ricardo Pozas *(Juan Pérez Jolote: Biografía de un Tzotzil).* Lewis trabajó con su equipo en Cuba por varios años, donde pudo haberle conocido Barnet (que comenzó su carrera como sociólogo).

3. La recepción, tanto política como literaria de las *Memorias de la guerra revolucionaria cubana* de Che Guevara (con su manual correspondiente, *La guerra de guerrillas*)—recepción relacionada con el impacto de la Revolución Cubana en las Américas a partir de 1959. Siguiendo el modelo de las *Memorias,* se publican en Cuba una serie de testimonios de combatientes del Movimiento 26 de Julio o de las campañas militares contra los grupos contrarrevolucionarios en el Escambray o Playa Girón en los años 1960–62. Con la extensión de la teoría y práctica del foco guerrillero por todo el continente, también se populariza el testimonio guerrillero, en parte como forma de propaganda de la vía armada, en parte como una especie de literatura de cuadros, interior a las organizaciones revolucionarias. (Cabe señalar que el auge del testimonio ha tenido una relación muy estrecha con el desarrollo de la lucha armada en todo el Tercer Mundo. Hay una literatura testimonial palestina, vietnamesa, angoleña, etc.).[2]

4. La importancia que se da en la "contracultura" de los 60 al testimonio oral como forma de catarsis o liberación personal en, por ejemplo: la teoría de descolonización de Fanon; los grupos de encuentro psicoterapéuticos; la pedagogía de Paolo Freire; las prácticas discursivas desarrolladas por las comunidades de base cristianas (vg., *El evangelio en Solentiname* de Ernesto Cardenal); las *consciousness raising sessions* del movimiento feminista; la ritualización de la denuncia personal en la Revolución Cultural. En general, la naturaleza del testimonio como forma literaria coincide con la consigna de la nueva izquierda norteamericana en los 60 de que "The personal is the political" (lo personal es lo político).

La presencia de una dimensión moralizadora, iconoclasta en el testimonio, tanto como su carácter de narración "de urgencia" en primera persona,

---

2 Sobre este punto, véase el estudio de Juan Duchesne sobre "Las narraciones guerrilleras: Configuración de un sujeto épico de nuevo tipo", en *Testimonio y literatura*, pp. 85–137.

sugieren una afinidad con la novela picaresca. Sin embargo, aun cuando un testimonio asemeja en su contenido una especie de neopicaresca, como en los casos de *Soy un delincuente* o *Junky* en nuestra selección, tiene una lógica diegética esencialmente distinta. En primer lugar, el testimonio no es una obra de ficción: mejor dicho, su convención discursiva (como sugiere la connotación jurídica o religiosa de "dar testimonio") es que representa una historia *verdadera,* que su narrador es una persona que realmente existe. Esto produce lo que se podría llamar un "efecto de veracidad" en el testimonio que desautomatiza nuestra percepción habitual de la literatura como algo ficticio o imaginario.[3]

En segundo lugar, el eje del testimonio no es tanto el "héroe problemático" de la novela —para recurrir al concepto de Lukács— sino una situación social problemática que el narrador testimonial vive o experimenta *con otros*. En la picaresca, por contraste, una situación colectiva de empobrecimiento y marginación es experimentada y narrada como un destino privado. El pícaro tiene que "valerse por sí mismo". El yo picaresco, es precisamente la huella de una alienación o antagonismo que existe entre el protagonista y la comunidad. Si para Lukács la novela burguesa nace de la desaparición de la posibilidad de

---

3. Evidentemente, un testimonio nunca puede ser la historia "real"; más bien se trata en ello de la producción de una *sensación de autenticidad*. Elzbieta Sklodowska apunta, por ejemplo, que "sería ingenuo asumir una relación de homología directa entre la historia y el texto. El discurso del testigo no puede ser un reflejo de su experiencia, sino más bien su refracción debida a las vicisitudes de la memoria, su intención, su ideología. La intencionalidad y la ideología del autor-editor se sobrepone al texto original, creando más ambigüedades, silencios y lagunas en el proceso de selección, montaje y arreglo del material recopilado conforme las normas de la forma literaria. Así pues, aunque la forma testimonial emplea varios recursos para ganar en veracidad y autenticidad-entre ellos el punto de vista de la primera persona —testigo— el juego entre ficción e historia aparece inexorablemente como un problema". "La forma testimonial y la novelística de Miguel Barnet", *Revista/Review Interamericana* XII, no. 3 (1982): p. 379. Sin embargo, se trata de la naturaleza *particular* del "efecto de lo real" testimonial, no simplemente de señalar la distinción entre (cualquier) discurso y la realidad. "Más que una interpretación de la realidad", apunta Jara (más acertadamente en mi opinión), el testimonio es "...*una huella de lo real,* de esa historia que, en cuanto tal, es inexpresable". *Testimonio y literatura,* p. 2 (énfasis mío).

narración épica en un mundo "desalmado", el testimonio exhibe una especie de epicidad cotidiana. El narrador testimonial recupera la función metonímica del héroe épico, su representatividad, sin asumir sus características jerárquicas y patriarcales. Interpela al lector como alguien que comparte o simpatiza con su situación: es decir, como también un igual, como compañero o compañera.

El comienzo de uno de los testimonios más conocidos, *Me llamo Rigoberta Menchú y así me nació la conciencia,* puede servir para ilustrar este efecto:

> Me llamo Rigoberta Menchú. Tengo veintitrés años. Quisiera dar este testimonio vivo que no he aprendido en un libro y que tampoco he aprendido sola ya que todo esto lo he aprendido con mi pueblo y es algo que yo quisiera enfocar. Me cuesta mucho recordarme toda una vida que he vivido, pues muchas veces hay tiempos muy negros y hay tiempos que, sí, se goza también pero lo importante es, yo creo, que quiero hacer un enfoque que no soy la única, pues ha vivido mucha gente y es la vida de todos. La vida de todos los guatemaltecos pobres y trataré de dar un poco mi historia. Mi situación personal engloba la realidad de un pueblo.[4]

Rigoberta Menchú pertenece a la etnia Quiché en Guatemala. Tenía apenas 23 años cuando dictó su testimonio. Era entonces un líder, a la vez, de su comunidad y de una organización nacional campesina, la CUC, que incluía personas de otras etnias, y militante en el Ejército Revolucionario del Pueblo (ERP). Concibió su testimonio como una extensión de estas responsabilidades políticas. Por lo tanto, su declaración de principios como narradora es más explícita de lo normal en un testimonio. Pero aun cuando el narrador es un delincuente o drogadicto, sin responsabilidad o sentimientos comunitarios, este efecto metonímico que equipara la situación del narrador con una situación social colectiva está presente, es otro elemento de la convención narrativa del género. De ahí que el testimonio sea una forma cultural esencialmente igualitaria, ya que *cualquier* vida popular narrada puede tener un valor testimonial. Cada testimonio particular evoca en ausencia una polifonía de otras voces posibles, otras "vidas" (una variación de la forma general es precisamente el testimonio polifónico, compuesto por testigos diferentes del mismo evento).

---

4. Rigoberta Menchú/Elisabeth Burgos, *Me llamo Rigoberta Menchú y así me nació la conciencia* (México: Siglo XXI Editores, 1985), p. 21.

Lo que el testimonio comparte plenamente con la novela picaresca, sin embargo, es esa afirmación textual del hablante-narrador como sujeto. El aspecto formal principal del testimonio es esa voz que interpela al lector en la forma de un "yo" que exige constantemente su atención: "Me llamo... Quisiera dar...Yo quisiera enfocar...Me cuesta...Yo creo" etc. Esta presencia de la voz, con las marcas conversacionales de habla directa, significa el deseo por parte del narrador de no ser silenciado, de imponerse a una institución del poder como es la literatura desde una posición excluida o marginal. De ahí, la insistencia en el sujeto humano de títulos como *Me llamo Rigoberta Menchú, Si me permiten hablar, Soy un delincuente, "Somos millones"*.

La voz testimonial implica un reto a la pérdida de la oralidad en el contexto de los procesos de modernización cultural que privilegian el alfabetismo y la literatura como normas de expresión; pero a la vez permite el acceso a la literatura (y a un público lector nacional e internacional) de personas normalmente excluidas de ella, que anteriormente tuvieron que resignarse a ser representados por escritores que no pertenecían a su clase, etnia o subcultura.

Desde el Renacimiento, nuestro concepto de la literatura ha estado relacionado con el concepto de autor (o en casos de anonimato con una voluntad o "intencionalidad" autorial). Pero un testimonio no tiene, en realidad, un autor. En la frase de Barnet, el autor ha sido reemplazado por la función de un compilador o "gestor".[5] (Las editoriales y bibliotecas ponen como autor de un testimonio a veces el nombre del interlocutor, a veces el del narrador, a veces ambos). El testimonio es un reto y una alternativa a la figura del "gran escritor" (el "conductor de pueblos" del americanismo literario), tan evidente por contraste en la narrativa del *Boom*.

La supresión de la presencia textual de un *ego* autorial, conjunto con el hecho de que el narrador del testimonio es una persona que realmente existe, permite un nuevo tipo de relación —"fraternal" si se quiere— entre narrador y lector. Como transcripción de habla oral —*speech act*— el testimonio siempre involucra la presencia inmediata de un interlocutor, sea el interlocutor directo que graba o transcribe el relato o el lector interpelado como un "tu",

---

5. Miguel Barnet, "La novela-testimonio: Socioliteratura", en *La fuente viva* (La Habana: Edición Letras Cubanas, 1983), pp. 12–42. El texto de Barnet, primer "manifiesto" del testimonio, se publicó inicialmente en la revista *Unión*, no. 4 (1969).

"vos", "Uds." que escucha. Eliana Rivero, hablando del testimonio del comandante sandinista Omar Cabezas, apunta:

> El habla, fielmente grabada en la cinta, transcrita y "escrita" entonces, queda puntuada por una serie repetida de señales interlocutivas o marcas conversacionales, mayormente interjecciones o directivas verbales que recalcan para quien lee el texto la función ya fática, ya conativa, de esos marcadores: ¿verdad?, ¿ya?, ¿me explico?, ¿te das cuenta?, te decía, entendés, te repito, fijate, vos ves (...) Así, con un constante salir al lector del mundo narrado para convertirle en espectador/escucha de la grabación, y además en cointerlocutor ideal junto con el real entrevistador que maneja la grabadora, el discurso testimonial de *La montaña...* (...) constituye un discurso encaracolado, que gira sobre sí mismo, y que totalmente desautomatiza el proceso de reacción del lector, a quien convoca frecuentemente a la complicidad por medio de su contrapartida empírica, el entrevistador.[6]

¿Es el testimonio una subcategoría del género autobiográfico, algo como una "autobiografía popular" por ejemplo? Evidentemente no hay una línea de división exacta entre testimonio y autobiografía (o memorias). Sin embargo, hay implícito en la autobiografía como género una postura individualista, ya que como forma narrativa depende de un sujeto narrador coherente, dueño de sí mismo, que se apropia de la literatura precisamente para manifestar la singularidad de su experiencia, su estilo propio. La autobiografía construye para el lector el imaginario liberal de un yo autónomo e imperante como la forma "natural" de existencia tanto pública como privada. Por contraste, el yo testimonial funciona más como un "dispositivo lingüístico" *(shifter)* que puede ser asumido por cualquiera. Dado que la función del autor ha sido borrada en el testimonio (mientras que la autobiografía todavía depende de un autor que se narra a si mismo), también desaparece en ello la relación entre poder autorial y formas jerárquicas de poder e individualismo en cualquier sociedad dividida en clases o estamentos. Como sugerimos antes, el testimonio no puede afirmar una identidad propia que es distinta de la clase, grupo, tribu, etnia, etc. a que pertenece el narrador; si no es así, si es la narración de un

---

6. Eliana Rivero, "Testimonio y conversaciones como discurso literario: Cuba y Nicaragua", en *Literature and Contemporary Revolutionary Culture* I (1984–1985), pp. 220–21.

triunfo personal en vez de una "narración de urgencia" colectiva, el testimonio se convierte precisamente en autobiografía, es decir en una representación (y a veces un medio) de medro social, una especie de *Bildungsroman* documental. La autobiografía es, aun cuando perfila la vida de un revolucionario, un género esencialmente conservador, porque implica que el triunfo personal *es posible*—a pesar de "dificultades". Produce en el lector el efecto especular de confirmar y autorizar su propia situación de privilegio relativo. El testimonio, por contraste, siempre delata, aunque sea tácitamente, la necesidad de cambio social estructural. De ahí que la complicidad a que invita la voz testimonial produzca en el lector la sensación de que a través del testimonio llega a formar parte de un movimiento mundial de oprimidos de todo tipo.

Sin embargo, la naturaleza del testimonio también depende precisamente de la existencia de un desnivel social entre narrador y lector: pertenecen a distintos mundos; muchos narradores testimoniales no pueden leer su propia producción. De la misma manera, las contradicciones de clase, etnia, sexo, nivel cultural que existen dentro del mundo representado en el testimonio puedan reproducirse en la relación entre el narrador y el compilador en la producción del texto, particularmente en esos casos en que el narrador es alguien que necesita un interlocutor precisamente de otra clase o formación cultural para dar forma textual a su narración y lograr su publicación como libro. Esta situación de dependencia puede prestarse a una articulación reaccionaria del material testimonial (como una forma de costumbrismo, por ejemplo) o a la censura de una voz genuinamente popular por criterios ajenos (bien intencionados o no) lingüísticos, políticos o culturales.

La interlocutora de *Me llamo Rigoberta Menchú* fue Elisabeth Burgos Debray, etnóloga venezolana residente en París, donde fue directora de cultura de la Casa de América Latina: es decir, "intelectual parisiense" con todo lo que esto pueda significar en términos de relaciones conflictivas metrópoli/periferia, cultura europea/cultura indígena, trabajo manual/trabajo intelectual, ciudad/campo. Su descripción de la relación que entabló con Rigoberta Menchú ocupa la parte central de su prólogo al libro; es en cierto sentido un testimonio de la producción de un testimonio.[7]

Uno de los problemas que menciona Burgos Debray es que Rigoberta Menchú tenía que hablar en español, idioma que había aprendido hace solamente tres años y que representaba para ella-como el idioma de los *ladinos*

---

7. *Me llamo...*, pp. 7–19.

en Guatemala-una forma de imperialismo cultural contra su pueblo. Burgos Debray apunta que en su redacción

> El no haber transformado o "corregido" su forma de expresarse fue debido a una decisión de mi parte. Decidí respetar la ingenuidad con la que se expresa todo el que acaba de aprender un idioma, que no es el suyo. Porque además el aprendizaje del español es una de las dimensiones del problema que enfrentan los indígenas en nuestro continente. (p. 7)

Hace una excepción, sin embargo: "Decidí...corregir los errores de género debidos a la falta de conocimiento de alguien que acaba de aprender un idioma, ya que hubiera sido artificial conservarlos y, además, hubiese resultado folklórico en perjuicio de Rigoberta, lo que yo no deseaba en absoluto" (p. 18).

Quizás, aunque puede tratarse aquí no de "errores" sino de la presencia de un sistema genérico indígena subyacente al habla en español, es decir de un efecto de significación importante (a causa de las particularidades lingüísticas del hablante, es sumamente difícil traducir un testimonio). Pero si Elisabeth Burgos ha "explotado" en cierto sentido el material que Rigoberta Menchú le provee, Rigoberta también explota a su interlocutora para hacer llegar su relato a un público lector internacional. La colaboración de ambos es necesario a la producción del testimonio. No se trata entonces de una rearticulación de la función antropológica del *native informant* colonial o subalterno que ha analizado Gayatri Spivak, entre otros.[8]

El concepto de "contradicciones en el seno del pueblo" quizás se presta para describir la naturaleza de esta relación narrador/compilador. Por un lado, se trata de contradicciones *reales* que necesitan ser resueltas al nivel de un cambio social general, revolucionario; por otro, se desarrolla en la tarea de componer el testimonio un sentido de convivencia y dependencia mutua. De ahí que la relación narrador/compilador pueda servir como una *figura ideológica* de la alianza entre fuerzas populares e intelectualidad progresista que ha sido en la práctica tan decisiva en la formación de movimientos de liberación. El testimonio es principalmente una manera de dar voz y nombre a un pueblo anónimo; pero también interpela en la función del interlocutor al trabajador

---

8. Gayatri Spivak, "Three Women's Texts and a Critique of Imperialism", *Critical Inquiry*, Vol. 12, no. 1 (1985): pp. 243–61; y "Can the Subaltern Speak?", *Marxist Interpretations of Culture* (Urbana: University of Illinois Press, 1987).

intelectual de formación burguesa o pequeño burguesa como parte de ese pueblo, dependiente de ello, encontrando su razón de ser como intelectual en esa dependencia. El testimonio se ubica en el intersticio entre las culturas del opresor y del oprimido; es una forma de la dialéctica de opresor y oprimido. Por lo tanto, es una forma "transicional", como su antepasado, la picaresca.[9]

Si la novela es una forma cerrada en el sentido de que tanto la historia como los personajes "terminan" con el fin del texto, definiendo así esa autorreferencialidad que es la base de las prácticas formalistas de lectura, el testimonio exhibe lo que René Jara llama una "intimidad pública" en que la distinción entre esferas públicas y privadas esencial a toda forma cultural burguesa es transgredida. El narrador del testimonio es una persona real que continúa viviendo y actuando en una historia que también es real y también continua. El testimonio por lo tanto es en su esencia una "obra abierta" para recordar el concepto de Umberto Eco que afirma el poder de la literatura como una forma de acción social, pero también su radical insuficiencia. Pone en tela de juicio la institución históricamente dada de la literatura como un aparato de dominación y enajenación. El deseo y la posibilidad de producir testimonios, la creciente popularidad del género, quieren decir que hay experiencias vitales en el mundo hoy que no pueden ser representadas adecuadamente en las formas tradicionales de la literatura, que en cierto sentido serían traicionadas por éstas.

Por lo tanto, el testimonio aparece muchas veces como una forma extraliteraria o aun antiliteraria. Paradójicamente, esto es precisamente la base de su efecto estético. En América Latina ha representado en particular una alternativa a la narrativa del *Boom* (de hecho, el testimonio recupera una serie de elementos de la novela social rechazados por el *Boom*). A diferencia de novelas como *País portátil*, *El libro de Manuel* o *Abaddón el exterminador* escritos sobre la militancia revolucionaria en los 60 y 70, un testimonio guerrillero tiene el atractivo de ser algo producido "por nosotros", si se quiere, un poco

---

9. El testimonio no es necesariamente la forma canónica de la narrativa de una sociedad socialista. Retamar, por ejemplo, rechaza al testimonio como modelo de la nueva narrativa cubana [en un intercambio con el Marxist Literary Group norteamericano, reportado en *Social Text*, no. 15 (1986), número especial sobre cultura cubana contemporánea, p. IX]. Y evidentemente puede haber una articulación anti-socialista del testimonio también, como en los casos de las memorias carcelarias de Solzhenitsyn o Valladares.

como en el caso paralelo de lo que Retamar llama "poesía conversacional". En la producción de algo como los talleres de poesía en Nicaragua podemos ver la aparición de una especie de lírica testimonial; igualmente hay formas testimoniales de teatro, cine, video. (Video en particular tiene grandes posibilidades testimoniales, porque su tecnología es relativamente accesible y fácil de manejar: ya tenemos videos salvadoreños, por ejemplo, hechos por los propios combatientes guerrilleros.)

La reacción del *establishment* literario ante la naturaleza de este "efecto testimonial" ha sido interesante. Si la novela picaresca era la pseudoautobiografía de un hablante popular, ahora tenemos 1) novelas que son de hecho pseudo-testimonios (por ejemplo, *El vampiro de la Colonia Roma* de Luis Zapata, *Un día de vida* de Manlio Argueta, o *Cuando quiero llorar no lloro* de Miguel Otero Silva); 2) una preocupación por conseguir una presencia o voz testimonial *(Grande sertão: Veredas; Libro de Manuel; Yo el Supremo; Crónica de una muerte anunciada; Historia de Mayta;* etc.); y 3) formas intermediarias entre el testimonio y una novela "autorial" como son *Operación masacre, La noche del Tlatelolco* o *Canción de Raquel*.

La intensificación semiótica de un efecto de realidad casi siempre se asocia en la historia cultural con una postura contestataria del sistema establecido y sus formas de legitimización e idealización cultural. Fue el caso precisamente del *Lazarillo* y la primitiva novela realista en el siglo XVI. ¿Pero qué ocurre con la apropiación del testimonio por la "literatura"? ¿Representa una neutralización de su efecto ideológico-estético particular, que depende de su carácter extraliterario? Pero si el testimonio se sitúa al margen de lo que se considera literatura (o *belles letres*), es evidente al mismo tiempo que constituye un nuevo género literario posnovelesco. Recordemos que el *Lazarillo* también era considerado extraliterario en su época: su héroe no era "universal"; estaba escrito en "grosero estilo"; etc. El testimonio guarda la misma relación con la novela moderna que la novela picaresca con los géneros de narrativa idealista del Renacimiento. Si la novela tuvo una relación especial con el desarrollo de la burguesía europea y con el imperialismo, el testimonio es una de las formas en que podemos ver y participar a la vez en la cultura de un proletariado mundial multifacético en *su* época de surgimiento...

5

El Tungsteno de Vallejo: Hacia una reivindicación de la "novela social"
(1989)

A PESAR DEL TÍTULO, ESTE no es un análisis de *El Tungsteno*; la obra funciona aquí más bien como un pretexto para indicar una problemática más amplia sobre la construcción del canon y de la historiografía de la literatura latinoamericana. Se trata en términos generales de la relación entre la articulación pedagógica y crítica de la literatura y la crisis actual de la imagen y del destino histórico de América Latina, y de las consecuencias para nuestro trabajo de esta situación. (Claro, creo que una de estas consecuencias es que obras como *El Tungsteno* merecen una elaboración crítica mucho más extensiva; como en el caso paralelo del testimonio, deben ser mudadas de la periferia de nuestra experiencia de la literatura al centro).

Quiero hacer, en otras palabras, una reivindicación de esa literatura narrativa producida en América Latina principalmente en los años 30 y 40, y generalmente en relación con los proyectos políticos de las izquierdas y las luchas populares, que tenga como su objeto de representación el imperialismo en el sentido leninista de este término, y que se llama con matices de sentido variables novela social, novela proletaria, realismo social, o realismo socialista —de acuerdo este último con la preceptiva literaria soviética de los años 30. Me refiero a novelas como *Huasipungo, Oficina No. 1, El Tungsteno, Mamita Yunai, El río oscuro, Bananos,* o *El mundo es ancho y ajeno.* Ofrezco estos títulos con la salvedad sin embargo de que indican una producción mucho más vasta que ha sido casi totalmente olvidada —o lo que viene a ser la misma cosa-rechazada por la crítica hoy.[1] Debo advertir, aunque creo que ya será evidente, que mi propósito es una prolongación de una propuesta iniciada por Françoise Perus.[2]

En cuestiones de literatura, siempre es bueno comenzar con el principio del placer, porque uno lee la literatura principalmente para disfrutarla. Si la literatura no funciona en relación al placer no funciona. El lector deja de leer, y se acabó el problema. Pero también sabemos que el principio del placer, lejos de ser innato o natural, es algo culturalmente engendrado: a algunos les gusta la música dodecafónica, a otros Elvis Presley, a otros los dos. El *Quijote* vino a ser la obra maestra de la moderna literatura europea, pero sabemos que el propio Cervantes estimaba más su variación de la novela bizantina, *Los trabajos de Persiles y Segismunda*, que nadie lee ahora. En el caso de *El Tungsteno* lo que me pasó fue lo siguiente: como todos, había leído unos poemas de Vallejo. Sabía de ellos porque se le consideraba un "gran" poeta, pero en realidad no me gustaban mucho. Eran difíciles, como nueces que amenazan romper los dientes de uno. En general, quizás por la concentración que requiere y su falta de narración, no me gusta la poesía lírica. Sólo tengo acceso a ella, como en el caso de mis estudios sobre Góngora, a través de la crítica, que es una especie de perversión del placer de la lectura. Me era traumático como niño pasar de libros ilustrados a libros que eran puro texto; mucho más allá, y en particular mucho más allá de la narrativa, no quería ir.

Me atraía sin embargo la idea de *El Tungsteno*, en parte por su título evocador —mucho más evocador para mí que su modelo en el *Cemento* de Gladkov—, en parte por su fama de experimento fracasado, abigarrado, deformado por un esquematismo estalinista. Mucho antes de leerlo había

---

1. Para dar sólo una indicación del tamaño del problema, en su libro sobre el realismo social argentino, David Foster analiza en detalle unas trece novelas y menciona de paso unas 20 o 30 más dentro de esta corriente escritos en los años 40 y 50, incluyendo una novela proletaria de tema feminista *(44 horas semanales* de Josefina Marpons): *Social Realism in the Argentine Narrative* (Chapel Hill: North Carolina Studies in the Romance Languages and Literatures, 1986). Debo mi conciencia del rechazo crítico de la novela social a la tesis doctoral que hizo bajo mi dirección José Cisneros sobre *La evolución de la novela ecuatoriana: De la generación del 30 a la década de los setenta* (University of Pittsburgh, 1985).

2. En su libro *Historia y crítica literaria: El realismo social y la crisis de dominación oligárquica*. (La Habana: Casa de las Américas, 1982).

formulado la idea de que era una obra que me gustaría, que merecería una defensa crítica por mi parte. Y de hecho me gustó, más que por ejemplo *Terra Nostra*, *Paradiso* o *El otoño del patriarca*, que abandoné después de las primeras páginas, o *Historia de Mayta* de Mario Vargas Llosa que leí entero pero que me dejó un mal sabor, tanto por su homofobia como su política derechizante.

La poesía de Vallejo ha sido uno de los grandes pilares del vanguardismo literario en América Latina. Por contraste, *El Tungsteno* aún en el *Vallejo* de Jean Franco, que muestra cierta simpatía por la obra (normalmente no se menciona o se menciona precisamente como desastre o aberración en la crítica sobre Vallejo), merece solamente dos páginas en un libro de unas trescientas, y en esas dos se estudia detenidamente sólo una escena de la novela, la visión alucinada de Jesús que tiene el agrimensor Benítez. Sin embargo, Franco también muestra en su libro que Vallejo llega en su poesía lírica a una especie de límite que no puede franquear, límite constituido precisamente por el problema de su relación como poesía culta al mundo proletario-popular que busca evocar.[3] *El Tungsteno* (y en menor grado el teatro de Vallejo) ha funcionado en otras palabras como un *suplemento* en el sentido que Derrida da a ese término: es decir, a la vez un exceso que se añade a una plenitud ya constituida o algo que puede suplir una carencia en esa plenitud.[4]

La represión de la novela social se hizo, tanto por liberales como Emir Rodríguez Monegal como izquierdistas como Noé Jitrik, en nombre de una llamada "novela del lenguaje" que proclamaría la autonomía o autosuficiencia del texto, de acuerdo con las propuestas epistemológicas del formalismo sobre la naturaleza del hecho literario. Como se sabe, la piedra clave del formalismo es la distinción entre lenguaje poético y lenguaje cotidiano. El efecto estético en su materialidad nace de la desfamiliarización —*ostranenie*— que un lenguaje poético, es decir "dificultado", opera en el proceso de significación lingüística. Una percepción habitualizada es una percepción dentro de lo cotidiano, dimensión que incorpora a lo ideológico como forma de instrumentalidad política que es, recordando la distinción kantiana entre juicio estético y juicio teleológico, distinta en naturaleza de lo estético en sí. De ahí que en la visión de Monegal la novela *ecrituriste* del *Boom* se libera del cargo

---

3. Franco, Jean. *César Vallejo: The Dialectics of Poetry and Silence.* (Nueva York: Cambridge University Press, 1976), 156–59.
4. Derrida, Jacques: *De la Grammatologie.* (Paris: Editions de Minuit, 1976), II.2 y II.3.

"documental" de la previa narrativa latinoamericana y llega a ser precisamente literatura. Para el formalismo, efecto estético y efecto ideológico no son simplemente distintos; son en cierto sentido opuestos.[5]

El formalismo entiende la historia literaria como un proceso autónomo de producción intertextual de nuevos efectos de *ostranenie*. Una vez establecida, una forma, género o manera literaria se vuelve también habitual y tiene que ser reelaborada —rechazada, parodiada, carnavalizada, fragmentada, recuperada en pastiche— en una especie de oedipalización de la relación entre tradición e innovación estética. Pero si es así, y se ha visto de hecho a la novela del *Boom* como una superación de un realismo social pedestre (que ha "subordinado el arte a la política " y juicios por el estilo, muchas veces combinadas con una alusión a la militancia o simpatía comunista del autor), entonces por la misma lógica la narrativa del realismo social representa hoy, evidentemente, un *ostranenie* de las famosas fórmulas —realismo mágico, neobarroquismo, autoreferencialidad, telurismo semiótico, transculturación— de la narrativa del *Boom*. De ahí, por ejemplo, que el efecto estético del testimonio consista precisamente en que aparezca muchas veces como una forma narrativa extra o aun anti literaria. De ahí también en parte el placer que anticipaba y sentí al leer *El Tungsteno*. Si los escritores que comienzan su carrera en los 50 y a comienzos de los 60 y la crítica que les acompaña tienen que encontrar su condición de posibilidad en el rechazo de los modelos representados por una anterior generación, mi condición de posibilidad, como crítico surgido a finales de los 60 y en los 70, está por contraste en el rechazo de lo que Monegal celebró como "las grandes máquinas de narrar" del *Boom*. Una lógica de resentimiento y mala fe generacional es esencial al hecho literario, y admito

---

5. V.gr. el ataque de Fernando Aínsa a una crítica latinoamericana "comprometida ", que "... al valorizar obras en función de ceñirse a la historia constante de la nación en que se las escribe, el marco geográfico o político en que se las proyecta...ha agudizado 'el estatuto de un territorio colonial' del que proclamaba independizarse y de cuyos peligros ya hablaba, hace casi cincuenta años, Tinianov... La exaltación de modalidades novelescas que se conforman al verismo de ciertas situaciones preconcebidas o estereotipadas, agravan una dependencia de la que parece hoy inevitable emanciparse en nombre de una posible *función autónoma* (la novela enfrentada a sus propios resortes interiores y a la unidad compleja del encuentro de resistencias que procura) ..." *Los buscadores de la utopía* (Caracas: Monte Ávila, 1977), pp. 26-27.

abiertamente mi cuota. El problema no es el resentimiento en sí, como suponía el existencialismo; más bien consiste en las consecuencias políticas y sociales de su articulación. Al mismo tiempo, sin embargo, hace falta cuestionar esa ideología de ruptura perpetua que es la base del vanguardismo estético: ideología que propone paradójicamente (por ejemplo en Marcuse y la estética de la escuela de Frankfurt) que el arte sólo puede ser una negación de la racionalidad de las instituciones del capitalismo cuando no está involucrado directamente con una instrumentalidad política concreta, y que por lo tanto limita el arte políticamente aceptable al arte de vanguardia.

Como señala Perus en su crítica de Monegal, la distinción que él hace entre la novela social y la novela del *Boom* —que la última es más puramente estética en el sentido de que es más independizada de un referente extraliterario— es ilegítima, ya que ambas son igualmente artificiales y retóricas: es decir igualmente "literarias".[6] Decir que una novela realista produce un "efecto de lo denotativo real" o un "efecto de identidad propia" no es lo mismo que descalificarla como literatura; es precisamente señalar cómo funciona estéticamente. Como demostró Marcel Duchamps, en un contexto dado un objeto absolutamente cotidiano y funcional, como una pala, puede producir un efecto estético, ya que el efecto estético no está inherente en el objeto mismo sino en su forma de ser percibido, es decir en su articulación por una serie de prácticas culturales en última instancia ideológicas que determinan lo que es estético y lo que no. Un problema contingente es el que tiene que ver con la calidad de una obra de arte: es evidente que hay muchas obras del realismo social que son francamente malas, malísimas a veces; pero también por el mismo criterio hay muchas obras del *Boom* que son malas, malísimas. La fidelidad a una u otra ideología de lo estético por parte del productor no garantiza por nada la calidad o falta de ella en su producción, entre otras razones porque el juicio sobre esta calidad depende en última instancia de la ideología estética de su receptor. Estoy tratando de producir aquí una ideología de lo estético que valoriza la experiencia de una novela proletaria como *El Tungsteno*.

---

6. En *Historia y crítica literaria*, pp. 69–105. Perus añade que "la concepción que de la literatura tiene Rodríguez Monegal aparece entonces perfectamente complementaria de su concepción de la historia: la reducción de la primera a la manipulación de formas y reglas lingüísticas-y por consiguiente de su valor a una suerte de pericia técnica-representa una prolongación, en el campo específico de la literatura, de un desarrollismo que limita los problemas del subdesarrollo latinoamericano a una mera cuestión tecnológica" (p. 101).

Ahora bien, como sabemos, parte de la ideología estética del *Boom*, en particular por su lado izquierdizante, era que había una relación entre los nuevos procedimientos lingüísticos formales de esta narrativa y la esperanza de liberación nacional —o faltando eso por lo menos modernización— generada por la revolución cubana y los enormes sacudimientos políticos, económicos y demográficos en América Latina en los 60. Se pensaba en esta coyuntura precisamente que la novela social constituía un obstáculo a la elaboración de nuevas formas literarias apropiadas a nuevas posibilidades de lucha antiimperialista. He aquí, por ejemplo, el juicio de Ángel Rama, adversario como se sabe de Monegal y uno de los más importantes formadores de la crítica literaria latinoamericana de izquierda en los 60 y 70, sobre la novela social:

> La novela social latinoamericana de los treinta... no discutió si estaba operando con una de las formas predilectas de la cultura occidental burguesa, limitándose a violentarla para que aceptara una ideología que respondía a las orientaciones de un pensamiento de izquierda (en el cual se mezclaba liberalismo, progresismo, tímidos escarceos marxistas) sin modificar demasiado notoriamente sus formas, apenas si simplificándolas en un régimen más marcadamente denotativa y lógico-racional. La beligerancia que este pensamiento demostró en cambio respecto a las formas posteriores de la novela vanguardista, a las que interpretó como manifestaciones de la desintegración burguesa en el período imperialista, no la ejerció respecto a las formas anteriores de la novela correspondientes a la etapa de triunfo y expansión de la burguesía europea. Las aceptó pasivamente y ni siquiera las utilizó irónicamente como lo hiciera uno de los grandes epígonos del siglo XIX, Tomás Mann. En tal comportamiento es posible discernir una secreta conexión cultural, la continuidad de una determinada concepción de lo real y de las formas literarias para traducirla, que sólo acepta variaciones de grado y no de sustancia, apuntando así a las contradicciones que presentan los nuevos grupos sociales que, sin embargo, pertenecen a la misma pauta cultural.[7]

Creo que esto es más o menos el consenso crítico sobre la narrativa del realismo social que todos compartimos o compartíamos. El problema que representa es doble. Primero, ¿en nombre de qué valores literarios se está haciendo

---

7. Ángel Rama, *Transculturación narrativa en América Latina* (México: Siglo XXI, 1982), pp. 211–212.

esta observación? Si en contra de lo denotativo y en favor de lo irónico, como en el paréntesis sobre la utilización irónica que hace Mann de los esquemas narrativos decimonónicos, entonces cabe recordar que la ideología de la ironía —y es precisamente eso, una ideología y no una verdad última sobre el hecho literario— ha sido un componente clave de la estética reaccionaria en, por ejemplo, el New Criticism norteamericano. Pero segundo y más importante: ¿es verdad lo que dice Rama de "la continuidad de una determinada concepción de lo real y de las formas literarias para traducirla" entre la novela burguesa y la novela social? No puedo responder por todo el conjunto de obras que caben bajo la designación amplia de "novela social latinoamericana de los treinta", y es una perogrullada admitir que toda práctica científica o cultural —incluso la del marxismo o de la física de partículas— esté deformada por sus antecedentes, que son por otro lado su condición de posibilidad. Pero en lo que toca a *El Tungsteno* en particular es evidente que este tipo de caracterización se equivoca casi por completo, produce una alucinación más que una descripción objetiva. El que cree que *El Tungsteno* (pero ¿por qué limitarnos a *El Tungsteno*?: *Huasipungo*, *Mamita Yunai*, *El mundo es ancho y ajeno*, *Los de abajo* y las novelas estridentistas de Azuela, *Weekend en Guatemala*, *Me llamo Rigoberta Menchú y así me nació la conciencia*) reproduce los esquemas logocéntricos de la narrativa burguesa decimonónica simplemente no ha leído el texto, que es uno de los más extraños y difícilmente clasificables en la narrativa moderna latinoamericana, o lo ha leído a través de cierto prejuicio de lo que iba a encontrar. *El Tungsteno* representa un esfuerzo para encontrar una forma narrativa capaz de representar en la literatura el fenómeno del imperialismo, las nuevas relaciones humanas que implica, los conflictos de transculturación a que da lugar, su transformación de la forma de subjetividad burguesa, el nuevo mundo social del capital financiero, el trabajo mecanizado, la tecnología. Sería más correcto en este sentido definirlo como una típica novela de vanguardia, en este caso muy impactado por la puesta en escena del cine de Chaplin, cuyo contenido o *histoire* son los efectos del imperialismo en algunos pueblos de la sierra peruana. En general, aunque mantenida con cierta militancia por ambos lados con valoraciones opuestas, la dicotomía novela social/novela de vanguardia me parece espuria. Realmente, como viene sugiriendo Nelson Osorio hace tiempo,[8] se trata en ambos casos de una variedad de estrategias narrativas para responder a la nueva dinámica

---

8. En, por ejemplo, *La formación de la vanguardia literaria Venezuela*. (Caracas: Academia Nacional de la Historia, 1985).

social impuesta en América Latina por el imperialismo, por un lado, y por otro, las nuevas posibilidades de transformación sugeridas por las revoluciones rusas y mexicanas y por el alto nivel de combatividad popular alcanzado en esos años. *Todas* estas estrategias implican en una forma u otra una deconstrucción de la forma decimonónica de la novela burguesa europea.

Si se trata en la novela social efectivamente de, como señala Rama, "un régimen aun más marcadamente denotativo y lógico racional", este régimen precisamente por esta desmesura provoca ciertos efectos estético-ideológicos que habría que analizar. Una de las consecuencias relativamente positivas de nuestra condición desengañada, "postmoderna" actual es que estamos muy lejos de la creencia de que la liberación consiste en liberarse de la ideología: como sugirió Althusser en su famoso ensayo, hemos descubierto que la ideología no tiene un afuera, es la condición de toda práctica social (y toda práctica social es productora de ideología). El problema no es mantener la distinción entre lo estético y lo ideológico, postulando por ejemplo que una "gran" obra de arte trasciende la ideología mientras que una mala no; consiste más bien en precisar qué ideología(s) está(n) presente(s) —o lo que viene a ser la misma cosa, pueden ser articuladas— en cualquier forma de producción cultural.

Conviene reflexionar brevemente en este sentido sobre la naturaleza de la coyuntura que nos encontramos. La discusión del "postboom" literario en los 70 coincidía con una crisis de las izquierdas en América Latina, crisis marcada especialmente por las dictaduras militares que surgen en los países del Cono Sur, y prolongada por la política latinoamericana de la administración Reagan. Por contraste, hoy podemos presenciar el surgimiento de nuevas posibilidades democráticas y revolucionarias en las Américas. Aunque el proyecto del socialismo se ha vuelto problemático en varios sentidos para nosotros, creo que es todavía el horizonte necesario de nuestro trabajo, quizás con nuevos matices y "revisiones", pero también con un nuevo sentimiento de ira y esperanza. En relación a la renovación de ese proyecto, ¿no sería importante recuperar —aún en una especie de *mode-retro* postmodernista— la novela social, que era uno de los primeros esfuerzos de construir en las Américas una forma de arte específicamente socialista, adecuada a los cambios que producían en el continente el imperialismo y las nuevas luchas populares? Esta pregunta a su vez debe relacionarse con una interrogación empírica sobre la naturaleza del público lector y la utilización de distintas formas de literatura por distintos grupos sociales en América Latina, y con una interrogación teórica del tipo que ha comenzado Perus sobre las implicancias socio-políticas de privilegiar ciertas formas literarias. ¿Existen de hecho formas literarias más agradables y/o "utilizables" por un público lector democrático-popular o proletario que otras? Una de las paradojas interesantes que ofrece *El Tungsteno* es que su "lector implícito" es en cierto sentido precisamente su propio "héroe positivo", el indígena obrero letrado Servando Huanca.[9]

Quiero finalizar con algunas sugerencias para nuestra práctica crítica que surgen de esta discusión de *El Tungsteno* y la novela social:

1. En los estudios de Vallejo en particular, hace falta poner más al centro de su corpus literario *El Tungsteno*, la otra prosa narrativa y el teatro, o, faltando esto, por lo menos analizar con más precisión la lógica de suplementaridad que implican en relación a la poesía lírica.
2. La novela social en toda su amplitud, y aparte de juicios de gusto (no nos "gustan" la literatura del barroco colonial o la novela oligárquica estilo *María*, pero evidentemente fueron factores importantes en el desarrollo de la literatura latinoamericana), debe ser restaurada en el canon de la literatura latinoamericana moderna, por ejemplo en el proyecto concreto que hemos discutido aquí de formular un *Diccionario de las letras latinoamericanas*, auspiciada por la Fundación Ayacucho de Venezuela. Aparte de esta tarea historiográfica, hace falta el análisis detallado de obras individuales o grupos de obras de esta tendencia, usando las técnicas de la crítica sociológica, marxista, feminista y postestructuralista actual. Un *close reading* de *El Tungsteno* de acuerdo con estos criterios revelaría una obra no menos intrincada (y problemática) que, por ejemplo, *Paradiso*.

---

9. Perus precisa que en las primeras décadas del siglo XX el desarrollo en América Latina de un aparato cultural (prensa, revistas, imprentas, círculos de lectura, etcétera) vinculado con los nuevos partidos y organizaciones populares en formación "... fue abriendo, para la literatura, la posibilidad de un nuevo público, *real* o *potencial,* cualitativamente distinto del anterior, incluso en cuanto a sus expectativas estéticas. Con la aparición en la escena cultural de este nuevo público, más directamente ligado con el mundo del trabajo y las vicisitudes cotidianas... surgen exigencias de nuevas formas de literatura más apegadas a las realidades de la existencia de estos sectores, y, con ellas, la formulación de una estética 'realista', cuando no 'socialista' o 'proletaria'". *Historia y crítica literaria,* pp. 158–59.

3. No es, sin embargo, sólo una cuestión de incorporación crítica, sino también de republicación y distribución, porque en su mayoría estas obras están agotadas. Me gustaría ver por un lado más representación de la novela social en una serie como la Biblioteca Ayacucho, pero, por otro también, ediciones nacionales baratas, con una presentación orientada hacia un público lector popular, obrero. No podemos saber si tendrán en esta forma éxito con ese público, pero sí podemos especular que, en general, el tipo de narrativa representada por el *Boom*, excluye este público, tanto por su temática predilecta de *Bildungsroman* o crisis de subjetividad, como por la dificultad lingüística y formal que presupone. Otra posibilidad sería la utilización de la novela social como base de guiones de cine, teatro popular, fotonovela, telenovela o radionovela.[10]
4. En relación a este problema de la recepción de la novela social por un público lector actual, estoy de acuerdo (pero con una valoración mucho más positiva) con la observación del crítico inglés William Empson de que la novela proletaria es una forma disfrazada de lo pastoril, en el sentido de que aunque representa "el pueblo"/lo popular e implica tácitamente una armonía popular utópica, no es creada *por*, ni a veces *para* el pueblo.[11] Además las situaciones narrativas de la novela social de los 30 y 40 ya no tienen (la misma) vigencia, dándoles a veces un carácter nostálgico, arqueológico, como en la narración de la huelga bananera en *Cien años de soledad*. Nuestra conciencia de

---

10. Gramsci señaló en sus *Cuadernos* (en sus observaciones sobre el concepto de lo nacional popular) que la falta de una literatura popular, como la novela folletinesca en Francia o Inglaterra o la obra de Tolstoy en Rusia, fue un factor en la desunión política de Italia. Esta carencia se debió, según él, a la separación producida en el Renacimiento entre una intelectualidad letrada y el pueblo: en Italia, escribe, "no existe ni una literatura artística popular ni la producción local de una literatura 'popular', porque 'escritores' y 'pueblo' no tienen la misma visión del mundo. En otras palabras, los sentimientos del pueblo no son experimentados por los escritores con una función 'nacional-educativa'". Problema que, por las circunstancias peculiares de la formación de la institución literaria oficial en el barroco colonial, ha compartido América Latina.
11. En su ensayo sobre literatura proletaria en *Some Versions of Pastoral* (Nueva York: New Directions, 1960), pp. 3–23.

esta limitación, sin embargo, podría conducir a una consideración de las actuales y posibles formas de una novela social *contemporánea*. Aquí me parece importante la actual producción y discusión crítica del testimonio, y la experiencia rica y variada —aunque no siempre exitosa— de crear formas socialistas de narrativa en Cuba, por ejemplo el tipo de novela policíaca o de contraespionaje (a veces mezclada con ciencia ficción) cuyo ejemplo más conocido es quizás *Joy*, o películas de tema proletario del nuevo cine cubano como *De cierta manera*, *Retrato de Teresa*, *Hasta cierto punto*, *Polvo Rojo*, o *La otra mujer*.

Para concluir, debo aclarar que mi empeño en esta reivindicación de la novela social no es crear un nuevo modelo normativo para la literatura latinoamericana: estoy lejos de la idea Zhadnoviana de una literatura realista uniforme de "línea correcta" que dominó la novela soviética en la época de Stalin e inspiró por lo menos algunos de los clásicos de la novela social latinoamericana. Pero al mismo tiempo quiero contrarrestar en nombre de un pluralismo democrático real el totalitarismo estético implícito en la ideología formalista que subyace la narrativa y la crítica del *Boom*, independiente de los compromisos políticos particulares de sus protagonistas. Comparto con el formalismo una creencia en la naturaleza experimental de la creación literaria y por lo tanto en la necesidad de desarrollar una variedad de estrategias narrativas, entre ellas algunas sugeridas por la experiencia de la novela social. La clave para mí es que estas estrategias sean también caminos para que los que han estado excluidos de la institución de la literatura en América Latina, cuya explotación y represión al nivel del estado y de las relaciones de producción está predicada en parte precisamente en esta exclusión, la expropien, la hagan suya.

6

El testimonio en la encrucijada[1]
(1993)

"¿**P**UEDE HABLAR EL SUBALTERNO?", pregunta Gayatri Spivak en una intervención ya famosa. Y responde —contra nuestra inclinación a identificar lo subalterno precisamente con la oralidad, con esa "voz" individual cuya insistencia ("Me llamo Rigoberta Menchú, y así me nació la conciencia ...") define al testimonio como género— que no. No como tal, porque "el subalterno es el nombre del sitio que está tan desplazado...que hacerlo hablar sería como la llegada de Godot en un autobús". La respuesta es, por supuesto, sólo en parte irónica. Rigoberta Menchú ganó el premio Nobel de la Paz y Spivak —como discípula de Paul de Man y Jacques Derrida y representante de la deconstrucción literaria en la academia norteamericana— habla a menudo, aunque desde una posición de triple subordinación con respeto a la hegemonía: como mujer, como ciudadana de un país del Tercer Mundo (la India) y como perteneciente a una minoría étnica (es bengalí) de ese país, cuyo sujeto nacional se nombra inexactamente en español como

---

1. En una versión distinta, este ensayo apareció originalmente en 1992 como la introducción a *La voz del otro. Testimonio, subalternidad y verdad narrativa*, número especial de la *Revista de Crítica Literaria Latinoamericana* que edité junto a Hugo Achugar. Para su reelaboración, agradezco profundamente los aportes de los participantes en el seminario sobre testimonio que imparto en el Departamento de Lenguas y Literaturas Hispánicas de la Universidad de Pittsburgh. He procurado poner al día las referencias bibliográficas y algunos elementos del argumento.

"hindú". Sin embargo, como veremos, el problema del testimonio es también un problema de representación y representatividad.

La intervención de Spivak estaba destinada a revelar, detrás de la buena fe del intelectual solidario o "comprometido", el trazo de una construcción literaria colonial o neocolonial de un "Otro" con el cual podemos hablar (o que se presta a hablar con nosotros), suavizando así nuestra angustia ante la realidad de la diferencia (y del antagonismo) y afirmando la normalidad de nuestra situación de recepción. Es el caso del "informante nativo" de la antropología; de los "traductores" indígenas en la Conquista, como la Malinche; de los esclavos "buenos" como Francisco en la novela cubana liberal antiesclavista; del campesino en el costumbrismo bucólico oligárquico (que, en palabras de Sergio Ramírez, "vio el campo desde el balcón"); y de la representación de la mujer en la literatura latinoamericana en general. No ayuda que este sujeto venga envuelto en un ropaje de teoría postestructuralista de última moda, porque, como señala Spivak, "las invocaciones contemporáneas de la 'economía libidinal' y del deseo como interés determinante, combinadas con la política utilitaria de los oprimidos (bajo el dominio del capital socializado) 'hablando por sí mismos', restauran la categoría del sujeto soberano dentro de la teoría que más parece cuestionar esa categoría".[2]

¿No sería el testimonio simplemente el nuevo capítulo de una vieja historia de las relaciones "literarias" entre opresores y oprimidos, clases dominantes y subordinadas, metrópolis y colonia, centro y periferia, Primer y Tercer Mundos? ¿Y su narrador, otro sujeto subalterno que nos entrega, junto con su sumisión y la plusvalía, lo que deseamos quizás aun más en un sistema global emergente basado en la acumulación y manipulación de información: su "verdad", verdad que, como al principio del testimonio de Rigoberta Menchú, es ""toda la realidad de un pueblo"?" (30).

Consideremos, sin embargo, la otra cara de la moneda. Como se sabe, durante la época de Reagan y Bush padre la nueva derecha norteamericana hizo de *Me llamo Rigoberta Menchú*, o, para ser precisos, de su versión en inglés, *I, Rigoberta Menchú. An Indian Woman in Guatemala,* uno de los blancos de su ataque contra el multiculturalismo y lo que se llamaba, en una especie de macartismo a la inversa, *political correctness* (el concepto se refiere a la nueva ortodoxia supuestamente impuesta en la universidad norteamericana por profesores marxistas y feministas, la crítica anti-colonialista y antirracista,

---

2. Gayatri; Spivak, "Can the Subaltern Speak?" En Cary Nelson ed. *Marxism and the Interpretation of Culture* (Urbana: Univ. of Illinois Press, 1988), p. 278. Trad. mía.

la deconstrucción, etc.). A finales de los ochenta el testimonio de Menchú fue seleccionado por la prestigiosa Universidad de Stanford para uno de los cursos de pregrado obligatorios de introducción a la cultura occidental, después de un debate en el que intervino, en contra de la decisión mayoritaria de la facultad, el entonces Secretario de Educación de la administración Reagan, William Bennett. Un ideólogo neoconservador, Dinesh D'Souza, denunció la decisión en un *best-seller, Illiberal Education* (Educación iliberal) y de allí el debate sobre Rigoberta Menchú y su testimonio se generalizó en la prensa norteamericana, haciendo su aparición, entre otros lugares, en el *Wall Street Journal, Business Week, Newsweek* y los noticieros televisivos.[3]

Dada la ansiedad de los defensores de programas de estudios literarios tradicionales ante la diseminación de un texto como *Me llamo Rigoberta Menchú,* no debe sorprendernos demasiado que su narradora se declarara ella en principio misma "posmodernista" y practicante de lo que se solía llamar un "antihumanismo teórico". Dice Menchú: "Ya sea por las religiones, ya sea por las reparticiones de tierra, ya sea por las escuelas, ya sea por medio de libros, ya sea por medio de rodeos, *de cosas modernas,* nos han querido meter otras cosas y quitar lo nuestro" (Me llamo 273; la cursiva es mía).

Sin embargo, su testimonio, quizás el texto literario más interesante producido en América Latina en la década de los ochenta, se abre estratégicamente con una denuncia no sólo de la cultura del libro sino del sujeto individual interpelado por ella: "Me llamo Rigoberta Menchú. Tengo veintitrés años. Quisiera dar este testimonio vivo que no he aprendido en un libro y que tampoco he aprendido sola ya que todo esto lo he aprendido con mi pueblo" (30).

El texto contiene una serie de pasajes como el que acabo de citar que problematizan explícitamente el sistema de educación estatal en Guatemala y el alfabetismo como formas de penetración cultural. Y termina con un nuevo rechazo de intelectuales y libros: "Sigo ocultando lo que yo considero que nadie lo sabe, ni siquiera un antropólogo, ni un intelectual, por más que tenga muchos libros, no saben distinguir nuestros secretos" (377).

La genealogía de esta posición remite, por un lado, a un hecho contemporáneo: la complicidad de la universidad —y de la etnografía en particular— en

---

3. Esta campaña, paradójicamente, incrementó el valor internacional de la figura de Menchú como significante cultural y condujo, en parte, a su nombramiento para el premio Nobel de la Paz. Rigoberta Menchú, *Me llamo Rigoberta Menchú* (La Habana; Casa de las Américas, 1993).

procesos de genocidio o dominación cultural; por otro, a un hecho histórico: la práctica de los conquistadores españoles de separar a los hijos de la aristocracia indígena mesoamericana de sus familias para enseñarles el español y la doctrina cristiana.

Uno de los aspectos más señalados del testimonio es que permite un reto a la pérdida de la autoridad de la oralidad en el contexto de procesos de modernización cultural que privilegian al alfabetismo y la literatura como normas de expresión. Pero sería erróneo pensar por esto que Rigoberta Menchú, o, por extensión, cualquier narrador testimonial, esté proponiendo la oralidad como expresión única o auténtica de su propia subalternidad. Parte de su lucha como adolescente con sus padres —lucha que ella pone al centro de su narración, que es entre otras cosas una especie de *Bildungsroman*— involucra precisamente su deseo de hacerse catequista, proceso que requería primero memorizar y después saber leer y comentar pasajes de la Biblia en quiché. Más tarde siente la necesidad como organizadora campesina de aprender otras lenguas indígenas y el español, experiencia que le permite la producción de su testimonio como texto accesible a un público latinoamericano e internacional.

Lejos de relevar inocencia respecto a lo que representa el libro y la literatura en la cultura occidental, es evidente que Menchú se apodera y utiliza conscientemente la posibilidad de producir (a través de su interlocutora, la antropóloga venezolana Elisabeth Burgos) un texto accesible a un público lector metropolitano. Hace esto, sin embargo, sin sucumbir a la ideología —*nuestra* ideología— humanista de lo literario, o lo que viene a ser lo mismo, sin abandonar su identidad y función como miembro de su comunidad para hacerse "escritora". Esta estrategia se diferencia de la autobiografía literaria, en la que la posibilidad de hacer literatura —escribir la "Vida" de uno mismo— equivale precisamente al abandono de una identidad étnica y de clase, la pérdida del *Gemeinschaft* o comunidad tierna de la juventud en favor de una individualización secularizadora y modernizadora.

El ejemplo contemporáneo más relevante de este tipo de articulación autobiográfica desde una posición subalterna es, en contraste con el testimonio de Menchú, un texto alabado por la nueva derecha norteamericana, entre otras cosas por su crítica de la política del bilingüismo. Me refiero al libro de Richard Rodriguez *Hunger of Memory* (Hambre de memoria), que narra el medro social de un niño de origen latino en los Estados Unidos—proceso que involucra una pérdida no sólo de su identidad étnica sino de su nombre:

el narrador había comenzado su vida como Ricardo Rodríguez (con acento), hijo de una familia mexicana de clase obrera de la ciudad de Sacramento en California.[4]

En *Hunger of Memory*, la capacidad de medro del narrador se debe precisamente a su apropiación de la literatura como discurso de poder, apropiación ejemplificada en la composición del mismo texto autobiográfico, que es, en este sentido, autorreflexivo. Rodriguez escribe al comenzar su relato: "Once upon a time, I was a "socially disadvantaged" child. An enchantedly happy child. Mine was a childhood of intense family closeness. And extreme public alienation. Thirty years later I write this book as a middle-class American Assimilated. (3)

El inglés del original es obligatorio aquí porque el narrador rechaza el bilingüismo como norma cultural. Para Rodriguez, el lenguaje público de la autoridad y el poder es el inglés; la ley del padre que impone la castración simbólica obligatoria para la socialización del sujeto es la necesidad de abandonar el lenguaje materno. Su educación y aprendizaje literario —gracias a una beca, precisamente de Stanford, llega a estudiar literatura inglesa del Renacimiento— es equivalente entonces al paso del orden imaginario al orden simbólico en el famoso esquema lacaniano. Cuando vuelve de la universidad a su barrio, para trabajar durante el verano, observa de sus compañeros mexicanos: "Their silence is more telling. They lack a public identity. They remain profoundly alien... I had finally come face to face with *Los pobres*" (138–39).

Richard Rodriguez escribe con elocuencia en inglés a un público lector gringo de la necesidad de integración del latino a la cultura dominante de un país que ya, con una población hispanohablante de entre 40 y 50 millones, es el segundo o tercero del mundo hispánico. Rodriguez siente que puede hablar, en otras palabras, pero no como subalterno, no como *Ricardo Rodríguez*. Lo que lo separa de su propia subalternidad —del silencio taciturno de *Los pobres* (pero ya hemos visto en el caso del testimonio que ese silencio es *táctico* y no un atributo esencial de grupos sociales subalternos)— es la

---

4. Véase la cuidadosa problematización del género autobiográfico en América Latina hecha por Sylvia Molloy en su libro *At Face Value*. Richard Rodriguez, *Hunger of Memory. The Education of Richard Rodriguez*. (Nueva York: Bantam Books, 1982).

literatura. En este caso, la literatura *produce activamente* (en vez de "reflejar" o describir) una situación de subalternidad.

La estrategia del narrador testimonial supone una manera distinta de articular una identidad personal, estrategia que no implica en el caso de narradores de origen popular su separación del estamento social del cual proceden (y que sí implica, por contraste, un desatender o deshacerse de una posición de privilegio relativo en el caso de sus interlocutores.[5] La naturaleza de la relación entre el narrador testimonial y el grupo social a que pertenece no es exactamente transparente, sin embargo. A pesar de esa metonimia textual que equipara en el testimonio la historia de vida individual con la historia de grupo o comunidad, el narrador testimonial no es lo subalterno como tal, sino más bien algo como un "intelectual orgánico" (para recordar el concepto de Gramsci) del grupo, comunidad o clase subalterna, que habla a (o en contra de) la hegemonía a través de esta metonimia, en su nombre y en su lugar.

Como la relación narrador-interlocutor que está implícita en su producción, el testimonio está situado en la intersección de las formas culturales del humanismo burgués, como la literatura y el libro-mercancía, engendradas por y relacionadas con las prácticas del colonialismo y el imperialismo, y esas prácticas culturales subalternas que a menudo constituyen su "contenido" narrativo-descriptivo. Es una variante de lo que se solía llamar "la dialéctica de opresor y oprimido" en esa frase hecha —quizás anticuada ya— de las luchas anticoloniales. Es y no es una forma "auténtica" de cultura subalterna; es y no es "narrativa oral"; es y no es "documental"; es y no es literatura; coincide y no coincide con el humanismo ético que manejamos en tanto ideología profesional; afirma y deconstruye a la vez la categoría de "sujeto" como centro de representación y protagonismo social.

Indudablemente hay que resistir en la crítica un entusiasmo fácil inducido por el "efecto de realidad" que produce la narración en primera persona y la situación de urgencia del testimonio, desmitificando así la posibilidad de su

---

5. La evolución de la obra de la escritora centroamericana Claribel Alegría ofrece un ejemplo de esto. Alegría abandona la forma del *Bildungsroman* lírica cuasi-autobiográfica que había cultivado inicialmente —*Cenizas de Izalco* (1966)— para emprender la reconstrucción testimonial de la vida de una militante del FMLN salvadoreño —*No me agarran viva* (1983). En cierto sentido, el problema existencial de la heroína de *Cenizas* —su vacilación entre su origen oligárquico y la realidad social de su país— sólo puede ser resuelto a través de un desplazamiento a otra forma narrativa.

recepción "costumbrista" (y neocolonial) como representación transparente de una voz popular (hecha "para nosotros"). Subraya que la subalternidad es una identidad *relacional* y no esencial u ontológica. El peligro que conlleva esta resistencia a la vez, sin embargo, es diluir lo que es particular al testimonio como forma: su capacidad de, en palabra de Margaret Randall, "reconstruir la verdad" de lo subalterno e imponer esa reconstrucción como una demanda ética y política al lector. Este desliz equivaldría a una recepción "liberal" del testimonio que permite su otredad y alienta su incorporación al canon, pero a costa de relativizar su poder estético-epistemológico, haciendo del testimonio algo sancionado por el poder y la autoridad académica, y, desde ahí, una construcción no-antagónica del sujeto subalterno por la hegemonía. Como hemos visto en las propias palabras de Rigoberta Menchú, el testimonio no quiere ser simplemente "otra" forma de literatura.

El deseo y la posibilidad de producir testimonios, la creciente popularidad del género, indican que hay experiencias vivenciales en el mundo hoy que no pueden ser representadas adecuadamente en las formas tradicionales de la literatura, que en cierto sentido serían traicionadas por éstas. En la negociación entre oralidad y escritura que implica su complicado mecanismo de narración y transcripción textual, el testimonio se sitúa dentro de la problematización posmoderna más amplia de la literatura en sí como una práctica cultural falocéntrica. Emerge en el escenario cultural latinoamericano de las últimas décadas como un reto y una alternativa, a la vez, a la producción narrativa del *Boom*. Desplaza, en particular, la centralidad del escritor como héroe cultural —el "conductor de pueblos" del americanismo literario liberal— todavía evidente en esa producción. Pero, al mismo tiempo, el testimonio constituye una nueva forma —o género— de literatura, con una institucionalización pedagógica correspondiente. El problema de la aculturación negativa sugerido por la autobiografía de Rodriguez —que tiene, al igual que el testimonio de Menchú, a la Universidad de Stanford como contexto institucional— recuerda forzosamente que la incorporación de formas culturales subalternas a la torre de marfil del humanismo académico-literario puede esconder a veces una lucha a muerte por el poder de la representación. La tensión entre testimonio y literatura culta, entre narrador e interlocutor/lector de un testimonio, es una tensión no sólo históricamente determinada sino *necesaria* en el mundo actual.

El problema de la recepción y utilización pedagógica del testimonio se relaciona con el problema, sugerido por Sklodowska, de su veracidad. El antropólogo norteamericano David Stoll vivió entre 1988 y 1989 en la región del altiplano guatemalteco de donde viene Rigoberta Menchú, dedicado a estudiar el proceso de evangelización de las comunidades indígenas por sectas protestantes. Esta experiencia lo condujo a cuestionar la representatividad del testimonio de Menchú. Según él, la descripción que ella hace allí de la tortura y el asesinato de su hermano y otras veinte víctimas en la plaza del pueblo de Chajúl por el ejército guatemalteco es "una invención literaria" *(a literary invention)*.[6] Añade que no es una mentira: de hecho el ejército torturó y mató al hermano de Menchú en, o cerca de, Chajúl. Pero los detalles precisos del incidente que ella ofrece en el texto de *Me llamo Rigoberta Menchú* no coinciden con los recuerdos de la gente de Chajúl que Stoll entrevistó, ni en general con las crónicas de la muerte del hermano que aparecieron en la documentación de las comisiones de derechos humanos. Según estas fuentes, apunta Stoll, el hermano no fue quemado públicamente ante su familia, como narra Menchú; más bien fue fusilado en otra fecha en las afueras del pueblo.

Se podría alegar que las entrevistas en que se basa Stoll ocurrieron casi diez años después de los incidentes relatados por Menchú, años que fueron los de la derrota de la posibilidad revolucionaria que su testimonio representaba, y por lo tanto de un cambio en la memoria histórica de estas comunidades; o, en otras palabras, que la violencia represiva produce, según el concepto del antropólogo Michael Taussig, una especie de "lobreguez epistémica" *(epistemic murk)*[7] entre los informantes; o que un estudio cuidadoso de la información disponible revelaría fuentes que apoyan la versión de Menchú (el mismo Stoll admite que una de las crónicas de las organizaciones de derechos humanos coincide con la narrativa de Menchú); o, como ha sugerido Doris Sommer, que la misma narradora deconstruye en su discurso la ilusión de que se nos está entregando "toda la realidad" de su pueblo.[8]

Pero, ¿qué pasa si aceptamos simplemente que de hecho se trata de una "invención literaria"? Evidentemente se problematiza la distinción entre

---

6. David Stoll, "The Land No Longer Gives: Land Reform in Nebaj Guatemala", *Cultural Survival Quarterly* 14/4 (1990), p.6.
7. Véase, *passim*, su *Shamanism, Colonialism, and the Wild Man. A Study in Terror and Healing* (Chicago: University of Chicago Press, 1991).
8. Véase, de Sommer, su "Rigoberta's Secrets". El debate entre Menchú y Stoll sobre la veracidad de su testimonio está resumido en Arturo Arias, *The Rigoberta Menchú Controversy* (Minneapolis: University of Minnesota Press, 2002), y en mi propio *Testimonio. On the Politics of Truth* (Minneapolis: University of Minnesota Press, 2004).

testimonio y literatura que acabamos de trazar en respuesta a lo apuntado por Sklodowska. Yo había sugerido que las descripciones de tortura y muerte en *Me llamo Rigoberta Menchú* representaban por su grado de elaboración e intensidad descriptiva una especie de "realismo mágico" testimonial ("The Margin at the Center", 21).[9] Un colega del Grupo de Estudios Subalternos, el crítico jamaiquino Robert Carr, me culpó de estetizar el testimonio al decir esto.[10] Puede ser; sin embargo, me parece que el punto no carece totalmente de validez. Menchú no narra simplemente desde un modelo "oral" indígena (aunque tampoco conocemos las técnicas y géneros de la narración oral maya). Su experiencia como catequista de la Biblia evidentemente afecta su manera de narrar (es la función del catequista *dramatizar* los acontecimientos que narra a su público). Recordando la distinción aristotélica entre poesía e historia en la *Poética,* el testimonio no es *historia* en el sentido de una mera aglomeración de particulares; aspira a ser *ejemplar* en su especificidad. En sus descripciones de tortura y represión, Menchú está tratando de crear la impresión de la fuerza de la violencia que destruyó no sólo a su hermano sino a la mayor parte de su familia. Igualmente, su evocación de la comunidad maya, que Stoll encuentra idealizada, es, como cualquier proyecto ideológico, en parte realista, en parte heurística y utópica. (De hecho, por la misma naturaleza del lenguaje o los códigos semióticos, ningún discurso es o puede ser coincidente con lo real; toda narración se desarrolla en parte en un registro imaginario[11]).

Regresaríamos, creo, a otra versión del *native informant* antropológico al conceder al narrador testimonial sólo la posibilidad de ser un *testigo* verídico, y no la de crear una narrativa épica propia (cuya construcción permite, según

---

9. "The Margin at the Center: Testimonio (Testimonial Narrative)". *Modern Fiction Studies*, vol. 35, num. 1 (Spring 1989): 11–28.
10. "Beverley trata las descripciones de la tortura y la muerte en términos de estilos literarios, argumentando contra la desconstrucción de sus categorías por razones de urgencia política. Al final, parece atrapado entre su deseo de transparencia del sujeto y el hecho de enfrentar palabras en una página, transcritas, editadas y arregladas para circular en un mercado de bienes culturales abierto, cuyo uso en la academia él aboga en aras de una agenda política de la representación..." (78). Comunicación personal. Véase su "Elitism and the Death of Subaltern Studies", *LASA Forum* XXXIII, N.2, (2002), pp. 12–13.
11. Me refiero, por supuesto, a la distinción entre los órdenes de lo real, lo imaginario y lo simbólico que emplea Jacques Lacan en *Écrits.*

un famoso debate en la preceptiva literaria renacentista, el uso de *meraviglia* —cosas maravillosas o imaginarias, como el personaje de Orlando— para ilustrar la historia). No es casual que Stoll relacione su cuestionamiento de la representatividad de *Me llamo Rigoberta Menchú* con un desencanto con lo que él entiende por una "antropología posmoderna" (11). Pero también Stoll acepta que lo único que se podría contraponer a la narración no adecuadamente representativa de Menchú son... otros testimonios, testimonios que tampoco pueden ser adecuadamente representativos (en el doble sentido de representación: es decir, mimético y político).

Conocemos ya de sobra la naturaleza del problema: aparte de textos y discursos de varia índole, no hay un nivel de facticidad social que garantice la veracidad de una u otra representación. La "sociedad" misma no es una esencia previa a su representación discursiva, sino precisamente el resultado de luchas para representar y sobre la representación. Este es el sentido del aforismo de Walter Benjamin que Margaret Randall recogió como epígrafe de su manual sobre cómo hacer un testimonio: "Aun los muertos no están a salvo"; aun la memoria de los hechos es coyuntural, relativa. El testimonio es *un arte* de la memoria subalterna.

Con esta afirmación, entramos de frente en el problema de la relación del testimonio con la posmodernidad. Hay una tendencia natural a considerar el testimonio una alternativa tercermundista o poscolonial frente a un posmodernismo visto como la "dominante cultural" (Jameson) del Primer Mundo. George Yúdice sugiere una variante de esta idea en su contraste entre el testimonio y la *écriture* de Joan Didion en su libro *El Salvador* en 1982, en la cumbre de la guerra civil.[12] Pero no debería sorprendernos que él crea también que el testimonio, por su naturaleza genérica de *petite histoire* en vez de *grand récit*, forme "parte de las prácticas culturales que hoy día apuntan al ocaso del 'orden de cosas' que corresponde a la modernidad" (Yúdice 215).

Pero ¿por qué insistir en un concepto tan expuesto a la imprecisión —y tan identificado con la cultura norteamericana— como la posmodernidad? Por dos razones: 1) el concepto de posmodernidad apunta a una situación en la que, parafraseando el conocido artículo de Fredric Jameson, "todo en nuestra vida social —desde el valor de cambio y el Estado hasta la estructura de

---

12. George Yúdice, "Testimonio y concientización". *Revista de crítica literaria latinoamericana: La voz del otro: Testimonio, Subalternidad y Verdad Narrativa*, Año 18, No. 36 (1992): 211–232. Joan Didion, *Salvador* (Nueva York: Vintage, 1983).

la *psique*— se ha vuelto 'cultural' en una forma todavía no teorizada"; 2) esta fisión de lo cultural, agudizada por el colapso parcial de la distinción entre cultura de élite y cultura de masas, a su vez nace de y corresponde con un desencanto con el proyecto modernizador del Estado nacional y una valorización consecuente de la heterogeneidad cultural. De estas condiciones, nace un nuevo sentido de *agencia* política-cultural, que se diferencia radicalmente de una lógica política tradicional de representación y movilización vertical (como en el caso de los diversos populismos latinoamericanos).[13]

El testimonio surge precisamente en el contexto de una crisis de representatividad de los viejos partidos políticos, incluidos los de la izquierda. De allí que su correlativo político predilecto sean los llamados "nuevos movimientos sociales", como las Madres de Plaza de Mayo, o el Comité de Unidad Campesina de Menchú, o las comunidades de base de la teología de la liberación: de hecho, todos movimientos que emplean de una manera u otra representaciones testimoniales en su activismo (la consigna del grupo norteamericano de activistas del SIDA, ACT-UP, es relevante en este sentido: SILENCE=DEATH, el silencio equivale a la muerte). Yúdice señala al respeto: "Más que representación, estos textos [testimoniales] enfocan las maneras en que diversos grupos oprimidos de mujeres, campesinos, indígenas, trabajadores, domésticas, fieles, *squatters,* etc. practican su identidad no sólo como resistencia a la opresión sino también como cultura afirmativa, como *estética práctica"* (213).

Esta aseveración parece limitar el testimonio a las formas de "micropolítica" asociadas con estos movimientos o grupos, sin embargo. Pero también existe en la "alegoría nacional" implícita en las relaciones (contradictorias, por supuesto, pero óptimamente del tipo de "contradicciones en el seno del pueblo") entre el productor, interlocutor y receptor del testimonio la posibilidad de lo que podríamos llamar un partido o movimiento de izquierda *de nuevo tipo,* heterogéneo (en el sentido de no reducir las demandas de distintos grupos sociales a una instancia mayor), pero también agrupando,

---

13. Norbert Lechner formula la paradoja representada por la experiencia política de la posmodernidad así: "¿Cómo articular una pluralidad de voluntades individuales, en principio ilimitadas, en una voluntad colectiva que, por definición, establece límites? ...[L]a democracia (como principio de legitimidad) presupone una identidad que la democracia (como principio de organización) nunca puede producir como algo permanente y definitivo" (7). "Un desencanto llamado posmoderno" documento de trabajo de FLACSO (Santiago: FLACSO, s.f.), p. 7.

alrededor de un proyecto "nacional" potencialmente hegemónico, grupos sociales normalmente separados. Es una posibilidad materializada en distintas formas: por ejemplo, en el partido laborista brasileño, los zapatistas y el PRD mexicano de Cuauhtémoc Cárdenas, el movimiento maya de afirmación identitaria, la campaña "Vota No" contra la dictadura en Chile, el caracazo y el surgimiento repentino del chavismo en Venezuela, el MAS en Bolivia, la transformación electoral del FMLN en El Salvador, o (en un contexto no-americano) el Congreso Nacional Africano de Nelson Mandela. Concretamente, tenemos la impresión de que, tanto en las revoluciones centroamericanas como en los movimientos civiles en pro de los derechos humanos y la redemocratización en el Cono Sur, el testimonio ha sido no sólo una representación de formas de resistencia y lucha sino también un medio y hasta un modelo para éstas. Lo que es evidente en este hecho es que la cuestión de la naturaleza del testimonio es en primera y última instancia política, pero de una política que de una manera "posmoderna" se funda hasta cierto punto en nuevas modalidades estéticas y epistemológicas.[14]

Este hecho, sin embargo, también puede servir para indicar los límites de la efectividad del testimonio. De la misma manera en que hemos sido testigos de la decadencia del poder estético-ideológico de lo que Emir Rodríguez Monegal llamó "las grandes máquinas de narrar" del *Boom*, la actualidad del testimonio puede ser más y más precaria en un mundo dominado por los medios electrónicos (y nuevas formas narrativas como la telenovela) y por una correspondiente privatización de la experiencia. La narradora testimonial boliviana Domitila Chungara de Barrios describía al final de su famoso testimonio, *Si me permiten hablar,* su deseo de ver al texto reintegrado a la cultura de las comunidades mineras cuya historia retrata. De hecho, el testimonio es parte de una "cultura afirmativa" subalterna (aunque dirigido principalmente a un interlocutor "letrado") en la que existen numerosas otras

---

14. Sobre este punto, véanse los ensayos reunidos en Beverley et al. eds., *The Postmodernism Debate in Latin America* (Durham, NC: Duke University Press, 1993). El manifiesto teórico de la nueva política de "democratización radical" y apertura hacia la heterogeneidad social es Ernesto Laclau y Chantal Mouffe *Hegemony and Socialist Strategy* (London: Verso, 1985). Sobre los "nuevos movimientos sociales" en particular, véase de Laclau su "New Social Movements and the Plurality of the Social"; y de A. Escobar y S. Alvarez eds., *The Making of Social Movements in Latin America: Identity, Strategy and Democracy* (London: Routledge, 1992).

formas de práctica testimonial. Pero, en mi opinión, el testimonio como tal —es decir, como "texto"— puede volver a formar parte integral de las culturas subalternas que representa sólo a través, paradójicamente, de otra alienación: su incorporación a los medios masivos de comunicación. De allí la creciente importancia de documentales o noticieros televisivos en el imaginario cultural americano.[15] Recordemos, para terminar, un interrogante pre-posmoderno conocido: ¿es preferible el idealismo inteligente al materialismo vulgar? ¿Es preferible una lectura inocente pero solidaria del testimonio a una deconstrucción de su "metafísica de presencia", vista esta última como cómplice de mecanismos neocoloniales de representación y/o con la ingenuidad interesada del intelectual burgués o pequeño burgués? La respuesta en ambos casos debe ser la misma: depende de las circunstancias. No es el tipo de lectura en sí lo que es válido, sino la manera en que las lecturas se ajustan a las necesidades (de liberación o simplemente de sobrevivencia) inscritas en la situación de enunciación del testimonio. Por el lado de sus interlocutores, el testimonio es evidentemente una manera de "servir al pueblo", para recordar el concepto maoista. Pero, porque se trata de solidaridad —es decir, de intereses compartidos— y no de caridad o condescendencia, quizás lo dicho por Rigoberta Menchú sea más exacto como descripción de nuestra propia posición de sujeto ante el testimonio: "Cada uno de nosotros tiene que conocer nuestra realidad y optar por los demás".

---

15. Hay otro problema relacionado en particular con el texto de Domitila Chungara que incide sobre la actualidad del testimonio. Como señala Javier Sanjinés, la aplicación de una política económica neoliberal en Bolivia produjo la virtual desaparición de las comunidades mineras y sus modalidades políticas y culturales, y el surgimiento de nuevas formas, "post-testimoniales", si se quiere, de cultura popular.

¿Hay vida más allá de la literatura?[1]
(1995)

EL TÍTULO DE MI intervención alude irónicamente a una frase hecha en inglés: *Is there life after death?* Quizás no tenga esta misma connotación en español —es el defecto inevitable de las traducciones. Permítanme entonces reformular la pregunta de esta manera: nuestra vocación, los estudios literarios, ¿es mortal? Y si lo es, ¿tiene un más allá o simplemente nos conduce a la nada?

En reconocimiento de la delegación venezolana que está con nosotros aquí, me atrevo a sugerir la siguiente analogía. Hace unos meses, uno de los mayores bancos de Venezuela, el Banco Latino, se hundió en un marasmo de corrupción y fraude a los más altos niveles. Había, sin embargo, tantos depositarios —el banco se había convertido en cierto sentido en una institución nacional— que, para evitar una crisis política, el nuevo gobierno de Caldera se vio obligado, por lo menos en principio, a indemnizarlos, aun cuando carecía de los fondos de reserva para hacerlo. Hugo Achúgar sugiere la imagen de la biblioteca en ruinas, variante posmoderna del tópico borgesiano de "La biblioteca de Babel". Sin embargo, tenemos demasiado invertido en ello para admitir el desastre y cambiar de posición, incluso para evitar ser aplastados por el colapso del edificio. Tenemos que creer que todo sigue más o menos igual, que las reglas del juego son las mismas, aun cuando es evidente que no es así.

---

1. Texto leído en el *XXX Congreso del Instituto Internacional de Literatura Iberoamericana* (Pittsburgh: IILI, 1995).

Estamos, por tanto, en una especie de *impasse* o *interregnum* entre dos regímenes de verdad, para usar un concepto de Foucault. En esto nos aproximamos más y más, en nuestras propias identidades y tareas, a las de nuestro ilustre precursor, Don Quijote. No es de dudar que los debates actuales sobre la redefinición de los estatutos y de la política editorial de nuestro propio Instituto reflejan este *impasse* de alguna manera. La muerte de Alfredo Roggiano marcó el fin de toda una época de la crítica literaria latinoamericana. Lo que amanece ahora no está muy claro todavía.

Estoy consciente, en mi propia persona, de que se trata aquí de una crisis de identidad y no sólo de intereses. En una situación en que tanto nuestro amor propio como nuestros ingresos están ligados a un compromiso vivencial con la literatura, ninguno de nosotros va a abandonar fácilmente las tareas y las creencias a las cuales ha dedicado su vida. Quizás hemos perdido contacto con las razones que nos impulsaron hacia el campo de la literatura en primera instancia: sabemos muy bien que nuestra vida profesional tiende a vacilar entre el oportunismo y la rutina. Sin embargo, ninguno de nosotros estaría aquí si no hubiera asociado un sentimiento íntimo —desgarrador, de enajenación, opresión, o marginación social— con la literatura, hecho que después se convirtió fortuitamente en la posibilidad de hacer carrera.

Ese sentimiento, creo yo, nos acerca inevitablemente a un compromiso, si no político (sé muy bien las razones por las cuales esa palabra se ha desprestigiado), por lo menos afectivo con otras situaciones de marginación o subordinación. Sentíamos en nuestras vidas la necesidad personal de un espacio otro, que era la literatura, y podíamos vislumbrar a través de nuestra identificación con la literatura (sin estar de acuerdo sobre su forma precisa) la posibilidad de un espacio social otro —¿por qué no llamarlo, como Tomás Moro, una *utopía* o no-lugar (utopos), es decir, un espacio que sólo existe en un texto literario?— que de alguna forma la literatura participaría en crear. Es en nombre de ese impulso, de su posible reanudación, que hago mis comentarios hoy.

Muchos de ustedes preguntarán, sin embargo: ¿de qué crisis habla este señor? ¿No están a la vista el crecimiento vigoroso de nuestro propio Instituto, o la marcha triunfal de proyectos como el *Diccionario enciclopédico de las literaturas latinoamericanas*, coordinado en Caracas por Nelson Osorio, y la *Cambridge History of Latin American Literature,* en formación bajo la dirección de Roberto González Echevarría y Enrique Pupo Walker, o los tomos de clásicos latinoamericanos —que aparecen con la regularidad de la piedra de Sísifo— de la Biblioteca Ayacucho y de la Colección Archivos editada por

Amos Segala? Contesto: sin embargo, crisis. Si no les ha llegado la noticia todavía, les llegará pronto. Por una variante de lo que los surrealistas llamaban "casualidad objetiva", las oficinas de la Biblioteca Ayacucho y del proyecto del *Diccionario enciclopédico* se encuentran en el mismo edificio del Banco Latino, cerca del cual (es una sugerencia turística para los que preparan el próximo congreso en Caracas) hay un maravilloso restaurante español.

Hace más de veinte años, António Cândido anticipó la naturaleza de esta crisis en uno de los ensayos clave de la crítica latinoamericana moderna: "Literatura e subdesenvolvimento".[2] ¿Por qué queda restringido a una pequeña minoría el público para la literatura en Brasil, o en los países del tercer mundo en general, preguntó Cândido, cuando en los países más avanzados el desarrollo de una modernización capitalista en él siglo XIX implicó inevitablemente la formación de una esfera pública basada en una alfabetización casi universal y en la literatura (o, por lo menos, en cierta idea de la función de la literatura en la producción de la nación y de un ciudadano letrado)? Su respuesta fue (en ese momento) inesperada y angustiada. Con el proceso de urbanización y proletarización que acompaña la modernización económica en los países del tercer mundo, las masas populares adquieren sólo una alfabetización parcial. Esto las conduce no a la literatura o a *print culture*, para usar el concepto de Marshall McLuhan, sino precisamente a los medios masivos de comunicación desarrollados en la actual época de producción capitalista. En cierto sentido van directamente de una cultura rural oral tradicional a otra —una "cultura folclórica urbana", como Cândido la designa (la fotonovela, la telenovela, la canción popular, los deportes comercializados, etcétera)— dejando de lado a la literatura.

Para Cândido, los medios masivos son el enemigo de la literatura y de la ilustración, y producen lo que él, haciendo referencia al uso por los misioneros del teatro y los espectáculos para adoctrinar a la población indígena en la colonia, llama un "catecismo al revés" (*uma cataquese as avessas*). Con esta diferencia, sin embargo, donde el catecismo misionero procuraba por lo menos transmitir un ideal basado en los más altos valores de la cultura europea, valores en parte representados por y en los modelos de literatura y retórica culta desarrollados en el Renacimiento, los medios masivos imponen a las masas urbanas, según Cândido, "valores en sí dudosos y en todo caso distintos de los que una persona culta encuentra en el arte y la literatura", dejándolas

---

2. António Cândido, "Literatura e subdesenvolvimento", *Argumento*, No. 1, 1973.

sumergidas en "una etapa folclórica de comunicación oral", incapaces de funcionar plenamente como ciudadanos.

Cândido habló en "Literatura e subdesenvolvmento" como un gran moderno, unos de esos modernos que pensaban que la tarea de la izquierda intelectual era completar un proceso histórico de modernización y secularización de la nación que la misma burguesía nacional no podía llevar a cabo en los países del tercer mundo, dado su carácter dependiente. Pero miramos hoy el problema que Cândido y otros como él (pienso por ejemplo en Fanon) definieron con tanta lucidez con una nueva sensibilidad, una sensibilidad "pos", si se quiere, desencantada con los grandes sueños utópicos pero también alerta sobre nuevas posibilidades y direcciones para conseguir sociedades más igualitarias y democráticas.

Cuando Hernán Vidal o Jesús Martín Barbero, para citar sólo dos figuras representativas, rearticulan hoy el problema de la relación entre la literatura y los medios, lo hacen con una postura menos angustiada que la de Cândido, pero quizás en última instancia más devastadora para nuestro amor propio profesional y para el futuro de nuestra disciplina. Vidal escribe que la

> crítica literaria se encuentra en un momento crucial de su historia: la tradición de canonizar y privilegiar ciertos textos de la alta cultura oficial como instrumentos fundamentales en la creación de las identidades nacionales no tiene sentido frente a los efectos de una industria cultural. Ante esto, el único camino abierto para una renovación es que la crítica literaria...dé el paso definitivo de constituirse en y reconocerse como una crítica de la cultura.[3]

Por su parte, Martín Barbero señala que, en la América Latina,

> la escritura atraviesa hoy una situación en cierto sentido homóloga a la que vive la nación. Ésta se halla atrapada entre el redescubrimiento de lo local/regional como espacio de identidad y toma de decisiones, y las dinámicas transnacionales de la economía-mundo y la interconexión universal de los circuitos comunicativos via satélite e informática [...] la escritura se ve atrapada en nuestros países entre la fuerza local de una oralidad que es modo de comunicación cotidiano, organizador y

---

3. Hernán Vidal, *Hermenéuticas de lo popular* (Minneapolis: Ideologies & Literature, 1993), p-37.

expresivo de unas particulares maneras de relación con el mundo y de unas modalidades de relación social, y el poderoso movimiento de desterritorialización de las sensibilidades y los comportamientos impulsados por los medios audiovisuales y los dispositivos de información desde el ámbito de los modelos de narración y desde él más general de los modos de producción y difusión de textos.[4]

Escogí estas citas con un fin táctico específico. Como ustedes saben, por más de una década la *Revista Iberoamericana* se ha dedicado principalmente a la publicación de una serie de números monográficos nacionales: celebramos los dos últimos en este congreso, el de Chile y el de Venezuela. La idea matriz de esta serie, el último proyecto de Alfredo Roggiano, radicaba en que la literatura y la crítica literaria eran discursos crucialmente involucrados con la formación de identidades y posibilidades nacionales en la América Latina. Mientras tanto, ocurrieron en o alrededor del campo de estudios literarios los siguientes acontecimientos: el postestructuralismo y la deconstrucción, el auge de la teoría y crítica feministas, y más recientemente de lo que se suele llamar en los Estados Unidos *Queer Studies*, el testimonio, la difusión paulatina de la televisión y la telenovela en particular, directamente relacionada con lo anterior, la proliferación de programas de comunicación y ahora de estudios culturales en la Academia, la crisis del marxismo tradicional y del dependentismo y la hegemonía ideológica del neoliberalismo, el surgimiento de los llamados nuevos movimientos sociales, y las nuevas teorías políticas para fundar su praxis, la antropología cultural, parcialmente basada en una apropiación de la teoría literaria por ese campo, el discurso de la poscolonialidad, con su crítica implícita o explícita del eurocentrismo, los historiadores del Subaltern Studies Group [Grupo de Estudios Subalternos] en la India, con su sentido radical de la insuficiencia de la nación como forma histórica, todo el conjunto de posibilidades que evoca la idea de posmodernismo.

No es que rumores y ecos de estas problemáticas no se dejaran sentir en la *Revista*. Sin embargo, cuando aparecieron allí, aparecieron en forma "domesticada", si se quiere. Cuando discutíamos el posmodernismo, por ejemplo, discutíamos la novela posmodernista, el posboom, como si se tratara principalmente de un nuevo fenómeno literario; pero una de las consecuencias del

---

4. Comentario de Jesús Martín Barbero, en *Revista de Crítica Cultural*, No. 7 (1993): p. 20.

posmodernismo, en su sentido más amplio, ha sido precisamente un descentramiento radical de la literatura como práctica cultural, su *desautorización*. Cuando discutíamos Lacan y compañía era (generalmente) a través de una lectura lacaniana, derridiana, foucaultiana de tal o cual texto literario, sin tomar en cuenta que el "sujeto" desconstruido por la teoría posestructuralista era precisamente un sujeto formado históricamente por (y en cierto sentido para) la literatura moderna.

Nelson Osorio ha sugerido que se trata, sin embargo, de un malentendido, un malentendido que nace de una sobreposición de dos realidades diferentes en relación con la recepción de la teoría continental en la crítica literaria latinoamericana. Una es la realidad de una crítica que surge *dentro* de la América Latina, y que responde a sus contradicciones y necesidades actuales de desarrollo; otra es la de una crítica *sobre* la literatura latinoamericana desde centros europeos o norteamericanos. "De allí", escribe Osorio,

> que no podamos trasladar mecánicamente y de manera acrítica los "métodos" de enfoque de europeos o norteamericanos a nuestra práctica, porque ellos responden a necesidades y proyectos estratégicos distintos... De otro modo, nos llenaremos de becarios deslumbrados por los "espejitos", que nos vienen a *aplicar* categorías como "posmodernidad", "desconstrucción" ... y otras semejantes, que surgieron legítimamente para conocer y comprender otros procesos, pero que no estoy seguro tengan, por lo menos en las actuales circunstancias, verdadera validez para comprender *nuestra* realidad.[5]

Es una advertencia prudente ante la avalancha niveladora de la "teoría" en los estudios literarios contemporáneos, y nos recuerda en particular algo que esa teoría no se cansa de insistir: hay distintas posiciones de enunciación. Pero, especialmente después de la diáspora de los años 70, ¿se puede realmente concebir una crítica latinoamericana que sea exclusivamente *de* la América Latina que no pase por los centros de enseñanza y las bibliotecas de Europa y sobre todo de los Estados Unidos? Nuestra presencia aquí es prueba de que no. Igualmente, hay el hecho demográfico de que los Estados Unidos, con una población de origen latinoamericano de unos veinticinco a treinta millones,

---

5. Nelson Osorio: "El *DELAL* como proyecto de integración cultural latinoamericano" citado de copia manuscrita (Caracas: Biblioteca Ayacucho, 1994), pp. 4-5.

son hoy el quinto país (entre veinte) del mundo hispanohablante, y después del milenio será probablemente el tercero.

Pero el problema que encierra la posición de Osorio es otro, creo. Al igual que la tesis de Cândido, depende esencialmente de una creencia en la capacidad de la literatura de producir una modernidad "nuestra". Es lógico entonces que Osorio resintiera los esfuerzos para minar la centralidad de la literatura como significante cultural. Objetaría que para deconstruir el canon de la literatura latinoamericana primero hay que construirlo —tarea todavía inconclusa.

La serie nacional de la *Revista Iberoamericana* coincide con la década, más o menos, que va desde *La ciudad letrada*, de Ángel Rama, hasta ahora. Si miramos una lista de los libros que más han afectado nuestro campo en este período, por ejemplo —y estos títulos son por supuesto solamente indicativos— *El cambio en la noción de literatura* de Carlos Rincón, los ensayos de Alejandro Losada reunidos en *La literatura en la sociedad de América Latina*; *Historia y crítica literaria,* de Françoise Perus; *The Voice of the Masters* y *Myth and Archive*, de Roberto González Echevarría; *Socio-historia de la literatura colonial,* de Hernán Vidal; *El discurso narrativo de la Conquista*, de Beatriz Pastor; *La cultura del barroco*, de José Antonio Maravall; *Una modernidad periférica* de Beatriz Sarlo; *Guamán Poma: Writing and Resistance in Colonial Perú*, de Rolena Adorno; *La historiografía literaria del liberalismo*, de Beatriz González; *Foundational Fictions*, de Doris Sommer; *Un tratado sobre la patria*, de Josefina Ludmer; *Plotting Women*, de Jean Franco; *La formación de la tradición literaria en el Perú*, de Antonio Cornejo Polar; *Qué horas sao?* de Roberto Schwartz; *At Face Value*, de Sylvia Molloy; *Desencuentros de la modernidad*, de Julio Ramos; *Culturas híbridas*, de Néstor García Canclini; *El poder de la palabra*, de Guillermo Mariaca Iturri; o los trabajos recientes de Francine Masiello e Ileana Rodríguez sobre literatura, género, e imaginario popular; si miramos esta lista, repito, es evidente que señala una tendencia a desarticular la relación entre literatura y nación, usando en el proceso precisamente esos "espejitos" de que hablaba despectivamente —y no sin razón— Osorio. Tampoco es casual que la lista revele asimismo la creciente presencia en la crítica latinoamericana de voces femeninas y de orientaciones teóricas inspiradas en el feminismo.

Por contraste, en los proyectos de la serie nacional de la *Revista Iberoamericana* y del *Diccionario enciclopédico* de Osorio podemos vislumbrar la persistencia de una postura "arielista" en donde se postula a la literatura en sí o a los valores que encarna como significante ideológico de lo latinoamericano.

Me refiero al argumento central de uno de los libros definidores del pensamiento de la Nueva Derecha en la América Latina, *Del buen salvaje al buen revolucionario*, de Carlos Rangel, publicado inicialmente en 1976. Una variante conocida de esta postura arielista es la idea de Octavio Paz de la literatura como una "modernidad compensatoria" latinoamericana, es decir, una forma de modernidad fundada precisamente en la literatura y la crítica literaria que puede contrarrestar la modernidad utilitaria representada por los países capitalistas altamente desarrollados.[6]

Pero la posibilidad misma del manejo de la literatura de que goza un hombre como Paz implica la reproducción de una posición de privilegio estructural, no sólo de profesor o escritor o de sus estudiantes o seguidores, sino del canon que se maneja, el cual se ofrece al escrutinio crítico-pedagógico ya reificado como materia de estudio, borrando así las condiciones históricas de su producción y en particular su complicidad con la formación de estamentos sociales coloniales y neocoloniales en la América Latina.

El fenómeno del *Boom*, en su coincidencia con la efervescencia política y cultural generada por la Revolución Cubana en los años 60, dio paso a una marcada idealización de la literatura como instrumento de liberación nacional por parte tanto de escritores como de críticos en la América Latina. Esta coyuntura, que dio un impulso concreto a la expansión enorme de la recepción de la literatura latinoamericana en los circuitos de consumo global —se trataba de una lucha tenaz para ganar espacio en relación con la literatura peninsular, dominante en los programas universitarios europeos y norteamericanos a comienzos de los 60— no fue el momento propicio para prestar atención a las maneras en que la literatura también funciona, y sigue funcionando, en la América Latina como una forma cultural de dominación y enajenación —a, en otras palabras, el "inconsciente" de la literatura. Lo que

---

6. Julio Ramos ha aproximado algunos de los elementos en juego aquí en su descripción del protagonismo literario de José Martí. "Martí es un 'héroe' moderno", escribe, "precisamente porque su intento de sintetizar roles y funciones discursivas presupone las antítesis generadas por la división del trabajo y la fragmentación de la esfera vital relativamente integrada en que había operado la escritura de los letrados. En Martí, la tensión entre el discurso literario y otras zonas del tejido de la comunicación social es el referente negado o "superado" por la voluntad heroica". Véase Julio Ramos, *Desencuentros de la modernidad en América Latina* (México: Fondo de Cultura Económica, 1989), p. 14.

ambos lados en el conocido debate sobre el significado del barroco literario en la América Latina compartieron, por ejemplo, era un consenso sobre la *centralidad* de la literatura como práctica social. Las diferencias tenían que ver más bien con la valoración ideológica de esa centralidad (colonial y contrarreformista en el caso de la posición antibarroca). Para que la literatura tenga este tipo de centralidad (o para que pueda ser vista como teniéndola), sin embargo, hace falta una *sobrevaloración* histórica y socialmente específica de su importancia, una sobrevaloración que tiene su base en una ideología de lo literario que nace precisamente en el barroco y que todavía impera en la crítica literaria latinoamericana.

Por contraste, fue el sentimiento de los *límites* de la efectividad de la literatura, de su incapacidad de transgredir se estamento colonial, lo que animó *La ciudad letrada*. Si miramos bien el argumento de Rama, y a causa de los problemas de su expulsión de los Estados Unidos y su muerte trágica, *La ciudad letrada* fue un bosquejo más que un argumento completo, podemos darnos cuenta de que apuntaba hacia una especie de autocrítica. Gran parte del impulso renovador, recanonizador del *Boom* se debía precisamente a la creencia de que había una sinergía entre los nuevos procedimientos lingüístico-formales de la llamada nueva narrativa latinoamericana y las expectativas de liberación nacional —o, faltando eso, por lo menos modernización— generadas por la Revolución Cubana y por los altos niveles de crecimiento económico en esa época. La expresión teórica más coherente de esta creencia fue la idea de *transculturación narrativa*, elaborada por Rama a base de un concepto introducido mucho antes por el antropólogo cubano Fernando Ortiz en sus estudios sobre la cultura afrocubana. Si para Ortiz la transculturación designaba, sobre todo, un proceso cotidiano y anónimo de sincretismo de elementos culturales europeos y africanos (en la comida, el habla, las costumbres, etcétera), traducido por Rama al campo de la literatura y el arte modernos se convirtió en una variante de una ideología de la literatura, y, de ahí, del trabajo intelectual en general. Proponía en particular una relación providencial entre una vanguardia "letrada" de escritores, artistas, científicos y nuevos líderes políticos con las clases populares y los grupos sociales subalternos. La obra de José María Arguedas, situada en la frontera entre formas culturales indígenas y europeas, entre la oralidad y la cultura letrada, y entre el español y el quechua, fue ejemplar para Rama en ese sentido. Marcaba no sólo una nueva forma de hacer literatura, sino un nuevo concepto de la nación latinoamericana, más capaz de representar y encauzar democráticamente la heterogeneidad social y cultural de sus sociedades. En sentido paralelo corren la idea de Antonio Cornejo Polar del sistema literario andino como una "totalidad contradictoria",[7] o la noción menos conflictiva de "mestizaje cultural" bosquejada por Pedro Henríquez Ureña, el fundador de la crítica literaria moderna hispanoamericana, que subyace tácitamente en la práctica literaria tanto del realismo mágico como del neo-barroco.

Para anticipar algunas observaciones posteriores sobre la dirección actual del campo emergente de estudios culturales, debo indicar también que considero teorías más recientes, y más de moda, del "hibridismo" cultural poscolonial o posmoderno, como las de Homi Bhabha o Néstor García Canclini, como variaciones del modelo inicial de transculturación narrativa, aun cuando parecen transferir su poder de gestión de la literatura o el arte culto a la cultura popular.

Es evidente que para Rama y su generación, el modelo de transculturación narrativa estaba conectado a una dinámica histórica que ha sido o reprimida o agotada. Es suficiente contemplar la crisis actual de la Revolución Cubana para darse cuenta de esto. Pero creo que el modelo tiene una limitación menos coyuntural, una limitación que puede haber sido ella misma un factor en el debilitamiento del proyecto histórico del cual el modelo era a la vez representación y componente. Está fundada en la capacidad de intelectuales y de la alta cultura en general de *representar*, adecuadamente, a lo subalterno: por *representar* entiendo aquí un proceso a la vez mimético y político. A través de la articulación del pensamiento de Martí hecha por la Revolución Cubana, la idea de transculturación estaba conectada con la ideología cultural más amplia del mestizaje como base de la identidad latinoamericana. Como se sabe, esta ideología puede en ciertas situaciones ocultar reivindicaciones propiamente étnicas (y a veces nacionales) de las poblaciones afroamericanas, asiáticas, indígenas, y en general ha sido notoriamente resistente a demandas que nacen de situaciones de subordinación de género o clase. Además, dando

---

7. Por ejemplo, "las definiciones de Nación insistían siempre en unidad de raza, unidad de idioma, unidad de creencias, unidad de cultura, unidad de religión, etc. [...] Ahora podemos pensar en naciones internamente contradictorias, conflictivas, hechas más que de unidad de heterogeneidad. Al lograr separar Nación de unidad, estamos logrando la legitimidad de todo aquello que la falsa unidad dejaba afuera". Antonio Cornejo Polar, Actas del Simposio de Dartmouth, *Revista de Crítica Literaria Latinoamericana*, No. 29 (1989): p. 47.

un lugar privilegiado a la literatura como práctica de formación nacional, el modelo de transculturación narrativa establece las formas de la *print culture* en español o portugués como el sitio hegemónico de representación y síntesis culturales.

La subalternidad es una forma de identidad *diferencial*, no ontológica: es decir, es el producto y se mantiene a través de relaciones históricamente específicas. Lo que Rama descubrió en *La ciudad letrada* es que la literatura fue la América Latina precisamente, y sigue siendo, una práctica constitutiva de las élites, hipótesis anticipada en parte por Alejandro Losada en su trabajo sobre el romanticismo peruano. Como tal, aun en formas "progresistas", para emplear la conocida consigna de los 60, quizás sea más parte del problema que parte de la solución. Las contradicciones entre literatura y cultura vernáculas se hicieron menos agudas, pero de ninguna manera desaparecieron, con las campañas de alfabetización introducidas por la Revolución Cubana o la Nicaragüense, o con el proyecto de los talleres de poesía de Ernesto Cardenal. Otra vez la idea de alfabetización implica que *una* forma de cultura, *print culture*, es necesaria para ejercer los deberes de un ciudadano o ciudadana. Mientras tanto, como sospechaba Cândido, la mutación de la esfera pública causada por los medios audiovisuales conduce a un aplazamiento nuevo y paulatino de la idea de la literatura como un modelo o práctica formadora de identidad nacional y/o cívica. En este sentido, el fenómeno de la democratización representa el otro lado de la crisis de la literatura y de los estudios literarios latinoamericanos. En una sociedad realmente democrática, ¿qué es lo que garantiza la *autoridad* cultural de la literatura? Evidentemente, sólo el *uso* que hacen de ella sus consumidores.

¿Qué pasa entonces si caminamos por el "otro sendero" de la crítica latinoamericana, por decirlo así? (Hago alusión, por supuesto, a uno de los manifiestos más importantes del neoliberalismo latinoamericano: *El otro sendero*, de Hernán de Soto.) Me refiero concretamente a la obra de Emir Rodríguez Monegal (compatriota y némesis a la vez de Rama) y la de sus seguidores, entre los cuales cuenta la figura preminente y quizás más brillante de nuestra generación en los Estados Unidos, Roberto González Echevarría. Evidentemente, la línea crítica de Monegal es la que más se ajusta a la actual hegemonía del neoliberalismo, precisamente en su afán de separar la esfera de lo literario de cualquier implicación abiertamente política o ideológica. Pero no es de sorprender que esconde a través de su aparente rechazo compromiso o relevancia social su propio *grand récit* de la relación entre literatura, modernidad y nación. Como señala Françoise Perus:

La concepción que de la literatura tiene Rodríguez Monegal aparece entonces perfectamente complementaria de su concepción de la historia: la *reducción* de la primera a la *manipulación* de formas y reglas lingüísticas- y por consiguiente de su *valor* a una suerte de pericia técnica representa una prolongación, en el campo específico de la literatura, de un desarrollismo que limita los problemas del subdesarrollo latinoamericano a una mera cuestión tecnológica.[8]

Estamos aquí otra vez ante la presencia de una variante de ese discurso modernizador, normativo, fundado en la literatura escrita, representado por Cândido y Rama al otro lado del espectro político que Monegal. En nombre de un concepto formalista de la literatura —"la novela del lenguaje", como lo solía llamar Monegal— no sólo se reprime a través de un proceso de recanonización una gran parte de la tradición literaria latinoamericana: otra vez las clases populares y los grupos subalternos de la América Latina están invitados a supeditar sus propios intereses y formas culturales a la tarea de producir una modernidad plena que, como Godot, nunca llega.

La línea de Rodríguez Monegal representa la expresión en el campo de las humanidades no tanto del conservadurismo tradicional en la América Latina, sino de una Nueva Derecha emergente, "yupificada", sofisticada, culturalmente adaptada a la transnacionalización, deseosa de imponerse tanto a sus padres como al proyecto alternativo de una democracia popular propuesta por la izquierda. Desde el principio, esta Nueva Derecha pudo ajustarse más fácilmente al terreno de la posmodernidad, supo articular las nuevas posibilidades que la posmodernidad ofrecía más hábilmente que la izquierda, anclada aún en el dependentismo y el proyecto de completar el proceso inconcluso de formación nacional, y en una concepción "gutemburguiana" de activismo cultural (debo la expresión a García Canclini).

Pero si la línea crítica representada por Rodríguez Monegal goza ahora efectivamente de prestigio a causa de la crisis de la izquierda (crisis que se está celebrando con un triunfalismo prematuro, en mi opinión), creo que tampoco trasciende los problemas que estamos viviendo en nuestro campo. Su invocación del pluralismo estético apuntaba hacia la operación del mercado libre como norma social, pero no hacia una democratización efectiva de las

---

8. Françoise Perus: *Historia y crítica literaria* (La Habana: Casa de las Américas, 1982), p. 108.

sociedades latinoamericanas. Contra la pretensión vanguardista de este tipo de crítica, Nelly Richard mantiene que

> celebrar la "diferencia" como festividad exótica (complemento de "otredad" destinada a matizar —más que subvertir— la ley universal) no es lo mismo que otorgarle al sujeto de esa "diferencia" el derecho de autogestionar sus propias condiciones de manejo discursivo: a practicar su "diferencia" en sentido —intervencionista— de rebeldía y disturbio frente a las significaciones prefijadas por el repertorio oficial de la "diferencia".[9]

El nuevo libro de González Echevarría, sobre la continuidad del barroco en la cultura hispánica, *Celestina's Brood*, sirve para ilustrar el problema. Es un *performance* crítico brillante, fascinante, porque está en parte pasado de moda, anacrónico en su propio afán de establecer su modernidad, o moderno en su anacronismo, como el propio barroco. Uno tiene la sensación aquí, como en sus otros libros, de que González Echevarría combina la lucidez teórica para describir la peculiar jaula en que nos encontramos —no por accidente es uno de los mejores lectores de Foucault en nuestro campo— con un sentimentalismo que le obliga a presentar esta jaula como el mejor de los mundos posibles.

Una respuesta alternativa a la crisis de las humanidades en la cultura latinoamericana actual todavía involucrada con la idea de una posibilidad transformadora es la de Beatriz Sarlo. En una serie de conferencias y ensayos recientes, ha defendido el ideal del ciudadano letrado y el modelo "literario" de la esfera pública nacional o continental en contra de lo que ella ve como la tendencia cada vez más evidente del capitalismo a degradar en todos los niveles —económicos, culturales, ecológicos— las condiciones de vida de amplias capas de la sociedad latinoamericana (en la crítica brasileña, el más importante seguidor de Cândido, Roberto Schwarz, ha mantenido una posición esencialmente similar).

Esta articulación de nuestro campo, que tiene sus raíces en la "crítica negativa" de la sociedad de consumo desarrollada por la escuela de Frankfurt, es una variante de nuestra creencia tradicional en el valor de la literatura como "contra-cultura" ante el régimen de la razón utilitaria. En otras palabras, su atracción reside en que se entronca con nuestra ideología profesional. Sin embargo, creo que es también un modelo inadecuado. Refleja, sobre todo, la

---

9. Nota de Nelly Richard en *Revista de Crítica Cultural*, 1992.

ansiedad de lo que Gramsci llamó el "intelectual tradicional" ante los efectos de los medios masivos que han descentrado y desterritorializado su sitio de producción y autoridad cultural. Aunque apunta hacia los temas de estudios culturales (los medios, cultura popular, enfoques interdisciplinarios), lo hace en una forma que mantiene el lugar privilegiado de la literatura como práctica cultural. Pero una de las consecuencias de la democratización —en realidad o en principio— es que ese "otro" latinoamericano de que habla Richard puede (suele) practicar su diferencia no sólo *en* la literatura sino *en contra* de ella.

Uno de los aspectos más señalados del testimonio es que permite un reto la pérdida de autoridad de la oralidad en el contexto de procesos de modernización cultural que privilegian al alfabetismo y la literatura como normas de expresión. No es que un narrador testimonial como Rigoberta Menchú proponga la oralidad como expresión única o auténtica de su propia subalternidad. Los que han leído su testimonio saben que su lucha como adolescente con sus padres —lucha que ella pone en el centro de su narración, la cual es entre otras cosas una especie de *Bildungsroman*— incluye precisamente su deseo de hacerse catequista de la Biblia. Más tarde siente, como organizadora campesina, la necesidad de aprender otras lenguas indígenas y eventualmente el español, experiencia que le permite la producción de su testimonio y su acceso a un público nacional y global. No es el antagonismo entre literatura escrita y narración oral en sí lo que cuenta en el testimonio, sino la manera como esta relación se ajusta a las necesidades de lucha, resistencia, o simplemente de sobrevivencia, que están englobadas en su situación de enunciación.

Pero es también evidente que Rigoberta Menchú *utiliza* la posibilidad de producir su testimonio como un texto literario sin sucumbir a la vez a una ideología humanista de lo literario, o lo que viene a ser lo mismo, sin abandonar su identidad y función como miembro de su comunidad para hacerse "escritora" profesional. Por contraste, en la autobiografía o *Bildungsroman* tradicional, la posibilidad de hacer literatura —escribir la "vida" de uno mismo— equivale precisamente al abandono de una identidad étnica y de clase, la pérdida del *Gemeinschaft*, o comunidad orgánica, de la juventud en favor de una individualización secularizadora y modernizadora, como en el caso conocido de la autobiografía *Hunger of Memory* del escritor chicano Richard Rodriguez.[10]

---

10. Richard Rodriguez. *Hunger of Memory: The Education of Richard Rodriguez* (Nueva York: Bantam Books, 1982).

Recuerdo aquí la famosa pregunta de Gayatri Spivak, "¿Puede hablar el subalterno?", y su inusitada respuesta de que no, no como tal, estaban destinadas a revelar detrás de la buena fe del intelectual solidario o "comprometido" el trazo de una construcción literaria colonial o neocolonial de un Otro con el cual se podía hablar (o que se prestaba a hablar con nosotros). Richard Rodriguez escribe con elocuencia en inglés a un público lector gringo sobre la necesidad de la integración del latino a la cultura dominante. Rodriguez puede hablar, en otras palabras, pero no como subalterno, no como *Ricardo Rodríguez*. Lo que lo separa de su propia subalternidad —del silencio taciturno de "los pobres"— es precisamente la literatura: su formación como crítico y escritor en las prestigiosas universidades de Stanford y Berkeley. En su caso, la literatura es una práctica social que *produce activamente* (en vez de simplemente representar o reflejar) la línea de división entre sujeto dominante y sujeto subalterno, entre Richard y Ricardo.

¿Qué hacer?, para recordar una interrogante preposmoderna, y quizás premoderna. Evidentemente, una de las consecuencias del descentramiento de la literatura que propongo aquí sería el desarrollo de estudios culturales como alternativa. Como muchos de ustedes saben, se ha formado recientemente una red latinoamericana de estudios culturales. La serie editorial sobre Literatura y Derechos Humanos que edita Hernán Vidal en Minnesota; *Memory and Modernity: Popular Culture in Latin America*, el excelente manual de William Rowe y Vivian Schelling; *Culturas híbridas*, de Néstor García Canclini; o los trabajos de George Yúdice, sobre música popular, sirven como bosquejo inicial para la construcción de un nuevo campo hermenéutico que incluye la literatura pero no está fundada sobre ella. Además, como Yúdice ha señalado, los estudios culturales tienen raíces propiamente latinoamericanas en aspectos del género del "ensayo nacional" en Martí, Hostos, Sarmiento, da Cunha, Mariátegui, Ortiz, Paz, o Martínez Estrada, entre otros. Pero los estudios culturales no solucionan exactamente el problema de la relación entre literatura y subalternidad. Podemos leer a Piglia y a la vez escuchar discos de Madonna o seguir una telenovela, y de hecho lo hacemos. Pero fuera de formas intermediarias y transiciones como el testimonio, las formas de cultura subalterna tienen para nosotros, en general, solamente un valor "antropológico"; o no tenemos acceso a ellas directamente (es decir, su presentación está mediatizada por la literatura o por formas híbridas como la Nueva Trova), o son reificados por el proceso de recuperación de información que representan los protocolos de investigación académica o crítica que manejamos en relación con ellas. Vuelvo a insistir en que la universidad y las instituciones culturales como el museo son en sí prácticas culturales productores de subalternidad: de ahí que lo subalterno no pueda entrar en ellas sin sufrir una transformación, como en el caso de la "educación" de Richard Rodriguez.

A pesar de su apelación habitual al valor de lo local y lo cotidiano, de *petites histoires* en vez de *grands récits*, puede haber por tanto un utopismo implícito en la nueva celebración de la cultura popular o de masas que proponen los estudios culturales. Hay el peligro de que esta celebración (la cual, debo confesar, he compartido y protagonizado) perpetúe inconscientemente una nueva variante de la ideología de lo literario, transfiriendo un programa vanguardista en sus variantes formalistas (Monegal) o transculturadoras (Rama) de la esfera de la *high culture* a la de las culturas populares, ahora vistas como más estéticamente dinámicas y eficaces. El resultado podría ser la producción en la crítica actual de algo parecido a una forma posmodernista de lo sublime kantiano. Tampoco ha de sorprender que los estudios culturales, a pesar del radicalismo de sus orígenes, se estén convirtiendo rápidamente en una nueva articulación estratégica de las humanidades ante el nuevo papel de la universidad y de los centros de investigación superior en la representación y la administración del capitalismo transnacional, especialmente en relación con los cambios demográficos, políticos y culturales que trae en su secuela. ¿Por qué hacen falta expertos en Literatura Colonial o Vanguardismo, preguntarán los decanos del futuro (y están preguntando los del presente), cuando con un puñado de semióticos y adeptos a novedades teóricas se puede construir un departamento eficaz?

En vez de estudios culturales, o más exactamente como su complemento, entonces, mi propuesta sería más bien el de problematizar la literatura en el mismo acto de escribir y enseñar la literatura dentro de su estamento. No tengo ilusiones sobre la posibilidad de este proyecto. Lyotard muestra que el posmodernismo en su deseo de ser "nuevo" rearticula la ideología vanguardista que supuestamente desplaza, de la misma manera; un fenómeno como el testimonio depende, en última instancia, de su relación con la literatura: de ahí la sugerencia de Elzbieta Sklodowska o Gayatri Spivak de que el testimonio puede ser una especie de trampa: la ilusión de expertos en análisis de textos de tener un acceso "directo" a lo subalterno que no les obligue a cambiar mucho su propia situación de enunciación. Pero también es evidente

—fue la gran lección del formalismo ruso— que el "efecto estético" de la literatura, su *literaturnost*, sólo persiste a través de un proceso de autodenegación y desfamiliarización. La literatura, hoy, sólo puede existir en su negación.

Mi propuesta sugiere entonces no tanto el llamado "fin de la literatura" —dejo la nota apocalíptica a la derecha, que tiene algo que perder con un cambio en la naturaleza de las cosas— o la superación de la literatura por los medios audiovisuales, sino una actitud más agnóstica ante ella. Podemos imaginar una futura comunidad de objetos que llamaríamos literatura, y las nuevas relaciones sociales que expresaría. En una nota sobre la poesía quechua en el Perú actual, Martín Lienhard ofrece una imagen de esta posibilidad:

> Los cantos y la poesía quechua escrita, en efecto, no se oponen (como se oponen todavía la cultura andina y la cultura occidental-criolla), sino que esbozan un sistema complejo análogo al que configura, en lo social, el conjunto de las comunidades andinas y de las colonias de comuneros, emigrantes en las grandes ciudades, un sistema de complementariedad casi utópico que anuncia quizás, en los terrenos social y cultural, lo que podría llegar a ser el país cuando termine el tiempo de las discriminaciones y las opresiones.[11]

Sería bueno caminar hacia esta posibilidad, pero sabemos muy bien que está probablemente más allá del alcance de nuestras vidas. Lo que sí es posible ahora, sin embargo, es una democratización relativa de nuestro campo, a través del desarrollo de un concepto *no literario* de la literatura, entre otras cosas. Pero en tal caso, ¿cómo podría la literatura distinguirse de lo no literario? (me refiero a la famosa distinción de los formalistas rusos entre lenguaje poético y lenguaje cotidiano), ¿qué pasaría si la literatura fuera simplemente un discurso entre muchos?

La respuesta a estas preguntas debe ser la tarea de lo que podríamos pensar como una especie de *psicoanálisis* de la literatura. Ésta es la tarea que Rama empezó con *La ciudad letrada*. Los que han pasado, como yo, por el proceso de un psicoanálisis, saben que no se trata de liquidar al sujeto, a pesar de su ansiedad al respecto, ni tampoco de curarlo para siempre, sino de reformarlo lentamente sobre nuevas bases, hacerlo un poco más capaz de solidaridad y amor.

---

11. Martín Lienhard, *La voz y su huella* (La Habana: Casa de las Américas, 1990), p. 11.

Para comenzar un análisis, sin embargo, hay que darse cuenta de que algo anda mal, algo no funciona en lo que hacemos y no se está mejorando la situación con el tiempo. El problema es que la literatura resista la cura, como indudablemente muchos de ustedes están resistiendo estas observaciones. No quiere ser curado quien piensa que su neurosis es su identidad. Paul de Man declaró en un famoso aforismo que la resistencia a la teoría es la teoría; en un sentido similar, podríamos decir que la ideología de la literatura es la literatura misma.

Termino. No se trata de obligarlos a representar a, o solidarizarse con, lo subalterno de una manera "políticamente correcta". Al contrario, creo que es más importante registrar las maneras en que el conocimiento que construimos como escritores, profesores y críticos de la literatura está estructurado precisamente por la ausencia o la dificultad o la imposibilidad de la representación de lo subalterno. Esta tarea se puede realizar estudiando tanto un cuento de Borges como un testimonio de resistencia indígena del tipo *Me llamo Rigoberta Menchú*. Pero implica reconocer también en el acto la naturaleza inadecuada de nuestro conocimiento, y de las instituciones como la universidad y nuestra formación disciplinaria dentro de ella, y por tanto la necesidad cada vez más apremiante de orientarnos en la dirección de un orden social más democrático e igualitario. ¿Otra utopía? Sí, pero una utopía que esta vez hacemos nosotros mismos, pedazo por pedazo, en nuestro trabajo cotidiano y modesto

8

Sobre la supuesta modernidad del *Apologético* de Juan de Espinosa Medrano

(1995)

COMO SE SABE, LA modernidad involucra una autonomización de la esfera estética. La formulación clásica de esta idea se debe a Weber, pero su fundación filosófica se encuentra ya a finales de la Ilustración, en la *Crítica del Juicio* de Kant. Paradójicamente, sin embargo, esta autonomización de la esfera estética es también un elemento clave en el barroco más de un siglo antes. ¿Es el barroco entonces una forma de modernidad? ¿Una modernidad propiamente hispánica y latinoamericana? ¿Una modernidad *obsoleta,* quizás?

Roberto González Echevarría responde esencialmente que sí. Su nuevo libro, *Celestina's Brood,* tiene como tema principal "the Baroque as the expression of the modern" (el barroco como expresión de lo moderno).[1] Esta idea se debe inicialmente a Spengler en *El ocaso de occidente,* donde se desarrolla en relación a una crítica del historicismo liberal (el historicismo liberal involucró un concepto negativo del barroco como la forma cultural asociada con la Contrarreforma-el caso español más relevante sería quizás el de Antonio Machado). Pero para González Echevarría, siguiendo en esto las pautas de su amigo Severo Sarduy, se trata no sólo de una evaluación de la naturaleza

---

1. Roberto González Echevarría. *Celestina's Brood: Continuities of the Baroque in Spanish and Latin American Literature* (Durham, NC: Duke University Press, 1993), 4.

exacta del barroco en su contexto y función histórica, sino también de su reactualización como un modelo hermeneútico en el presente cultural latinoamericano. Entre otras cosas *Celestina's Brood* reproduce la versión en inglés del ensayo de González Echevarría sobre Espinosa Medrano y su *Apologético*, "Poetics and Modernity in Juan de Espinosa Medrano, Known as *Lunarejo*". Lo que pretendo ofrecer aquí es un comentario de este ensayo.

El *Apologético* se publica por primera vez en 1662 como una respuesta al ataque contra la poesía de Góngora lanzada más o menos treinta años antes, en España, por el letrado portugués Manuel de Faría y Sousa. La esencia de la crítica de Faría era que la poesía de Góngora carecía de un "Misterio científico", plenamente evidente, por contraste, en la obra del poeta nacional portugués Camoens. De ahí que Faría insiste (en los fragmentos que escoge Espinosa en *el Apologético)* que no se puede medir Góngora con Camoens "en esto que se llama espíritu poético científico ejecutado en obras artificiosas y profundas, con medio, principio y fin (202); o que Góngora es "casi invencible en muchas cosas, a lo menos en las burlas... porque ésas no constan de ciencia, sino de ingenio y genio para ellas" (104); o que los seguidores de Góngora "razonables jamás serán en las orejas cuerdas y judiciosas científicas"(71)[2].

Espinosa responde esencialmente que no es la función de la poesía constituir una "ciencia" o cuerpo de doctrina, y (como subraya González Echevarría), hace una distinción de índole nominalista entre la escritura sagrada ("la revelada y teológica"), que por cierto "está empozando misterios" y "la escritura humana y poesía secular" (25). En una de las secciones más largas del *Apologético* se burla precisamente de los esfuerzos de Faría de dar interpretaciones alegórico-científicas a los versos de Camoens. Los que conocen el texto recordarán, en particular, la hilarante discusión en la sección décima de la hipótesis etimológica de Faría de que la letra griega Theta se relaciona con la forma de la teta de una mujer (94–95).

Para Espinosa, Góngora no tiene nada que ver con la poética escolástica de un *arte docente*. Faría y su "misterio científico" pertenecen con "nuestros teólogos modernos que en pendencias o impugnaciones de ajenos descuidos nos gastan el papel, el tiempo y la vida, sin acordarse de que mientras pelean

---

2. Con las excepciones indicadas más adelante, todas las citas aquí del *Apologético* son de la edición de Augusto Tamayo Vargas, Juan de Espinosa Medrano, *Apologético* (Caracas: Biblioteca Ayacucho, 1982).

no nos han enseñado ni un átomo de la verdad ni dejándonos a la paciencia un átomo" (108). Lo que cuenta en la poesía es su *dispositio* lingüístico-formal, no su *materia*: "Las palabras son las que divinizan y prestan eficacia a la materia". Espinosa se esfuerza en el *Apologético* en entender más el uso del hipérbaton u otras innovaciones sintácticas o métricas en Góngora que sus metáforas o neologismos. Esta posición, que anticipa la doctrina de los formalistas rusos en este siglo sobre la necesidad de "dificultar" el lenguaje poético, no es nueva en Espinosa y la originalidad del *Apologético* no consiste en esto. Espinosa está retomando un argumento desarrollado por los llamados *defensores* de Góngora en el debate metropolitano sobre las *Soledades* unas décadas anteriores al *Apologético,* incluyendo al propio Góngora en su "Carta en respuesta". Éstos, como Andrée Collard señaló en lo que es todavía la mejor visión del conjunto de este debate, solían oponer una defensa del *poeta-artífice* (y del lector culto como *conocedor* especial) a la idea más tradicional de *poeta-vates* —es decir, el poeta como revelador de verdades naturales y/o morales.[3]

Fue Gracián en su *Arte de agudeza y ingenio* quien dio a este argumento más o menos pragmático y *ad hoc* de los *defensores* una elaboración teórica que anticipa en sus detalles principales la distinción hecha por Kant en su *Crítica del juicio* entre juicio teleológico y juicio estético —es decir, la base teórica del formalismo estético. Por contraste: el criterio de *decoro* que subyace en la crítica de Góngora por Faría y los *detractores* depende de una noción fija de la relación entre materia de imitación y estilo y forma de imitación. El error de Góngora, según ellos, no era haber escrito una poesía oscura en sí; era haber dado una estilización demasiado culta a materiales "humildes"—es decir, a tópicos bucólicos o líricos. Para Espinosa, por contraste, no hay el peligro de una contradicción entre lenguaje y referente, religión e "ingenio" (estético-literario), porque la categoría de lo divino es lo que garantiza en última instancia la capacidad de significación de cualquier acto de lenguaje genuinamente poético, aun el más inventivo o "bizarro" (y viceversa).[4]

---

3. Andrée Collard, *Nueva poesía: Conceptismo, culteranismo en la crítica española* (Madrid: Editorial Castalia, 1967).

4. En la "lingüística cartesiana" del siglo XVII (Chomsky) la idea de dios como garantizador del orden del lenguaje se desprende de la noción de una relación prefijada entre *res* y *verba* hacia la idea del orden abstracto de la estructura del lenguaje mismo, su-en apariencia infinita- capacidad generativa para producir nuevas significaciones y frases sin transgredir sus principios de organización. Uno

La característica formal más notable del *Apologético* es que reproduce en cursivas, generalmente antes del comentario de Espinosa en cada "sección", párrafos extensos del texto original de Faría. El mismo Espinosa explica su procedimiento de esta manera: "Propóndranse primero sus palabras y responderá luego el *Apologético*" (23). Es, sin duda, una ironía de la historia que conocemos el argumento Faría, que en *el Apologético* tiene la función de encarnar la autoridad y primacía de la cultura metropolitana, principalmente a través de su incorporación en un texto colonial, particularmente cuando se puede conjeturar que la razón de este procedimiento se debe en parte al hecho de que el público virreinal al que estaba destinado el *Apologético* difícilmente tendría acceso directo al original. Pero el procedimiento conlleva también una problemática ideológica. Mabel Moraña explica que:

> Textos como la "Carta Atenagórica" de Sor Juana Inés de la Cruz o el *Apologético en favor de don Luis de Góngora* de Espinosa utilizan *pretextos* que remiten a modelos canónicos— cuerpos de doctrina o preceptiva estética como punto de partida para la afirmación de una identidad intelectual criolla....El elemento de retardo o retraso con que el texto criollo inicia o se incorpora a una determinada polémica sirve para dramatizar la distancia entre el ámbito colonial y la metrópolis, entre el Yo que pugna por autodefinirse y el Otro que se ubica en el núcleo de los discursos dominantes.[5]

Este hecho se entronca con uno de los *leitmotivs* del *Apologético,* que es la distancia en el tiempo y en el espacio que separa a Espinosa de Faría, y el Perú de España. Recordemos, por ejemplo, la auto-justificación que ofrece Espinosa en su prefacio: "Tarde parece que salgo a esta empresa: pero vivimos muy lejos los criollos, y si no traen las alas del interés, perezosamente nos visitan

---

tiene a veces la sensación de que para Gracián es precisamente en la "agudeza" literaria que la inteligencia humana se aproxima más a lo divino. Espinosa es más convencional en su articulación del principio de la autorreferencialidad del lenguaje, pero sigue esencialmente la misma lógica en el *Apologético,* por ejemplo, en su discusión de la diferencia entre letras "profanas" y "sagradas".

5. Mabel Moraña, "Apologías y defensas: discursos de la marginalidad en el Barroco hispanoamericano", en *Relecturas del Barroco de Indias* (Hanover: Ediciones del Norte, 1994), 40–41.

las cosas de España; además que cuando don Manuel pronunció su censura, Góngora era muerto y yo no había nacido" (167).

O sus palabras en la Dedicatoria, dirigidas desde Cusco al entonces Conde-Duque de Olivares, don Luis Méndez de Haro, en España:

> A los príncipes grandes suelen presentarse las aves peregrinas, los pájaros que crió región remota. Una pluma del orbe indiano se abate a los pies de vuestra excelencia no de vuelo tan humilde...[L]e deseamos eternizados los que en tan remoto hemisferio vivimos distantes del corazón de la monarquía, poco alentados del calor preciso con que viven las letras, y se animan los ingenios, contentándonos con saludarle siquiera con los efectos. (15–16)

En particular, no hay trabajo sobre el *Apologético* que no haga mención especial de la pregunta con la cual Espinosa concluye su Introducción:

> Ocios son éstos que me permiten estudios más severos: *pero ¿qué puede haber bueno en las Indias? ¿Qué puede haber que contente a los europeos, que desta suerte dudan? Sátiros nos juzgan, tritones nos presumen, que brutos de alma, en vano se alientan a desmentirnos máscaras de humanidad? Perdono lo que me cabe*; no me atrevo al desengaño; embargo sí las estimaciones; harto es, que hablemos; mucho valdría Papagayo, que tanto parlase; pero sucédenos lo que al de Augusto César, *Oleum et operam perdidi*. Dios te guarde, etc. (17)

González Echevarría nos recuerda que la parte indicada en cursivas de este pasaje —hasta "Perdono lo que me cabe"— desaparece en la segunda edición del *Apologético* de 1694. Es, según él, una censura o auto censura sintomática, porque las frases excluidas expresan agudamente y sin el disimulo de la Dedicatoria el resentimiento del criollo hacia lo español. (Es también una censura ilógica, porque la frase es necesaria para dar fuerza irónica a la referencia siguiente "harto es, que hablemos" y a la imagen del papagayo).

Es interesante observar en este sentido que la edición de 1694 fue precisamente la versión del *Apologético* que conocieron Dámaso Alonso y la Generación del 27 en España, a través de su transcripción por Ventura García Calderón en el *Bulletin hispanique* de 1925. Difícilmente la versión original concuerda con la idea de Alonso de que Espinosa era un precursor de su propia doctrina del "puro placer de formas". La defensa de Góngora en el *Apologético* es de hecho formalista; pero es un formalismo que está conectado con una defensa y autopromoción criolla de lo americano o "austral" ante lo español. Aunque Espinosa evidentemente quiere desconectar la validación de la metáfora y sintaxis gongorinas de la *doctrina,* siguiendo la misma lógica que la distinción entre *agudeza de artificio y agudeza de perspicacia* en Gracián, su finalidad no es tanto desconectar lo estético como tal de lo ideológico, sino en cierto sentido *fundar lo ideológico* (una conciencia criolla naciente) *en lo estético.* Estamos presenciando aquí, en otras palabras, el nacimiento epistemológico de la "ciudad letrada".

Volveré a este tema, pero por el momento quiero introducir un problema en apariencia puramente filológico: la versión del pasaje del Papagayo que ofrece Tamayo Vargas en su edición del *Apologético* para la Biblioteca Ayacucho —que es la que acabo de citar— es distinta de la que reproduce González Echevarría en *Celestina's Brood,* supuestamente basándose en una copia del original de 1662 en la biblioteca de Yale. Por ejemplo, donde Tamayo tiene "tritones nos presumen", González Echevarría transcribe "Tritones nos perfumen" (nos parece una ingeniosa, aunque inconsciente, transposición sinestética, quizás sugerida por la 'S' larga de los manuscritos barrocos), e inserta un punto y coma después de "brutos de alma". He aquí la frase entera en las dos versiones:

Sátiros nos juzgan, tritones nos presumen, que brutos de alma, en vano se alientan a desmentirnos máscaras de humanidad. (Tamayo Vargas)

Satyros nos juzgan, Tritones nos perfumen, que brutos de alma; en vano se alientan a desmentirnos máscaras de humanidad. (González Echevarría)

Siguiendo la lógica de su transcripción, González Echevarría traduce la frase al inglés así: "They take us for Satyrs, perfumed by Tritons, with the souls of brutes. Vainly do our human masks attempt to prove them wrong" (156). Mi traducción, siguiendo la versión de Tamayo, sería por contraste: "They take us for Satyrs, they presume us to be Tritons, with the souls of beasts, vainly they attempt to deny us masks of humanity".[6]

Tanto Tamayo como González Echevarría coinciden en "en vano se alientan a desmentirnos máscaras de humanidad". Pero, para justificar la

---

6. No está claro si "brutos de alma" se refiere a los españoles que "brutos de alma" desmienten la humanidad de los indianos, o a los indianos que —según los españoles— carecen de humanidad por ser "brutos de alma".

interpretación que da el segundo a la frase entera, tendría que ser (creo) "en vano se alientan a desmentirnos (nuestras) máscaras de humanidad.

Hay muchos problemas aquí, y no pretendo poder solucionarlos. Por el momento la diferencia entre las dos versiones puede servir simplemente para indicar que, para Espinosa, la humanidad es, en cierto sentido, una máscara: algo que los indianos poseen tanto que los españoles. La máscara es precisamente, y de ahí su conexión con el argumento central del *Apologético*, la posibilidad de escribir, de producir literatura, de aceder a una originalidad de expresión ("mucho valdría Papagayo, que tanto parlase"). "Máscaras de humanidad", en otras palabras, es en sí un concepto o "agudeza de artificio", homologable a la vez con la elaboración retórica de la misma frase que lo contiene, con el nominalismo radical de la defensa formalista de la literatura que hace Espinosa, y con la iconografía europea de un "otro" americano o subhumano.[7]

El tema central del ensayo de González Echevarría es cómo Espinosa crea el efecto en el *Apologético* una proto identidad americana cuya base es cierta visión y práctica de la literatura culta: de ahí que el texto es para él "a *self-portrait in a convex mirror*" (169). No es de sorprender, entonces, que es en una cuestión puramente formal, la discusión que Espinosa hace en la Sección XI del *Apologético* de la distinción entre la épica y lírica, donde podemos localizar un ejemplo clave de este criollismo o americanismo literario originario.[8] En esta sección, Espinosa rechaza la comparación de Camoens y

---

7. "It is remarkable that Espinosa Medrano should say 'máscaras de humanidad' instead of the more natural 'máscaras humanas'. What this means, with the Sublime Doctor's scholastic precision, is that they are masks feigning what could be at best an attribute, not even disguises of an essence... The historical background of the image is vast, because it refers to the first descriptions of the American natives contained in the chronicles of the discovery and conquest of the New World and to the debates concerning natural man. *Lunarejo* identifies himself here with the most polemical object created by the European gaze, a fabulous being, divided by his twin animal and human nature" (González Echevarría, 156–157).

8. No se trata, por supuesto, de un nacionalismo decimonónico que hace equivalente identidad cultural y territorio geográfico, nación y estado —la *imagined community* de Benedict Anderson o la *foundational fiction* de Doris Sommer. A pesar de que son equiparados generalmente, no creo que los términos "criollo" y "proto-nacional" designan siempre la misma cosa, entre otras razones porque

Góngora hecha por Faría, diciendo que se trata de una comparación entre cosas. "disímiles" por ser Camões poeta épico y Góngora lírico: "la disparidad está en los asuntos, no en los ingenios ni en los talentos; pues con eso sólo prueba que la tropea no se compara con la lira; no que el clarinero sea más diestro que el citarista" (103).

El argumento es demasiado forzado, y delata un elemento del inconsciente político de la cultural virreinal. Como he sugerido anteriormente,[9] lo que es notable en la literatura producida en las colonias hacia la segunda mitad del siglo XVII es la creciente preponderancia de poesía cortesana y festiva (y de poesía religiosa no narrativa) sobre la épica, género fundamental por contraste en el siglo XVI.

Es entonces en relación a la necesidad de encontrar una nueva forma de legitimación que surge y se oficializa la heterodoxia que proponía la nueva poética gongorina que defiende Espinosa en el *Apologético* y reproduce en su propia retórica. En este contexto, la secundariedad de la situación del letrado colonial viene a ser una especie de ventaja. Góngora funciona en el *Apologético* como representante de la autoridad de la cultura metropolitana, pero también como un escritor impugnado en la metrópolis y (mejor) defendido por un letrado criollo. En este caso, es el acto de recepción literaria que cuenta más, o a la par que, el acto de producción. Como Segismundo ante su padre en *La vida es sueño,* en el contraste entre su discurso y el de Faría Espinosa se representa a sí mismo como —más bien valdría decir pone la máscara— de la figura de la modernidad en la *querella entre modernos y antiguos.* La luna —el "lunajero" (su deformidad física), el letrado colonial en su relación secundaria

---

proto-nacional implica una teleología histórica —la formación de estados independientes, etc.— que no está necesariamente implícita en la oposición criollo-español, o porque hay formas posibles —¿necesarias o deseables?— de lo nacional que no son propiamente criollos. Espinosa parece estar consciente, por otra parte, de la idea del escritor como expresión de un "genio" nacional: por ejemplo, en esta cita que hace en el *Apologético* de Gracián: "Tampoco es de perder otro elogio que le da (Gracián a Góngora) cuando trata de la sublimidad en que cada poeta exaltó su idioma por las naciones diciendo: *Tomé los ejemplos de la lengua en que los hallé, que si la latina blasona al relevante Floro, también la italiana al valiente Tasso, la española al culto Góngora y la portuguesa al afectuoso Camoens*" (108).

9. En mi ensayo "Barroco de estado", incluido en esta colección.

y dependiente, el papagayo (animal esencialmente americano e imitativo)—brilla más que el sol (metropolitano) porque es el signo del sol, signo que en sí mismo carece de luminosidad.[10] Pero esta carencia de esencia constituye precisamente su superioridad y "modernidad", porque representa el predominio de una práctica de significación sobre el mundo natural directo, las palabras sobre las cosas, la literatura sobre la escolástica. Es una variante de lo que Nelly Richard ha llamado, en un contexto posmodernista, la "revancha de la copia".

La persistencia del barroco como significante cultural en España y América Latina —los ensayos de *Celestina's Brood* cubren un espectro que va desde el renacimiento peninsular hasta Sarduy— se debe por contraste, a que las culturas hispánica e hispanoamericana tienen una relación periférica con el "gran relato" de la modernidad. Pero el afán de hacer al barroco a la vez un símbolo y una práctica de una originalidad "americana" perpetuamente renovada borra las condiciones precisas de su instalación y desarrollo en América. Como hemos señalado varias veces ya en el curso de nuestro argumento, la literatura latinoamericana desde el liberalismo ilustrado criollo de finales del siglo XVIII hasta la vanguardia se desarrolla por lo general en una serie de direcciones conscientemente *contrarias* al barroco, en parte a causa de la influencia de las poéticas neoclásicas en formar la modernidad literaria. Por contraste, la revalorización del barroco que comienza en América Latina con la crítica relacionada con la vanguardia en los años 20 y 30 —por ejemplo, en el primer Borges o Carpentier— se hace precisamente en contexto de la crisis ideológica e institucional del proyecto liberal decimonónico.[11]

---

10. "But the game of associations culminates with the comparison between Góngora and the moon, which establishes a comico-metaphoric connection between the Cordobesan poet and the *Indianos*... The moon is the heavenly body known for its reflected light, for its secondariness, like silver in relation to gold, like baroque conceits, dependent on the blinding glare of tradition. *Lunarejo* inscribes himself as emblem at the beginning of his own text through his nickname, a sign that sets him, as an enigmatic filigree, in the very foundations of his own art. A true *self*-portrait in a convex mirror" (González Echevarría 169).

11. Creo que se podría estudiar la persistencia de una idealización del barroco en la crítica cubana en particular evidente en el argumento de González Echevarría (y Carpentier, Lezama Lima, Sarduy, etc.) a las consecuencias culturales de la frustración del proyecto liberal-nacional en Cuba en el siglo XIX, según el modelo de este atolladero que ofrece el historiador Manuel Moreno Fraginals en su magistral estudio *El Ingenio,* pero esto sería materia para otra discusión.

Sin embargo, si no se trata de la modernidad en su aceptación usual, weberiana, es también necesario reconocer *cierta* modernidad en el barroco. ¿Qué podía haber sido una poesía "científica" —en el sentido que entendía Faría esa palabra— en una época— el fin del siglo XVII —en que los letrados virreinales estaban perfectamente conscientes de la astronomía de Copérnico o la filosofía de Descartes? ¿Una *miscelánea* en interminables octavas reales de "conocimientos" escolásticos y pseudoetimologías, elaborada de acuerdo con las limitaciones impuestas a la investigación y a la libertad de expresión por la Inquisición y las autoridades coloniales? ¿O la escritura flexible, sofisticada, abierta a múltiples posibilidades hermenéuticas del *Primer sueño* de Sor Juana, elaborado a base de las innovaciones propuestas por el gongorismo? Vincente Gaos escribe, no sin razón, que "La poesía de Góngora es constitutivamente atea, en efecto."[12] Su función como *period concepts* sucesivos en la historia de la modernidad esconde la continuidad que existe entre el barroco y la Ilustración: como sugiere la observación de Gaos, el germen del racionalismo deísta y del materialismo de la Ilustración ya está dentro del barroco. En la cultura colonial, la ligazón concreta está dada por esas figuras ubicadas entre los dos períodos (y entre la ciencia y las letras y lo americano y lo metropolitano) como Espinosa Medrana, Sor Juana, Sigüenza y Góngora, o, ya en pleno siglo XVIII, Landívar.[13]

Pero, como reconoce González Echevarría, la modernidad de un texto como el *Apologético* es una modernidad abigarrada.[14] Es importante resaltar

---

12. Vincente Gaos, *Temas y problemas de la literatura española* (Madrid: Guadarrama, 1959), p. 150.
13. En su tesis doctoral sobre *Rusticatio Mexicana* de Landívar y el discurso letrado criollo emergente en Nueva España en el siglo XVIII (University of Pittsburgh, Department of Hispanic Language and Literatures, 1995), Antony Higgins traza la genealogía de esta posición, cuestionando en el proceso la validez de la dicotomía conceptual barroco/Ilustración para entender la práctica de los letrados criollos. Para pensar las relaciones entre la escritura barroca y las nuevas formas de racionalismo científico, es sugerente el argumento de Gilles Delueze en *Le Pli: Leibnitz et le baroque* (París: Éditions de Minuit, 1988).
14. "The modernity of *Lunarejo's* poetics is that combination of resentment, alienation, and self-acceptance as a being that, if it is true enjoys the status of the new, suffers a congenital belatedness that condemns him to an anxious rummaging through the given in search for that which shapes him, for the source of the strangeness that he is and embodies" (González Echevarría 169).

en este sentido algo que González Echevarría no menciona: el argumento de Espinosa marca una protoidentidad "nuestra" americana o criolla *no sólo* ante lo español o europeo. Para Weber, la burocracia estatal con su propia racionalidad es lo que aparece con el deterioro de la autoridad carismática tradicional. La modernidad implica entonces un desencanto *necesario* —el reconocimiento de que el mundo ha perdido su carácter mágico o aurático— y un sometimiento a un nuevo principio de autoridad. La literatura secularizada no sólo representa a ese mundo desencantado o "sin techo" (para recordar la imagen de Lukács en *Teoría de la novela*), sino también es, en cierto sentido, productora del desencanto. Ofrece la posibilidad de articular formas narrativas y/o poéticas desvinculadas de la religión, de la "doctrina", o de la moral—posibilidad, además, que a través de la nueva pedagogía desarrollada por los humanistas (y domesticada en España y la colonia por los jesuitas) tenía amplias repercusiones concretas en la formación de las élites virreinales.

Para un clérigo y letrado andino como Espinosa Medrano, ¿qué podía haber sido concretamente el mundo mágico-aurático en vísperas de ser desplazado por la modernidad? Contra la lógica de la tesis de Weber que equipara, en el contexto específico de la transición entre el feudalismo y el capitalismo en Europa, modernidad capitalista y protestantismo, evidentemente *no* la religión católica. En el contexto colonial, el catolicismo representaba (o más bien se representaba como) *una forma de modernidad* frente a las culturas precolombinas, vistas como bárbaras, paganas, idólatras, o de "vieja" religión. ¿Pero si no el catolicismo, qué? Precisamente las culturas y prácticas religiosas del sujeto que viene a ser el otro del yo criollo de Espinosa: es decir, el indígena, el otro del otro.[15]

---

15. El antropólogo Michael Taussing explica esta paradoja en un pasaje que entronca directamente con los contextos vitales andinos en que funcionaba Espinosa Medrano en su época:

> The Christian Fathers in the Andes had the supremely difficult task of supplanting pagan views of nature with Church-derived doctrine. They had to effect a revolution in the moral basis of cognition itself... A new semiotic had to be written, as large and as all-encompassing as the universe itself... The Christian Fathers sought to demonstrate to the Indians that phenomena could not be gods because of their regularity... A conception of a self-organized system of mutually supportive things was transformed into a conception of a different sort of organic unity that was dominated and orchestrated by a single leader, God—the celestial engineer, the unmoved mover. Christianity

Esta paradoja nos ayuda a entender un aspecto de la compleja relación de Espinosa con su propio origen (se supone que sus padres —o por lo menos uno de ellos— eran indígenas). Sabemos que Espinosa traduce a Virgilio al quechua y que introduce temas y personajes andinos en sus obras de teatro. En mi opinión, no se trata en estos casos de una infiltración o subversión de códigos coloniales por un sustrato indígena, como supone la interesante lectura que hace del teatro de Espinosa, Raquel Chang Rodríguez.[16] Al contrario: el modelo de literatura que ofrece Góngora es, para Espinosa, precisamente una práctica cultural capaz de *desplazar* los elementos de una cosmovisión indígena y las formas sociales estructuradas alrededor de ella. Lo que Espinosa intenta crear en su traducción de Virgilio es la posibilidad de una modernidad (literaria) *en quechua,* pero esto no es lo mismo que reivindicar la autoridad de la cultura indígena previa a la Conquista (y todavía presente en el siglo XVII como sitio de resistencia o de articulaciones contra-hegemónicas).[17]

---

sought to supplant the system of mutually conditioning parts with one that wrote the master-slave relationship into nature... Such a substitution called for a radically new logic, a different notion of the relation between part and whole.

Michael Taussig. *The Devil and Commodity Fetishism in South America* (Chapel Hill: University of North Carolina Press, 1980), 174-175. En otras palabras, la conquista y el sometimiento de la población indígena se justificaba (se justifica aún) por introducir una posición históricamente más "avanzada" en el continente. Para sus ideólogos, el imperio español representaba —en principio— el "fin de la historia" en el mismo sentido que el capitalismo neoliberal para un pensador como Fukuyama hoy.

16. Raquel Chang Rodríguez, "La subversión del Barroco en *Amar su propia muerte* de Juan de Espinosa Medrano", en *Relecturas del Barroco de Indias:* 117–147.

17. En este sentido, la posición de Espinosa ante el problema de la relación entre literatura y cultura indígena difiere radicalmente de la del letrado criollo mexicano Juan José Eguiara y Eguren en su *Biblioteca mexicana* (1755). Como resalta Higgins en el estudio mencionado anteriormente, Eguiara se esfuerza para recuperar residuos de lo que él considera una literatura indígena anterior a la Conquista —es decir, reconoce a textos o fragmentos de textos indígenas *como literatura.* Espinosa, por contraste pretende introducir en un idioma indígena un modelo de literatura que hereda de la práctica europea del renacimiento y el barroco, suponiendo que el mundo indígena carece de esta posibilidad dentro de sí.

El hecho de que Espinosa haga una defensa de lo americano contra la imputación de ser bárbaro o inculto no quiere decir que el *Apologético* no lleva tácitamente dentro de sí su propia versión de la oposición civilización/barbarie. Si el criollo, a pesar de los prejuicios metropolitanos no es "tritón" o "sátiro", sí tiene pleno derecho a esa "máscara de humanidad" que en cierto sentido viene a ser la práctica de la literatura como tal, lo bárbaro, por contraste, es precisamente lo que no puede ser "inscrito" en el texto: lo pre-literario y por lo tanto irrepresentable.

Hay un pasaje clave en el *Apologético* donde podemos vislumbrar esta ausencia estructuradora. Faría había repetido en sus ataques el juicio de Francisco Cascales, el más importante de los detractores, de que Góngora era "Mahoma de la poesía española", no sólo por su descuido de las supuestas leyes de decoro poético sino por la "infición" de esta heterodoxia poética en otros escritores. Espinosa responde:

> Si a Mahoma sigue la mayor parte del mundo y no califica su pestífero dogma el innumerable séquito de tanta muchedumbre, sepa Faría que no supo lo que se dijo: que a Mahoma por la largura del apetito y por lo licencioso de la sensualidad bestial, le siguen hombres ignorantes, brutos, ciegos, bárbaros, selváticos y bestiales; pero a Góngora, que no escribió para todos [Espinosa está aludiendo a la frase de la "Carta en respuesta" de Góngora, donde el poeta cordobés dice que escribe "no para los muchos"], penétranle los discretos, sondéanle los eruditos y apláudenle los doctos. Pues de aclamar bárbaros y de clasificar doctos, véase la diferencia que hay. (70–71)

Creo que no puede haber duda, en un contexto andino y americano, sobre quienes eran esos hombres bárbaros y selváticos.[18] Lo que sí es nuevo aquí es que la oposición civilización/barbarie se ha desplazado de una distinción

---

18. En otro lugar del *Apologético,* defendiendo contra la acusación de que la poesía de Góngora mostraba demasiado atrevimiento, Espinosa hace una conexión directa entre el gongorismo como práctica literaria y la Conquista: "Atrevimiento fue prender el famoso Cortés al emperador Moctezuma dentro de su corte misma ceñido de innumerables bárbaros, pero fue audacia loable. Atrevimiento fue conquistar Góngora frasis nuevas, períodos exquisitos, metáforas peregrinas; pero fue insigne atrevimiento, que no hubiera admirado el mundo hazañas grandes, a no haberse usado gigantes osadías" (68).

racial (europeo/indígena) a una cultural (docto/ignorante), equivalente en esencia a la distinción en el *Apologético* que opone a Góngora y sus detractores, como Faría. No estoy capacitado para entrar en la discusión sobre la supuesta procedencia indígena de Espinosa; quiero recordar solamente la anécdota que recoge Tamayo al respecto en su edición del *Apologético:*

> En 1658 [Espinosa es] Cura Párroco de la Catedral de Cusco, donde pronuncia magníficas creaciones sagradas llenas de penetrante sutileza, de conceptos aristotélicos, de castizos giros adornados de citas mitológicas y bíblicas y de constantes tropos... La multitud se entusiasmaba ante su palabra y llenaba el templo hasta el atrio. La leyenda pinta a esa muchedumbre agolpada abriendo paso a la menuda indiecita que el orador sagrado dice que es su madre... Bien puede no ser la madre de Espinosa Medrana, pero representa a las mujeres aborígenes y el culto interno que el escritor les profesa le hace rendir tributo público a aquélla en medio del suntuoso decorado del templo cusqueño. Un cuadro barroco en la arquitectura, el ornamento, la palabra del orador sagrado, cargada de figuras de pensamiento y literarias, pero también la contrastada imagen de fieles castellanos y mestizos abriendo fila en excepcional rendimiento a la anciana india que avanza hasta el pie del prolijamente elaborado púlpito. (xxxi-xxxii)

Para Tamayo, este "cuadro barroco" es una representación unitaria de la heterogeneidad contradictoria y dispersa de las sociedades andinas y latinoamericanas. Es decir, es una forma cultural adecuada a esa heterogeneidad. Pero la voluntad de estilo que su descripción involucra delata también el problema que he tratado de bosquejar aquí: la idealización de la práctica de la literatura, tanto en Espinosa como en su imagen especular en Tamayo o González Echevarría, construye una identidad (precaria) criolla o criolla-mestiza no sólo ante la anterioridad/autoridad de la cultura peninsular o europea, estratagema que se prestara entonces a una refuncionalización del canon literario (y del mismo *Apologético*) como registro de posibilidades de esa identidad. También establece esa identidad en una relación diferencial —lo que Hernán Vidal ha llamado "una comunidad lingüística diferenciadora"— con un sujeto social subalterno indígena: subalterno precisamente por su falta de acceso a/o supuesta incapacidad para la literatura culta, la cual, sin embargo, pretende "representar" o "hablar por" ese sujeto adecuadamente.

Prefiero entonces leer la leyenda de la madre de Espinosa Medrana como la historia de una traición. En *Celestina's Brood* González Echevarría pretende establecer una *continuidad* entre la situación de Espinosa y la nuestra. Quiero terminar por contraste con unas palabras de Guillermo Mariaca sobre el impase en que se encuentra la crítica literaria latinoamericana actual, impase formado por la creencia en una modernidad que, como Godot, nunca llega plenamente, junto con la creencia en la necesidad de suprimir otras posibilidades mientras esperamos su llegada. Dice Mariaca:

> Nuestra crítica literaria demuestra en su propio ejercicio...que pretende nada menos que la transformación de los aparatos culturales que regulan la representación del sujeto social latinoamericano. La seducción de la modernidad ha tenido siempre, por tanto, un límite claro: la necesitamos para hablar pero la ignoramos para inventarnos.[19]

---

19. Guillermo Mariaca, *El poder de la palabra* (La Habana: Casa de las Américas, 1993), 81.

9

Post-literatura: Sujeto subalterno e impase de las humanidades (sobre dos textos andinos de la rebelión tupamarista)

(1993/1996)

Hace unos años, la nueva derecha norteamericana hizo del testimonio *Me llamo Rigoberta Menchú*, o más exactamente de su versión en inglés, *I, Rigoberta Menchú. An Indian Woman in Guatemala*, uno de los blancos de su ataque contra el multiculturalismo y lo que se llamaba, en una especie de macarthyismo a la inversa, *"political correctness"* (el concepto se refiere a la nueva ortodoxia supuestamente impuesta en la universidad por profesores marxistas y feministas, la crítica anti-colonialista y antirracista, la desconstrucción, etc.) El texto fue seleccionado por la prestigiosa universidad de Stanford para uno de los cursos que los subgraduados de esa universidad podrían escoger para cumplir con el requisito de *Western Culture* (cultura occidental), después de un debate en que intervino, en contra de la decisión mayoritaria de la facultad, el entonces secretario de educación de la administración Reagan, William Bennett. Un ideólogo neoconservador, Dinesh D'Souza, denunció la decisión en un best-seller, *Illiberal Education* —educación iliberal— y de allí, el tópico de Rigoberta Menchú y su testimonio se generalizó en la prensa capitalina norteamericana, apareciendo en, entre otros lugares, el *Wall Street Journal, Business Week,* y *Newsweek,* generalmente en una forma bastante distorsionada. Esta campaña, paradójicamente, incrementó el valor internacional de la figura de Menchú como significante cultural; conduciendo en parte a su nombramiento como premio Nobel de la Paz en 1992.¹

Se trata de la relación de varias cosas en el ataque lanzado por la derecha contra el programa de Stanford: primero, el proyecto de reorganizar, administrar y disciplinar un nuevo sujeto subalterno internacional impuesta por la actual globalización del capital, proyecto representado entre otras cosas por el concepto del Nuevo Orden Mundial o las operaciones del Fondo Monetario Internacional; segundo, el rol clave de la universidad en este proyecto; tercero, el reconocimiento que en la universidad norteamericana, por lo menos en las humanidades y algunas de las ciencias sociales, la llamada "generación de los sesenta" goza, si no de hegemonía, por lo menos de una influencia inusitada en un momento en que a otros niveles la izquierda está en franca derrota o desprestigio (universidades como Stanford son precisamente los lugares donde la élite norteamericana e internacional acostumbra mandar a sus hijos); cuarto, el reto que la evidente incomprensión de grupos sociales subalternos por los sistemas cognoscitivos e historicistas dominantes en el pensamiento académico (el marxismo entre ellos) ofrece a la actividad científica y pedagógica de la universidad; quinto, el problema de la desterritorialización (sobre todo la nueva permeabilidad de fronteras), y de sus consecuencias demográficas, políticas, lingüísticas y culturales; sexto, el desplazamiento en las humanidades del programa de estudios basado en el canon de las literaturas nacionales por cursos sobre cine y cultura popular, nuevos entrecruces entre humanidades y ciencias sociales como la antropología cultural norteamericana o el trabajo colectivo del Grupo de Estudios Subalternos de la India: en breve, todo lo que se entiende bajo la nueva rúbrica de estudios culturales.

Dada la ansiedad que los defensores del programa de estudios literarios tradicionales sienten ante la diseminación de un texto como *Me llamo Rigoberta Menchu,* no debe sorprendernos mucho que su narradora se declare ella misma en efecto posmodernista y practicante del que se solía llamar en la época del auge del althusserianismo un "anti-humanismo teórico". Dice Menchú: "Ya sea por las religiones, ya sea por las reparticiones de tierra, ya

---

1. Sobre el debate de Stanford, véase Mary Lousie Pratt, "Humanities for the Future: Reflections on the Western Culture Debate at Stanford", en Darryl Gluss y Barbara Hernstein Smith, eds. *The Politics of Liberal Education* (Durham, NC: Duke University Press, 1992).

sea por las escuelas, ya sea por medio de libros, ya sea por medio de rodeos, *de cosas modernas,* nos han querido meter otras cosas y quitar lo nuestro.²

Su testimonio, quizás el texto literario más interesante producido en América Latina en la década de los ochenta, sin embargo comienza estratégicamente con una denuncia no sólo de la cultura del libro sino del sujeto individual interpelado por ella: "Me llamo Rigoberta Menchú. Tengo veintitrés años. Quisiera dar este testimonio vivo que no he aprendido en un libro y que tampoco he aprendido sola ya que todo esto lo he aprendido con mi pueblo" (30).

Contiene una serie de pasajes, como el que acabo de citar, que problematizan explícitamente el sistema de educación estatal en Guatemala y el alfabetismo como formas de penetración cultural. Y termina con un nuevo rechazo a intelectuales y libros: "Sigo ocultando lo que yo considero que nadie lo sabe, ni siquiera un antropólogo, ni un intelectual, por más que tenga muchos libros, no saben distinguir nuestros secretos."

La genealogía de esta posición remite por un lado a un hecho contemporáneo: la complicidad de la universidad —y de la etnografía en particular— en procesos de genocidio o dominación cultural; por otro, a un hecho histórico: la práctica de los conquistadores españoles de separar a los hijos de la aristocracia indígena mesoamericana de sus familiares para enseñarles el español y la doctrina cristiana. Walter Mignolo observa de esta práctica:

> [M]uestra que el alfabetismo no se produce sin violencia. La violencia, sin embargo, se ubica no en el hecho de que los niños estén secuestrados día y noche, sino en la prohibición de tener conversaciones con sus padres, sobre todo con sus madres. En una sociedad de oralidad primaria, en la cual casi la totalidad del conocimiento era transmitida por la conversación, la preservación del contacto oral contradecía el esfuerzo de enseñar cómo leer y escribir. Prohibiendo conversaciones con la madre significaba, esencialmente, despojar a los niños de la cultura presente en la lengua y preservada y transmitida en el hablar.³

---

2. Rigoberta Menchú, con Elisabeth Burgos Debray, *Me llamo Rigoberta Menchú* (La Habana: Casa de las Américas, 1983), 273 (el subrayado es mío).
3. Walter Mignolo, "Literacy and Colonization: The New World Experience", René Jara y Nicholas Spadaccini eds., *1492–1992: Re/Discovering Colonial Writing* (Minneapolis: University of Minnesota Press, 1989), 67.

Uno de los aspectos más señalados del testimonio es que permite un reto a la pérdida de la autoridad de la oralidad en el contexto de procesos de modernización cultural que privilegian al alfabetismo y la literatura como normas de expresión. Pero sería erróneo pensar por esto que Rigoberta Menchú está proponiendo la oralidad como expresión única o auténtica de su propia subalternidad. Parte de su lucha como adolescente con sus padres —lucha que ella pone al centro de su testimonio— involucra precisamente su deseo de hacerse catequista, proceso que requería primero memorizar y después saber leer y comentar pasajes de la Biblia en quiché. Más tarde siente la necesidad como organizadora campesina de aprender otras lenguas indígenas y el español, experiencia que le permite la producción de su testimonio como texto accesible a un público latinoamericano e internacional. No es el antagonismo entre literatura escrita y narración oral en sí lo que cuenta en el testimonio, sino la manera en que esta relación se ajusta a las necesidades de lucha, resistencia, o simplemente de sobrevivencia, que están involucradas en su situación de enunciación.

Menchú *utiliza* la posibilidad de producir (a través de su interlocutora, la antropóloga venezolana Elisabeth Burgos) un texto literario accesible a un público lector metropolitano, pero sin sucumbir a una ideología humanista de lo literario, o lo que viene a ser lo mismo, sin abandonar su identidad y función como miembro de su comunidad para hacerse "escritora". Esta estrategia se diferencia de la de la autobiografía literaria, donde la posibilidad de hacer literatura —escribir la "vida" de uno mismo— equivale precisamente al abandono de una identidad étnica y de clase, la pérdida del *Gemeinschaft* de la juventud en favor de una individualización secularizadora y modernizadora.

La pregunta de Gayatri Spivak, "¿Puede hablar el subalterno"[4] que atraviesa estos ensayos, y su respuesta inusitada que no, no como tal, estaba destinada a revelar detrás de la buena fe del intelectual solidario o "comprometido" el trazo de una construcción literaria de un otro con el cual se podía hablar (o que se prestaba a hablar con nosotros), suavizando así nuestra angustia ante la realidad de la diferencia o del antagonismo que su silencio hubiera provocado, y naturalizando nuestra situación de privilegio relativo en el sistema global.

---

4. Gayatri Spivak. "Can the Subaltern Speak?", en Cary Nelson y Lawrence Grossberg eds., *Marxism and the Interpretation of Culture* (Urbana: University of Illinois Press, 1988).

La estrategia del narrador testimonial representa una manera diferente de articular una identidad personal, estrategia que no implica en el caso de narradores de origen popular una separación del grupo social del cual proceden. Pero a pesar de esa metonimia textual que equipara en el testimonio historia de vida individual con historia de grupo o pueblo (y que parece definir el género como tal), el narrador testimonial como Rigoberta Menchú no es lo subalterno como tal tampoco, sino más bien algo como un "intelectual orgánico" del grupo o de la clase subalterna que habla a (y en contra de) la hegemonía a través de esta metonimia en su nombre y en su lugar. El testimonio está situado en la intersección de las formas culturales del humanismo burgués, como la literatura y el libro (o la crítica literaria), engendradas por y relacionadas con las prácticas del colonialismo y el imperialismo, y esas prácticas culturales subalternas que a menudo constituyen su contenido narrativo-descriptivo. Por lo tanto, su naturaleza como discurso está marcada por una serie de aporías: es y no es "voz"; es y no es forma "auténtica" de cultura subalterna; es y no es "documental"; es y no es literatura; concuerda y no concuerda con el humanismo ético que manejamos como nuestra ideología propia; afirma y rechaza a la vez la categoría del "sujeto" como autor o emisor soberano.

El deseo y la posibilidad de producir testimonios, la creciente popularidad del género, su incorporación pedagógica en cursos universitarios y en la crítica: estos hechos señalan que hay experiencias vivenciales en el mundo hoy que no pueden ser representadas adecuadamente en las formas tradicionales de la literatura moderna, que en cierto sentido serían traicionadas por éstas. En la negociación entre oralidad y escritura, narrador e interlocutor, que implica su complicado mecanismo de narración y transcripción textual, el testimonio se sitúa dentro de la problematización posmoderna de la escritura como forma cultural. De hecho, el testimonio emerge en el espacio literario-cultural internacional como a la vez un reto y una alternativa a la figura del escritor como héroe cultural (el "conductor de pueblos" del americanismo literario liberal), tan evidente por contraste en las novelas polifónicas, metaficcionales, del *Boom* y de la narrativa tercermundista actual.

El problema es que en nuestra atención al testimonio y otras formas literarias al margen del canon, seguimos sin embargo mirando a la literatura como si fuera el discurso crucialmente formador de la identidad y posibilidad latinoamericanas. En esto podemos detectar la persistencia de una postura que algunos ideólogos de la nueva derecha latinoamericana han atacado como arielista[5] en donde se postula a la literatura en sí o los valores que encarna como significante ideológico de lo "nuestro" latinoamericano. Un ejemplo de esta postura sería la idea de Octavio Paz de la literatura como una "modernidad compensatoria" latinoamericana. Pero la posibilidad misma del manejo de la literatura del que goza un hombre como Paz implica la reproducción de una posición de privilegio estructural, no sólo del crítico-profesor o de sus estudiantes o seguidores, sino del canon, el cual se ofrece al escrutinio crítico-pedagógico ya reificado como materia de estudio, borrando así las condiciones históricas de su producción y en particular su complicidad con la formación de estamentos sociales coloniales y neocoloniales en América Latina.

Gauri Viswanathan, en un estudio de la educación literaria en la India, señala que la literatura inglesa apareció como materia de estudio en la colonia *antes* de que fuera institucionalizada en la metrópolis, donde el estudio de los clásicos todavía imperaba en las humanidades.[6] Dado entre otras cosas la política inglesa de neutralidad religiosa en sus colonias y el evidente desfase histórico —Viswanathan estudia los comienzos del siglo XIX en la India—, esta situación no es exactamente conmensurable con la de América Latina. Sin embargo, nos hace pensar en ese paradójico fenómeno al centro del debate sobre el barroco americano: el hecho de que el gongorismo como manera literaria, denunciado como heterodoxo en la metrópolis (la Inquisición prohíbe la venta de la primera edición comercial de la poesía de Góngora), se convierte en la colonia en un discurso estético cuasi-oficial por más de un siglo.

Viswanathan se pregunta en particular si la imposición de la literatura inglesa en la escuela colonial fue el resultado de una posición de autoridad y poder incontestada, en otras palabras, una forma no mediatizada de etnocentrismo colonial. Ella responde que los ingleses sintieron más bien la fragilidad de su autoridad, y de ahí precisamente la obligación de profundizarla a través de entre otras cosas la generalización entre las élites indígenas de la literatura como modelo de excelencia cultural. El programa colonial de estudios literarios fue uno de los mecanismos de defensa y control que las autoridades coloniales erigieron contra su sentido de vulnerabilidad. Fue una de las maneras

---

5. En particular, Carlos Rangel en su libro *Del buen salvaje al buen revolucionario* (Caracas: Monte Ávila, 1976).
6. Gauri Viswanathan, *Masks of Conquest* (Nueva York: Columbia University Press, 1989).

de negociar las contradicciones internas a su propio proyecto, las contradicciones entre la administración colonial inglesa y la élite letrada hindú y musulmana, y las contradicciones de estos dos grupos (que compartían en la lectura de Shakespeare, Jane Austen, etc., un mismo patrón cultural) con las clases subalternas indígenas (Viswanathan 10).

Si seguimos a la lógica de Viswanathan, la literatura en sí —aun en sus variantes criollas o nacionalistas— tiene una lógica hegemónica: lógica que en una situación colonial representa en efecto la estrategia del zorro en vez del león, quizás, pero que también presupone una construcción de, y desde, el poder. No hay duda de que en el caso de la India como de América Latina, la literatura moderna introducida por el colonialismo fue y quizá todavía es un instrumento de formación de una conciencia criolla. Pero precisamente allí, en la no coincidencia entre culturas (y a veces idiomas) populares e ideologías nacionalistas generadas por las élites criollas, en lo que Ranajit Guha llama (en el caso de la India) "(the) historic failure of the nation to come to its own" (el fracaso histórico de la nación de realizarse a sí misma), está el problema.[7]

Puedo ilustrar lo que está en juego aquí haciendo referencia a un grupo de textos literarios relacionados con la rebelión de Túpac Amaru, iniciada en 1780 en la provincia de Tinta (Cusco). Hay un inmenso corpus, representado en gran parte por el material de los 86 tomos de la *Colección Documental de la Independencia del Perú*, de cartas, proclamas, declaraciones, testimonios, historias instructivas, pasquines, transcripciones de profecías orales o graffiti, cantos, etc., que los historiadores de la rebelión como John Rowe, Boleslao Lewin, Steve Stern, Alberto Flores-Galindo o Jan Szeminski ya han trabajado bastante.[8] Entre este material se encuentran dos textos apasionantes, verdaderas joyas del género autobiográfico, que sin embargo no figuran en el canon de la literatura peruana o latinoamericana.[9] Son la *Genealogía* del

---

7. "The Historiography of Colonial India", en R. Guha y G. Chakravorty Spivak, eds. *Selected Subaltern Studies* (Londres y Nueva York: Oxford University Press, 1988), 43.
8. Ver por ejemplo los ensayos en Steve Stern (comp.), *Resistance, Rebellion, and Consciousness in the Andean Peasant World* (Madison: University of Wisconsin Press, 1987); y Martin Lienhard, *La voz y su huella* (La Habana: Casa de las Américas, 1990) particularmente, 86–113.
9. No se mencionan en, por ejemplo, *La formación de la tradición literaria en el Perú* de Antonio Cornejo Polar (Lima: CEP, 1989), aunque sí se hace referencia allí

jefe de la rebelión, José Gabriel Túpac Amaru, el texto de una petición presentada a la Real Audiencia de Lima en 1777 tres años antes de la rebelión, y las *Memorias* de su hermano Juan Bautista, a veces conocidas bajo el título de *Cuarenta años de cautiverio* o *El cautiverio dilatado* publicadas en Buenos Aires en 1825.[10]

El que se propone estudiar estos textos como ejemplos de la apropiación de la literatura culta europea (dado los conocidos problemas del canon sería más exacto hablar aquí de *letras*) por representantes de un proyecto de rebelión indígena, encontrará inmediatamente un problema, sin embargo. Como se sabe, el medio siglo más o menos que media entre ellos significa una transformación profunda de la cultura letrada latinoamericana. La *Genealogía*, cuya elaboración está relacionada con un pleito de José Gabriel para defender su descendencia por línea materna del último Inca, es un documento todavía inmerso en el legalismo y la retórica del barroco colonial. Su modelo fue el tipo de genealogía que construía el Inca Garcilaso en sus *Comentarios reales* para justificar el derecho de la aristocracia indígena a compartir la administración colonial con la aristocracia española. De ahí que Francisco Loayza sugiera que Túpac Amaru en la *Genealogía* "perseguía algo más que el reconocimiento de sus derechos al cacicazgo y gobernación de la provincia de Tinta... La finalidad era de mayor trascendencia... Quería títulos saneados para (si quebraba el yugo español) restaurar y ocupar el trono imperial de sus antepasados".[11]

---

a la literatura incaísta de la época de la Emancipación, o en el estudio de Sylvia Molloy sobre el género autobiográfico en América Latina, *At Face Value* (Cambridge: Cambridge University Press, 1990).

10. Existen varias ediciones modernas. Las que manejo aquí son Francisco Loayza ed., *Genealogía de Túpac Amaru* (Lima: Domingo Miranda, 1946); y Juan Bautista Túpac Amaru y Alfredo Varela, *Memorias del hermano de Túpac Amaru* (Buenos Aires: Boedo, 1976).

11. "Introducción", *Genealogía*, 2. Se sabe que una edición de los *Comentarios* de Garcilaso siempre acompañaba a José Gabriel en sus viajes. John Rowe ha señalado que esta edición probablemente fue la de Madrid de 1723, la cual incluía un prólogo de un tal don Gabriel de Cárdenas que menciona una profecía atribuida a Sir Walter Raleigh vislumbrando la futura restauración del Imperio Inca por los ingleses. "El movimiento nacional inca del siglo XVIII", *Revista Universitaria*

Dado este propósito, en la *Genealogía* José Gabriel Túpac Amaru no puede separar la cuestión de su identidad y su autoridad carismática en el sistema colonial de la articulación de una identidad genealógica de casta. De ahí el barroquismo retórico del estilo del documento, que establece su dominio de los códigos aristocratizantes imperantes de la ciudad letrada virreinal.[12] Por contraste, el comienzo de las *Memorias* de su hermano revela ya otra retórica y otro personaje autobiográfico: el del letrado rousseauniano, cuya propia experiencia de opresión y desigualdad social le ha inculcado un nuevo sentimiento de fraternidad casi jacobino:

> A los 80 años de edad, y después de 40 de prisión por la causa de la independencia, me hallo transportado de los abismos de la servidumbre a la atmósfera de la libertad, y por un nuevo aliento que me inspira, animado a mostrarme a esta generación como una víctima del despotismo que ha sobrevivido a sus golpes, para asombro de la humanidad, y para poderle revelar el secreto de mi existencia como un exquisito y feroz artificio que se transmitían a los tiranos para tener el placer de amargarla. (*Memorias*, 25)

Las *Memorias* de Juan Bautista, que son contemporáneas con la batalla de Ayacucho, son el tipo de texto que hubiera leído un conspirador letrado como Báltazar Bustos, el héroe de la novela de Carlos Fuentes sobre la época de la emancipación. Es un texto destinado evidentemente a alentar el proceso de la guerra de independencia, proponiendo su propia experiencia en las cárceles españolas como metonimia de la degradación a la cual el dominio colonial ha sometido a América. Existe de hecho un pequeño corpus de literatura

---

(Cuzco) 107 (1954): 17–47. Un año anterior a la *Genealogía*, circuló en Cuzco una profecía oral de la pronta restauración del Inca.

12. Hay el peligro de exagerar la recepción e influencia de libros como los *Comentarios reales* entre la aristocracia indígena y su centralidad en la rebelión. Szeminski señala al propósito (en su ensayo en Stern op. cit., 182):

> Printed texts could have influenced the richest and the most educated members of the Indian nobility, but in 1780 half of the 24 Electors of the town council of Cuzco. could not sign documents... To propagate a general belief, books were not enough. Faith in the Inca's return had a basis in general Andean images of history, and it was spread orally.

panfletaria criolla relacionado con la rebelión de Túpac Amaru. Anterior a las *Memorias,* por ejemplo, hay un documento curioso de 1816 dedicado a José de San Martín, *La oración fúnebre de Túpac Amaru,* supuestamente transcrita por un misterioso Melchor Equazini, de un manuscrito (seguramente apócrifo) dejado por un aún más misterioso "Reverendo N. Cura de M.", supuesto amigo y colaborador de Túpac Amaru. El texto hace del cacique indígena un portavoz de las doctrinas de Rousseau y de la Revolución Francesa, y termina profetizando una "revolución inmensa" en Europa y el surgimiento de Estados Unidos y Rusia como grandes poderes. Se estrena en Buenos Aires en 1821 una comedia, de un actor llamado Ambrosio Morante, titulada *La revolución de Túpac Amaru.* Hay también una carta, quizás apócrifa, de Juan Bautista a Simón Bolívar, fechada el mismo año de las *Memorias* (su texto suele encontrarse en las ediciones modernas de las *Memorias).*

Si la *Genealogía* prepara la rebelión de 1780 estableciendo la legitimidad de José Gabriel como descendiente del último Inca, textos como las memorias de su hermano o *La oración fúnebre* establecen una visión de la continuidad entre la gesta tupamarista y las revoluciones liberales de los criollos. En la carta a Bolívar, por ejemplo, Juan Bautista escribe que la sangre de su "tierno y venerado hermano... fue el ruego que había preparado aquella tierra para fructificar los mejores frutos que el gran Bolívar habrá de recoger con su mano valerosa y llena de la mayor generosidad" (67). En el caso de *La oración fúnebre,* se ha sugerido la posibilidad de una relación directa o indirecta con el partido de Belgrano y su idea de restaurar la monarquía de los Incas.

¿En qué consiste entonces el problema que presentan a nuestras tareas crítico-pedagógicas la *Genealogía* y las *Memorias* de Juan Bautista? No es simplemente una cuestión de su exclusión del canon (aunque por supuesto deben formar parte del canon). Más bien es una variante del problema indicado por Paul de Man en su famosa desconstrucción de las Confesiones de Rousseau.[13] Aunque en su construcción de una alegoría del sujeto —respectivamente barroca y romántico liberal— estos textos en su complejidad evidentemente generan la historia —son *performative,* se convierten en significantes susceptibles a vanos tipos de articulación ideológica—, no representan (en el doble sentido de hablar *de* y hablar *por)* a la historia. El referente se vaporiza, y no sólo por el hecho de que los textos narran, no la rebelión misma sino aspectos de

---

13. En la segunda parte de *Allegories of Reading* (New Haven/London: Yale University Press, 1979).

su prehistoria y de sus consecuencias posteriores. Las imágenes autobiográficas que configuran simplemente no son conmensurables con el hecho real de la rebelión, que involucra la acción colectiva de grandes masas. La lógica metonímica que, como vimos en el caso de Rigoberta Menchú, relaciona vida individual (del líder o héroe) y destino colectivo (del grupo social indígena) no puede completarse aquí[14].

Pero hay otro problema que el historiador Leon Campbell ha señalado en un trabajo todavía inédito.[15] Campbell concuerda que hay desde la Conquista un corpus de "literatura de resistencia" representada por textos como los *Comentarios reales* que nutre las concepciones de líderes indígenas como Túpac Amaru y que explicaría en particular la naturaleza de la *Genealogía*. Sin embargo, las colecciones documentales, y particularmente los testimonios que se encuentran en ellas de los sobrevivientes de los ejércitos tupamaristas y kataristas, revelan la existencia de otra cultura de la rebelión, una cultura precisamente no literaria, compuesta por cuentos, profecías, mitos, música, obras teatrales, ceremonias y acciones simbólicas desarrolladas por y para los indígenas involucrados en la rebelión que en general ni hablaban ni leían español. Campbell sugiere que existía un "idioma dual de la rebelión"; por un lado, los textos escritos en español como la *Genealogía* o las cartas o proclamas de los rebeldes a los mestizos y criollos; por otro, prácticas culturales orales o simbólicas dirigidas hacia los indígenas.

Para los líderes de la rebelión esta ambivalencia podría haber respondido a contradicciones en su misma formación como caciques en el sistema virreinal, y quizás también a necesidades tácticas (en ciertas ocasiones, Túpac Amaru llevaba traje de señor virreinal, en otras, ropa incaica). Para el historiador

---

14. Pero, como sugerí antes, Rigoberta Menchú no es exactamente una mujer quiché "tradicional"; tiene que redefinir su identidad como indígena y mujer en el mismo esfuerzo de defenderla contra una "modernidad" amenazante, esfuerzo que incluye estratégicamente la producción de su testimonio. Sobre este punto, ver los ensayos en John Beverley y Hugo Achúgar, (comps.) *La voz del otro: testimonio, subalternidad y verdad narrativa* (Lima-Pittsburgh: Latinoamericana Editores, 1992).

15. "The Influence of Books and Literature on the Túpac Amaru Rebellion", presentado originalmente en la conferencia "The Book in the Americas", celebrada en Brown University, 1987. Agradezco al profesor Campbell del Dpto. de Historia de Stanford University la copia del manuscrito.

moderno, sin embargo, esta ambivalencia coincide con un conocido debate sobre la conceptualización de la rebelión. Si el historiador escoge la literatura como una instancia *representativa* de la rebelión (en el doble sentido de la mimesis y representación política), ve un movimiento esencialmente criollo-reformista, concebido dentro de los mismos códigos legales y humanistas impuestos por el proceso de la colonización; si escoge las prácticas no-literarias de la rebelión ve una revolución desde abajo sobre todo de masas populares indígenas, con aliados coyunturales criollos y mestizos, dispuesta a reestablecer una forma milenaria y utópica del estado Inca, o incluso de formas pre-incaicas.

Evidentemente, hay el problema de averiguar si en algo la producción "literaria" de textos escritos en español como la *Genealogía* o las *Memorias* repercute en la articulación de culturas que (pienso sobretodo en los estudios de Regina Harrison sobre la cultura andina actual),[16] representan una hibridez extraordinaria no sólo de contenidos —integración de santos y conceptos católicos o monarquistas— sino de prácticas culturales, incluyendo la escritura u —hoy— el video y la radio. Debe haber alguna relación entre la *Genealogía,* a pesar de su legalismo y barroquismo, y el mito utópico fundamental andino de la restauración del Inca. En mucho de lo que Campbell llama el "idioma dual" de la rebelión, se puede sospechar la presencia de lo que Walter Ong llama oralidad secundaria, ya impactada por las fórmulas de la literatura escrita en español, las políticas lingüísticas de las autoridades coloniales y la cultura colonial en general.[17]

---

16. Regina Harrison, *Signos, cantos y memoria en los Andes* (Quito: Abya Yala, 1994).
17. Como Bruce Mannheim ha señalado, la naturaleza misma del quechua como lenguaje y sus modalidades de uso fueron modificadas por la Conquista: "(T)he politics of social subordination reshaped the linguistic landscape: before the European invasion the Andes were a linguistic mosaic of interspersed languages and peoples. The heterogeneity encountered by the first European soldiers, travelers, and settlers has been replaced by a situation in which (Spanish-Quechua) language difference maps directly onto political domination". *The Language of the Inka since the European Invasion* (Austin: University of Texas Press, 1991), 78–79. Martín Lienhard ha trazado magistralmente en *La voz y su huella,* la dialéctica de incorporación y rechazo inherente en textos como la *Genealogía* y las *Memorias:*

Sin embargo, quiero mantener provisoriamente la división que ofrece Campbell. Por un lado se trata de la interpretación historiográfica correcta de la rebelión tupamarista y katarista. Como Steve Stern explica:

> En Perú —Bolivia— en el período colonial tardío, los campesinos no vivían, luchaban y pensaban en formas que les aislaban de la "cuestión nacional" emergente. Al contrario, símbolos proto-nacionales tenían una gran importancia en la vida de campesinos y pequeños propietarios rurales. Sin embargo, estos símbolos proto-nacionales no estaban conectados con un nacionalismo criollo emergente, sino más bien con nociones de un orden social andino o incaico. Los campesinos andinos se vieron a sí mismos como partes de una cultura proto-nacional más amplia, y buscaron su liberación en términos que, lejos de aislarles de un estado abarcador, les integraría con un estado nuevo y más justo.[18]

Desde esta perspectiva, mirar aún a textos escritos por líderes de la rebelión para un destinatario criollo como *representativos* de la rebelión, no sólo oscurece el hecho de la producción de una concepción nacional-popular no-literaria (o no basada centralmente en la literatura culta) indígena, también equivale a un acto de apropiación que excluye al indígena como sujeto consciente de su propia historia, incorporando a éste sólo como elemento contingente en *otra* historia (de la "nación", de la Emancipación, de la literatura

---

La historiografía "indohispánica" y la literatura epistolar o "notarial" de los caciques principales constituye, cuando existe, uno de los aspectos de una toma de conciencia indígena: la reacción reformista de los que aceptaban convertirse en aristocracia indígena colonial, pero no sin exigir una serie de mejoras tanto para ellos mismos como para sus súbditos. El momento de la institucionalización de las relaciones coloniales auspicia, paralelamente, una reacción más radical: el rechazo de la implantación o de la consolidación del sistema colonial. La frontera entre estos dos comportamientos puestos es algo evanescente, porque el reformismo de los caciques y principales oculta a veces la maduración de una actitud de resistencia. La asimilación puede hacer crisis y convertirse en conflicto abierto. (Lienhard op. cit., 98)

18. Stern op. cit. 1987, 76 (el subrayado es mío).

peruana o latinoamericana), protagonizado por otro sujeto (criollo, hispanohablante, letrado).[19]

Pero como se trata aquí de un acto de *apropiación* a través de un proceso de interpretación, este problema evidentemente tiene que ver también con la manera en que pensamos nuestras tareas como investigadores de la literatura hoy. La inconmensurabilidad de la *Genealogía* y las *Memorias* y una concepción de la rebelión tupamarista como impulsada por masas populares guiadas por construcciones ideológicas no o incluso anti-literarias nos devuelve a la aporía entre literatura y cultura oral que rige *Me llamo Rigoberta Menchú*, otro texto relacionado con el problema de la resistencia indígena. Se ha dicho que Ángel Rama, en su idea de "la ciudad letrada", no prestó suficiente atención a la manera en que la literatura cambió de signo y función ideológica con la autonomización relativa del sector literario-artístico a finales del siglo XIX.[20] Pero creo que, aun con sus limitaciones, el concepto de Rama nos ayuda a ver a la literatura culta como una "práctica ideológica" crucialmente formadora de una identidad latinoamericana no-popular. Se trata, para repetir una idea que atraviesa todos estos ensayos, de una sobrevaloración de la literatura que todavía domina la crítica literaria latinoamericana.[21]

---

19. Parafraseo aquí una observación de Ranajit Guha en su importante ensayo "The Prose of Counter-Insurgency", en Guha y Spivak, op. cit. 1988, 77.

20. Julio Ramos, por ejemplo, ha criticado la ahistoricidad de la categoría del letrado en la obra de Rama, señalando que con el modernismo se produce una autonomización de la literatura de la esfera pública, una especie de transición del letrado al escritor. Pero también señala que la situación del escritor en el modernismo involucra una nueva variante de la ideología de lo literario: Martí, vg., "es un héroe moderno precisamente porque su intento de sintetizar roles y funciones discursivas presupone las antítesis generadas por la división del trabajo y la fragmentación de la esfera vital relativamente integrada en que había operado la escritura de los letrados". *Desencuentros de la modernidad* (México: Fondo de Cultura Económica, 1990), 14.

21. Es interesante observar en este sentido que aun la desconstrucción crítica actual de las limitaciones y contradicciones del sistema literario en América Latina representada por libros tan disímiles en otros aspectos como *El discurso narrativo de la Conquista* de Beatriz Pastor (La Habana: Casa de las Américas, 1983), *The Voice of the Masters* (Austin: University of Texas Press, 1985) y *From Myth to Archive* (Cambridge: Cambridge University Press, 1991) de Roberto González

Cuando digo todavía domina, me refiero también a la política cultural de la izquierda latinoamericana, hoy en crisis. Todos Uds. conocerán la última sección de "Las Alturas de Macchu Picchu" en el *Canto General,* donde la voz de Neruda invita a la subalternidad latinoamericana a "nacer conmigo":

> Yo vengo a hablar por vuestra boca muerta
> A través de toda la tierra juntad todos
> los silenciosos labios derramados
> ....
> Acudid a mis venas y a mi boca
> Hablad por mis palabras y mi sangre.

La invitación de Neruda ofrece un modelo vertical de representación y representación política y de la relación entre intelectuales progresistas y las masas populares del presente y pasado de la historia latinoamericana. Neruda habla para el pueblo, como tribuna del pueblo —para recordar el concepto bolchevique— pero no es el pueblo mismo que habla, el sujeto colectivo de, en palabra de Martí (en "Nuestra América"), "masas mudas de indios".[22] De hecho, en los versos de Neruda ese sujeto está ya muerto ("boca muerta"), o enterrado en su propio mutismo, del cual sólo la voz del poeta le puede rescatar. Esta figuración de la relación entre literatura y un sujeto subalterno que no puede hablar por sí mismo en una forma literaria nos recuerda la paradoja que Walter Benjamin identificó en el *Trauerspiel* barroco: la línea progresiva de producción de significación creada por el proceso de la escritura y alegorización a la vez traza la línea quebrada de la muerte: la condición de fruición del fenómeno es su desnaturalización.

No es mi deseo aquí denigrar ni a Neruda ni al protagonismo ejemplar del Partido Comunista chileno, pero me parece que este modelo de representación ya no funciona, que nos encontramos precisamente en su crisis, crisis que no sería tanto la crisis del marxismo, sino el resultado de la persistencia dentro del marxismo de concepciones burguesas (y a veces hasta feudales) de cultura y protagonismo social. Podríamos sustituir la posición de enunciación

---

Echevarría, *Plotting Women* de Jean Franco (Nueva York: Columbia University Press, 1989), o *Marvelous Possessions* de Stephen Greenblatt (Chicago: University of Chicago Press, 1991) sigue siendo desarrollada esencialmente dentro de la ideología de lo literario que nutrió en primera instancia ese sistema.

22. Agradezco a Julio Ramos esta observación.

de Neruda en *Canto general* por nuestra posición, la posición de la crítica literaria. ¿Qué pasa si reemplazamos este modelo por un modelo horizontal de la relación entre nosotros y lo subalterno, es decir si comenzamos por lo menos a cuestionar el privilegio estructural que la historia del colonialismo nos concede y a entrar en nuevas formas de relación en nuestro trabajo de investigación e interpretación con las fuerzas sociales representadas por la categoría de lo subalterno?

Para dar un ejemplo de este cambio de relación: la crítica y la teoría literaria feminista no "representan" un sujeto femenino y una práctica política que se desarrolla esencialmente *fuera de* la academia: el movimiento feminista contemporáneo *pasa por* la universidad y el sistema de educación. Nuestra situación dentro de la universidad va adquiriendo un nuevo poder insospechado de agencia en el emergente sistema global posmodernista, basada en el control y la manipulación de información y la producción de una fuerza de trabajo más y más calificada. De ahí en parte la ansiedad de la nueva derecha norteamericana ante la proliferación académica de la "teoría" y el multiculturalismo.

Quizás el aspecto más interesante del testimonio al respecto es que ofrece a la vez un modelo teórico y una práctica concreta de alianza entre intelectuales (académicos o no) y sujetos subalternos, modelo que podría ser generalizado a otras formas de práctica social y cultural. Pero no se trata solamente de *nuestra* apropiación de lo subalterno. El testimonio produce también, como en el caso de Rigoberta Menchú, una nueva modalidad desterritorializada de intelectual orgánico subalterno, capaz de actuar con eficacia en los circuitos globales de poder y representación. Como género surge precisamente en el contexto de una crisis de representatividad de los viejos partidos políticos, incluidos los de la izquierda. De ahí que su forma política predilecta sea los nuevos movimientos sociales, como las Madres de Plaza de Mayo, o el Comité de Unidad Campesina en Guatemala, o grupos indígenas, o las comunidades de base de la teología de la liberación, o el grupo norteamericano de activistas de la SIDA, ACT-UP, cuya consigna es SILENCE=DEATH (el silencio=la muerte). Como se sabe, todos estos movimientos dependen de una micro-política de identidad o comunidad de intereses, y, de hecho, emplean el testimonio o prácticas testimoniales en su protagonismo social.[23] Pero en

---

23. Para un panorama de los nuevos movimientos sociales en América Latina, ver Arturo Escobar y Sonia Álvarez, eds. *The Making of Social Movements in Latin America* (Boulder: Westview Press, 1992). Como se sabe, Domitila Barrios, la

la alegoría nacional implícita en las relaciones (contradictorias, pero óptimamente del tipo "contradicciones en el seno del pueblo") entre el productor, interlocutor y receptor del testimonio está latente también la posibilidad de un partido (o movimiento) de izquierda *de nuevo tipo,* cuyas manifestaciones concretas actuales podrían incluir el partido laborista brasileño de Lula, el African National Congress de Mandela, o (en potencia por lo menos) el Rainbow Coalition norteamericano.

Quiero terminar, sin embargo, volviendo a nuestro campo inmediato de acción y efectividad, es decir, a la crítica y pedagogía literaria. Una de las consecuencias del descentramiento de la literatura que propongo aquí sería por supuesto el desarrollo de estudios culturales como alternativa.

El excelente libro de William Rowe y Vivian Schelling, *Memoria y modernidad. Las culturas populares en América Latina* (México: Grijalbo, 1995), sirve como un bosquejo inicial para la construcción de un nuevo campo de estudios culturales latinoamericano que incluye la literatura pero no está fundada sobre ella.[24] Pero como en el caso de la "otra" cultura de la rebelión tupamarista, el problema es que esa cultura no es nuestra cultura, o la es *sólo* en parte. Podemos leer a Proust y a la vez escuchar discos de Madonna o seguir una telenovela, y de hecho lo hacemos. Pero fuera de formas intermediarias y transicionales como el testimonio, las formas de cultura subalterna tienen en general solamente un valor "antropológico" para nosotros; o no tenemos acceso a ellas directamente (es decir, su presentación está mediatizada por la literatura, o en el caso de la música por formas híbridas como la "nueva trova"), o es ratificada precisamente por los procesos de comercialización capitalista o de recuperación de información *(information retrieval)* desarrolladas por los medios masivos de comunicación o las formas de investigación académica. Vuelvo a insistir que la universidad y las instituciones culturales como el museo son en sí prácticas culturales productoras de la subalternidad:

---

    narradora de "*Si me permiten hablar...*", se preocupa al final de su testimonio con el problema de cómo su texto puede "volver" a la clase obrera minera boliviana de la cual nace como instrumento de concientización.

24. También se podía mencionar los aportes de Carlos Monsiváis, Jesús Martín-Barbero, Hernán Vidal, George Yúdice, Nelly Richard, Gerardo Mosquera, José Joaquín Brunner, Ticio Escobar, Luis Brito y (sobre todo) Néstor García Canclini.

de ahí que lo subalterno no puede entrar en ellas sin sufrir una transformación, como en el caso de la "educación" de Richard Rodriguez.

A pesar de su apelación habitual al valor de lo local y lo cotidiano, de *petites histoires* en vez de *grands récits,* puede haber un utopismo cultural implícito en la nueva celebración de la cultura popular o de masas. Hay él peligro de que esta celebración (la cual, debo confesar, he compartido y protagonizado[25] perpetúa inconscientemente una nueva variante de la ideología de lo literario, transfiriendo un programa formalista o vanguardista de la esfera de *high culture* a la cultura popular o de masas, ahora vista como más estéticamente dinámica y eficaz, y produciendo así algo parecido a una forma posmodernista de lo sublime kantiano.

En vez de estudios culturales, entonces, mi proyecto sería más bien el de problematizar la literatura en el mismo acto de enseñarlo dentro de su estamento. No tengo ilusiones sobre la posibilidad de este proyecto. Lyotard muestra que el posmodernismo representa precisamente en su deseo de ser nuevo y ruptural una extensión de la ideología vanguardista que supuestamente desplaza; de la misma manera, un fenómeno como el testimonio depende en última instancia de su relación con la literatura (de allí la sugerencia de Spivak que el testimonio puede ser una especie de trampa: la ilusión de expertos en análisis de textos de tener un acceso directo a lo subalterno que no les obliga a cambiar mucho su propia situación de enunciación). La consigna "post-literatura" sugiere no tanto la superación de la literatura como forma cultural sino una actitud más agnóstica ante ella. Como he señalado en otra ocasión, una de las lecciones que ofrece el testimonio es que hace falta leer hoy día no sólo "a contrapelo", como dicen los deconstructivistas, sino *contra* la literatura misma.[26]

En una situación en que tanto nuestras profesiones como nuestra propia subjetividad están ligadas a un compromiso vivencial con la literatura, sin embargo, ningún lector de estas palabras va a abandonar fácilmente las tareas y las creencias a que ha dedicado su vida. Podemos imaginar una futura

---

25. Ver, por ejemplo, mi "La ideología de la música posmoderna y la política de izquierda", *Nuevo Texto Crítico* 6 (1991) o *Revista de Crítica Cultural* 7 (1992); o "By Lacan: Política cultural y crisis del marxismo en las Américas", *Nuevo Texto Crítico* 9–10 (1992).

26. John Beverley, *Against Literature* (Minneapolis: University of Minnesota Press, 1993).

comunidad de objetos que llamaríamos literatura, pero esa comunidad, y las nuevas relaciones sociales que expresaría, está probablemente más allá del alcance de nuestras identidades y vidas.[27] Lo que hace falta y es posible ahora sería una democratización relativa de nuestro campo, a través de, entre otras cosas, el desarrollo de un concepto *no literario* de la literatura. Pero en tal caso, ¿Cómo podría la literatura distinguirse del discurso cotidiano? (me refiero a la famosa distinción de los formalistas rusos entre lenguaje poético y lenguaje cotidiano) ¿Qué pasaría cuando es simplemente "uno entre muchos"? ¿Es posible transgredir la distinción kantiana entre juicio estético y juicio teleológico? ¿Depende la literatura de la existencia de desigualdad social?

---

27. Lienhard observa en *La voz y la huella* que:

> Los cantos (orales) y la poesía quechua escrita, en efecto, no se oponen (como se oponen todavía la cultura andina y la cultura occidental-criolla), sino que esbozan un sistema complejo, análogo al que configura, en lo social, el conjunto de las comunidades andinas y de las colonias de comuneros, emigrantes en las grandes ciudades: un sistema de complementariedad casi utópico que anuncia quizás, en los terrenos social y cultural, lo que podría llegar a ser el país cuando termine el tiempo de las discriminaciones y las opresiones. (11)

10

Algunos apuntes sobre la relación literatura-revolución en el caso nicaragüense
(1999)

EN NUESTRO LIBRO *LITERATURE and Politics in the Central American Revolutions*,[1] Marc Zimmerman y yo llegamos a una especie de aporía o paradoja en nuestro argumento. Queríamos demostrar que la literatura culta sirvió como una especie de laboratorio para la elaboración de nuevas formas ideológicas antiimperialistas en la región, y por lo tanto fue un factor materialmente decisivo en la construcción y desarrollo de los movimientos revolucionarios centroamericanos en las últimas décadas. Sin embargo, encontramos una y otra vez que la dinámica de cambio social desatada por los procesos revolucionarios concretos, completados o no, llevaba inevitablemente a una problematización del prestigio relativo de la literatura como forma cultural. En reconocimiento de esto *Literature and Politics* concluye después de una discusión del género testimonial en Nicaragua, con estas palabras:

> Para terminar, regresamos a la paradoja que nos ha acompañado desde el principio de este libro: la literatura ha sido un medio de movilización nacional y popular en el proceso revolucionario centroamericano, pero este proceso también elabora o apunta a formas de democratización cultural que necesariamente cuestionarán o desplazarán el papel de

---

1. John Beverley and Marc Zimmerman, *Literature and Politics in the Central American Revolutions* (Austin: University of Texas Press, 1990).

la literatura como institución cultural hegemónica. (206) [We return, therefore, in closing to the paradox that has been with us from the beginning of this book: literature has been a means of national-popular mobilization in the Central American revolutionary process, but that process also elaborates or points to forms of cultural democratization that will necessarily question or displace the role of literature as a hegemonic cultural institution].

Quiero desarrollar aquí brevemente algunas consecuencias de este problema, tomando como punto de partida la crítica que Greg Dawes ha hecho recientemente de *Literature and Politics,* en su libro sobre la poesía nicaragüense de la época revolucionaria, *Aesthetics and Revolution.*[2] (Debo señalar que en algunos aspectos, particularmente en su afán de desplazar la centralidad de la literatura como práctica cultural, Marc Zimmerman no coincide del todo con estas observaciones). Es evidente, en primer lugar, que la aporía que encontramos no fue solamente *teórica,* sino tenía (y tiene) que ver con cuestiones de prácticas políticas, entre ellas, el desmoronamiento de la hegemonía política del Frente Sandinista en Nicaragua, marcado por su derrota en las elecciones de febrero de 1990, evento que coincidió con nuestras revisiones finales del manuscrito de *Literature and Politics.*[3]

Lo que Dawes hace, en efecto, es acusar nuestra posición teórica en *Literature and Politics* del mismo error que él encuentra en la articulación política-estratégica del sandinismo en el poder: una excesiva tolerancia del pluralismo ideológico (en vistas de construir y mantener un *bloque* hegemónico policlasista), y de allí el abandono de la concepción marxista tradicional de la(s) ideología(s) como *falsa conciencia* de la clase obrera como el agente principal y necesario del proceso revolucionario. En particular, Dawes piensa

---

2. Greg Dawes, *Aesthetics and Revolution: Nicaraguan Poetry, 1979–1990* (Minneapolis: University of Minnesota Press, 1993).

3. En una posdata al capítulo sobre poesía sandinista en *Literature and Politics,* opinamos que la derrota electoral de los sandinistas no representaba necesariamente *the end of the revolutionary process as such in Nicaragua* (p. 110). Pero también que "*the possibility of its reactivation will both require and bring to the fore cultural forms quite different from the institution of 'good writing' represented by poetry in Nicaragua. The revolution has already passed the point where literature can continue to be its privileged discursive form*" (pp. 112–113).

que nuestra concepción —derivada de Althusser— de la literatura y cultura como una esfera semiautónoma con su lógica propia, divorciada de las relaciones de producción concretas, y nuestra aproximación al concepto gramsciano de *articulación,* sobre todo en la versión que Ernesto Laclau y Chantal Mouffe ofrecieron de ésta (y que ellos declararon explícitamente *posmarxista),* es homóloga con lo que él ve como la posición ideológica voluntarista e idealista del grupo dominante dentro del Frente Sandinista, antes y después de la revolución, la llamada tendencia insurreccional o tercerista.

Dawes señala que retratamos correctamente la historia de los debates dentro del proyecto cultural sandinista, sobre todo el conflicto entre Ernesto Cardenal y Rosario Murillo, que condujo al cierre del Ministerio de Cultura en 1985 y el ocaso eventual de los talleres de poesía. Sin embargo, a causa de nuestra perspectiva teórica:

> Beverley y Zimmermann no interpretan esta crisis estética en una escala más global, como la crisis de este tipo de tercera vía hacia el socialismo. Como la representación para Althusser no trasciende el terreno estético, ellos no ven que la crisis estética es también una crisis económica y política; es decir, no ven que las instituciones pluralistas, tanto económicas como políticas y estéticas, se ven afectadas por sus limitaciones internas y por el imperialismo. (XIV) [Beverley and Zimmerman do not interpret this aesthetic crisis on a more global scale as the crisis of this type of third path to socialism. Since representation, for Althusser, does not transcend the aesthetic realm, they fail to acknowledge that the crisis in aesthetic agency is also a crisis in economic and political agency, that is they fail to note that pluralist economic, political, and aesthetic institutions are affected by their internal limitations and by imperialism].

En contraposición a nuestra idea de una *articulación* nacional-popular modelada por la literatura (y la práctica política de alianzas interclasistas correspondiente), Dawes cree que:

> ...la literatura debe ser vista como un relato intra-clase de la lucha de clases. Si la clase trabajadora y sus aliados —los sectores que forman la vanguardia— son potencialmente capaces de detectar el flujo y reflujo del capitalismo en modos en que otras clases no pueden, la consecuencia es que sus representaciones de la realidad van a revelar más la complejidad e interioridades del sistema... Es en este punto en el que la teoría

marxista clásica rompe con la de Althusser. (XVI-XVII) [...literature should be seen as intraclass accounts of class struggle, if the working class and its political allies—those sectors that make up the vanguard—are potentially able to detect the ebb and flow of capitalism in ways that other classes are not, then it follows that their literary depictions of reality will reveal more of the complexity and inner workings of the system... It is at this juncture that classical Marxist theory of ideology breaks with Althusserianism].

Creo que esta caracterización revela un malentendido de la noción de la *autonomía relativa* de la cultura. Lo que Althusser quiso señalar con este concepto es que los sitios y los mecanismos concretos de producción de ideología (entre ellos, los mecanismos estéticos) son algo distinto de las relaciones de producción en sí; aunque *corresponden* con las relaciones de producción, no se pueden derivar de ellas ni *expresarlas* directamente. Esto no quiere decir que el arte no incide sobre lo político o económico, *does not transcend the aesthetic realm,* en palabras de Dawes. Althusser comienza su famoso ensayo (hoy lamentablemente más caricaturizado que leído) precisamente observando que para ocupar un lugar en una estructura concreta de relaciones de producción, un individuo tiene que ser formado como un sujeto capaz de (y disponible a) ocupar esa posición (lo que define la relación de producción campesino-noble en el modo de producción feudal, por ejemplo, es precisamente un hecho *cultural* en vez de *económico*—el sistema de estamentos basados en linaje; de allí que para Althusser el concepto de modo de producción en sí no es un concepto puramente económico). Esto no es exactamente declarar la *autonomía* de la cultura, sino señalar el mecanismo a través del cual la cultura es también formadora de las relaciones sociales, en *vez* de ser simplemente su *reflejo* o representación superestructura. Como se sabe, esta realización ha sido la base del desarrollo de los programas de estudios culturales académicos.

Pero necesito dejar de lado esta discusión para entrar en lo que me parece lo más fundamental y decisivo en la crítica de Dawes para los propósitos de esta colección[4]: la noción que la problemática estética-teórica de *Literature and Politics* comparte (o nos impide ver claramente) el error político de la

---

4. Jorge Román-Lagunas y Rick McCallister (comps.) *La literatura centroamericana como arma cultural* (Guatemala: Editorial Oscar de León Palacios, 1999).

tendencia dominante de los sandinistas, error que condujo a la derrota del proceso revolucionario. Como Dawes explica varias veces, su posición en *Aesthetics and Revolutlon* deriva de la del filósofo y crítico marxista Georg Lukács, en particular de su concepto (en su libro *Historia y conciencia de clase,* que llegó a ser una especie de manifiesto de la ultraizquierda en los años veinte) de una conciencia de clase proletaria *posible.* Según Lukács, la situación objetiva del proletariado en las relaciones de producción capitalista como productora de valor, le confiere en potencia la capacidad de conocer la *totalidad* dialéctica del mecanismo social capitalista. Por contraste, la cultura y el pensamiento burgués sufren un proceso inexorable de fragmentación y posteriormente de reificación, proceso reflejado en el arte por el naturalismo o las tendencias vanguardistas. Como Dawes señala, el concepto desarrollado posteriormente por Lukács del *realismo crítico* en la literatura, y su rechazo contundente del vanguardismo artístico, eran extensiones más o menos directas del argumento de *Historia y conciencia de clase,* en el sentido de que Lukács pensaba que la literatura podía ser un instrumento poderoso para *conocer* la realidad del sistema social, la lógica de sus determinaciones y contradicciones internas, ocultas por la ideología dominante, *the ebb and flow of capitalism* (el vaivén del capitalismo) como dice Dawes. (Como se sabe, el modelo para Lukács, como antes para Marx y Engels, de este tipo de realismo fue Balzac). En esencia, entonces, Dawes defiende este sentido lukacsiano de la supuesta capacidad racional-cognoscitiva de la literatura en la formación de conciencia de clase en contra de su capacidad *interpelativa,* que sería la nota dominante de nuestra articulación althusseriana en *Literature and Politics.*

Dawes ve la crisis del proyecto cultural del sandinismo como, empleando la terminología de la revolución cultural, una pelea de dos líneas.[5] En particular, el debate interno, según Dawes, "*can be described as a conflict between a Leninist or at least* a *quasi-Leninist philosophy and* a *quasi-bourgeois or pluralist position*" (p. 194). Para Dawes, la línea *leninista* en la cultura fue representada por Ernesto Cardenal, el Ministerio de Cultura sandinista, y el proyecto de poesía de taller; la línea *pluralista* por Rosario Murillo, la organización profesional

---

5. Es quizás relevante recordar aquí que la Revolución Cultural comenzó con un debate literario sobre el contenido de la ópera de Pekín iniciada por la esposa de Mao, ella misma ex actriz de cine y directora de teatro.

sandinista de escritores y artistas, ASTC, y el suplemento cultural de *Barricada* dirigido por ella, *Ventana*.⁶

Como corolario a su defensa de una estética lukacsiana y del *marxismo tradicional,* Dawes señala que la clave de una política revolucionaria en la cultura es la nacionalización y planificación de la cultura por el estado-partido revolucionario: "*the proletariat should appropriate the 'aesthetic means of production*'" (p. 189). Por contraste, cree que los sandinistas, especialmente después del abandono del proyecto de los talleres de poesía, adoptaron una política cultural esencialmente burguesa-liberal. Dawes cita en particular un importante discurso de Tomás Borge sobre la cultura en 1988, donde éste declara que "tal vez haya sido mejor que no hayamos creado políticas culturales, encasilladas en un documento institucional" (p. 89). Sugiere que esta posición pluralista en la cultura es equivalente a la defensa de la economía mixta hecha a otro nivel por los sandinistas, defensa que dificultó la transformación social del país y que llevó finalmente, en respuesta a la agresión militar-económica norteamericana y las contradicciones internas del proyecto sandinista, a la política económica estilo Fondo Monetario Internacional de *compactación* después de 1987, con consecuencias desastrosas para las clases populares que habían apoyado y protagonizado la revolución en primer lugar.

> Aquí se abandona de un golpe el sentido de planificación racional que implica cualquier programa de democratización. En su lugar, Borge coloca un laissez-faire cultural que, como él mismo debería reconocer, sólo va a permitir obtener otra vez el control de los medios de producción intelectual a los que han tenido poder cultural... En esta posición político-cultural podemos ver la esencia del pluralismo: una economía mixta, en la que los capitalistas pueden coexistir con los revolucionarios, un partido vanguardista multifacético, y una vida cultural igualmente heterogénea.⁷ (pag. 194) [The sense of rational planning that is entailed

---

6. *Aesthetics and Revolution* también ofrece un análisis de la postura *liberal,* antisandinista de Pablo Antonio Cuadra, quizás el escritor nicaragüense de más renombre nacional, y el director literario del periódico principal de la oposición, *La Prensa,* pero el enfoque principal del libro es sobre las contradicciones *dentro* de las distintas tendencias de poesía revolucionaria.

7. Según muchos analistas del proceso nicaragüense, esta política fue la clave de la derrota de los sandinistas en las elecciones de 1990, porque produjo una

in any democratization program is here abandoned in one fell swoop. In its place Borge places a cultural *laisser-faire* that, he should definitely recognize, will only allow those who have held cultural power to gain full control over the means of artistic production once again... In this cultural-political position we can identify the essence of pluralism: mixed economy—where the capitalists are allowed to coexist with the revolutionaries—a multifaceted vanguard party, and an equally heterogeneous cultural life).]

De hecho, Zimmerman y yo habíamos anticipado en *Literature and Politics* algunos de los elementos de la caracterización de Dawes, señalando por ejemplo que el ocaso del proyecto de Cardenal y la ascendencia de la línea representada por Rosario Murillo, Jorge Eduardo Arellano, *Ventana*, etcétera "meant a partial reinscription within postrevolutionary Nicaragua of the traditional sociocultural line of division between the intelligentsia and the people that had begun to be effaced in the intense mobilizations of the insurrection and early reconstruction years" (p. 110).

Pero me parece que *no es aquí* donde reside el problema de la articulación cultural-literaria del sandinismo. Primero, debo indicar una incoherencia evidente en el cuadro que Dawes pinta del debate literario, una incoherencia que hace difícil escoger claramente entre las dos *líneas* (suponiendo en primer lugar que hubo sólo dos): como marxista, sensible a exclusiones de clase y al rol de la literatura en producir éstas, comparto plenamente por lo menos el ideal del proyecto de los talleres de poesía de apropiarse y *democratizar* la cultura letrada; pero como feminista, sensible a las represiones que impone un sistema patriarcal (represiones que inciden sobre todo en lo personal —la sexualidad, el sentido de identidad— pero que tienen mucho que ver también con la configuración concreta tanto de la literatura culta como de las relaciones de producción), me parece que la fórmula estética de los talleres era sumamente limitada para desarrollar una crítica del machismo y del falocentrismo, y para explorar nuevas dimensiones de identidad colectiva e individual. No es casual en este sentido que en su gran mayoría el grupo de poetas feministas identificadas con el sandinismo —la propia Rosario Murillo, Michele Najlis, Gioconda Belli, Ana Ilce Gómez, Claribel Alegría, et al., con

---

separación entre la dirección política del Frente Sandinista y su base popular. Véase, por ejemplo, Carlos Vilas, "What Went Wrong?" *NACLA Report on the Americas* 24, 1 (June 1990).

la excepción parcial de Daisy Zamora y la escritora norteamericana Margaret Randall, que trabajaron con Cardenal en el Ministerio de Cultura— se encontraron en la línea pluralista, defendiendo una poesía experimental y subjetiva, contra no sólo la poesía de taller sino también el exteriorismo de Cardenal como modelo para la poesía culta. Además, como el mismo Dawes admite, el proyecto de Cardenal, aunque democratizador en su intención de romper radicalmente estamentos culturales, fue marcado por una rigidez notable, tanto en sus famosas *reglas* para escribir poesía popular, como en su estructura administrativa paternalista y autoritaria.

Aunque registra claramente sus componentes en *Aesthetics and Revolution,* Dawes no puede pensar esta incoherencia precisamente porque él propone —correctamente— combinar feminismo y marxismo en su propia articulación teórica. De allí que en su capítulo iluminador sobre la poesía sandinista de mujeres, se ve obligado a situar a esta en una especie de espacio ideológico liminal entre las dos líneas, con la poesía abstracta de Ilce Gómez —y en principio de Murillo, aunque no analiza su obra en detalle— derivando hacia la derecha, la de Belli en el centro—marxista, pero excesivamente subjetivista y voluntarista —y la de Zamora— la más realista, hacia la izquierda.

Podría señalar otras incongruencias o ausencias en el cuadro de Dawes (por ejemplo, la dimensión cultural del problema de la costa atlántica). Pero quizás sea suficiente notar, en resumen, que no creo que la crisis de hegemonía sandinista pudo haberse solucionado, aun en parte, por la dominación de la línea de Cardenal sobre la de Murillo, o del feminismo de Zamora sobre el de Belli o Ilce Gómez. Tampoco me parece una crisis provocada por la falta de suficiente nacionalización de los medios de producción culturales o de planificación cultural en sí. Todo lo contrario, en cierto sentido, puede ser que hubo demasiada *nacionalización* de la literatura, a la cual los sandinistas dedicaron enormes recursos estatales, a pesar de la creciente crisis económica (en calidad y número de ediciones la Editorial Nueva Nicaragua podía competir con cualquier editorial latinoamericana; y el FSLN manejaba adicionalmente su propia editorial, Vanguardia).

He apuntado en otro lugar[8] que en una situación de desarrollo combinado y desigual como la de Nicaragua, en que ha prevalecido una u otra forma de distinción cultural definida por una separación marcada entre los

---

8. John Beverley, *Against Literature* (Minneapolis: University of Minnesota Press, 1993).

intelectuales, el pueblo y los altos niveles de analfabetismo o de alfabetismo parcial, la literatura en sí puede ser *parte del problema* de desigualdad social, y la mercantilización de la cultura en las nuevas formas y tecnologías no literarias o artesanales de la cultura de masas, un factor decisivo de democratización cultural y de la redistribución de bienes culturales, permitiendo no sólo nuevas modalidades de consumo cultural a través de esta redistribución, sino también un acceso más amplio a los medios de producción cultural por estos sectores.

En contraste, podemos observar en la política cultural leninista impulsada por el modelo soviético del socialismo, la persistencia de una ideología de lo literario que, aparte de sus diferentes manifestaciones coyunturales, guarda una relación cercana con el humanismo burgués y en el caso de América Latina con estamentos culturales coloniales y neocoloniales. Tomemos como ejemplo el tipo de protagonismo revolucionario representado por Sendero Luminoso en el Perú. Uno podría imaginar que en su apelación a los sectores más explotados y marginados de la población, Sendero también atacaría el prestigio y poder de las instituciones culturales que han producido y reproducido condiciones de subalternidad en el Perú desde la época colonial: entre ellas, evidentemente, la institución de la literatura culta escrita en español. Pero como revela la famosa entrevista con Abimael Guzmán hecha por el periódico senderista *El Diario*, de Lima, hace unos años, esto no es necesariamente así.[9] El Jefe de Sendero declara allí su admiración por Shakespeare, Kant (como profesor universitario, Guzmán fue especialista en la filosofía de Kant), la novela en general, y en particular la narrativa de Arguedas, casi como si fuera una especie de Vargas Llosa provinciano, que malogró su carrera literaria y se dedicó a la política como compensación. No quiero decir que los gustos literarios del llamado *Presidente Gonzalo* eran, o son, necesariamente los de su organización, que ha empleado muchas formas artísticas (grafiti, pintura realista-socialista estilo Mao, testimonio, poesía de combate, canciones, desfiles). Pero hay un sentido en que aspectos importantes, tanto de la práctica cultural como política de Sendero representan una prolongación de la lógica de movilización vertical de lo que Ángel Rama llamó *la ciudad*

---

9. Desafortunadamente, he perdido la referencia exacta de esta entrevista. Ha sido divulgada en español o en traducción a varios idiomas por los grupos de solidaridad internacional con Sendero. Vgr. "http://www.verdadyreconciliacionperu.com/" www.verdadyreconciliacionperu.com

letrada: es decir, el concepto de la centralidad y autoridad de la literatura como forma cultural y su correspondiente institucionalización social en la historia de América Latina desde los tiempos coloniales. El problema es apropiarse de la literatura como si fuera una tecnología neutra, accesible a ser empleada con una serie de modificaciones menores para facilitar intereses de clases radicalmente opuestas.[10]

Pero la nacionalización y la *planificación racional* de la cultura de acuerdo con fines supuestamente revolucionarios, no garantizan en sí su democratización; esto depende del *contenido* concreto de los artefactos o las experiencias culturales, y no sólo de la forma de propiedad de los medios de producción cultural. Una contradicción evidente en el modelo soviético fue que la cultura producida a través del estado y *la dirección* impuesta por el Partido Comunista, en vez de representar o expresar el deseo o los intereses de las clases populares, se convirtió en una especie de *dictadura pedagógica* ejercida *sobre* ellos, en general por personas (funcionarios, cuadros, maestros) de una formación letrada. Es aquí donde veo un problema con la función *vanguardista* que Lukács asigna a la literatura en el proceso revolucionario y con la narrativa de ilustración racional (precisamente lo que Lyotard entiende por *grand récit)* que acompaña esta función: crea una especie de doble espacio dentro de la sociedad posrevolucionaria, donde los que saben —los intelectuales, el partido (o su dirección), los obreros avanzados— dominan sobre los que deben saber—el proletariado y clases populares—, vistos como todavía (a pesar de su protagonismo y de enormes sacrificios en el proceso revolucionario) inmersos en *conciencia falsa,* y por lo tanto incapaces de ejercer plenamente la democracia.

En un contexto latinoamericano, esta posición no es en esencia distinta de la de liberales oligárquicos decimonónicos como Bello o Sarmiento, que veían en la homogeneización de lenguaje y cultura, representada por la literatura escrita, el antídoto a la *barbarie* de la población subalterna indígena y mestiza. Como los proyectos de Bello y Sarmiento (o formas posteriores de nacionalismo literario, como el *arielismo* o el *mundonovismo)* se basa sobre

---

10. La defensa de Lenin del taylorismo conduccionista en la organización del trabajo industrial en la URSS, sugiere otra variante del mismo problema: la idea de que una forma cultural o tecnológica burguesa cambia de funcionalidad en términos de intereses de clase simplemente por ser nacionalizada. Sobre este punto importante, ver el excepcional libro de Robert Linhart, *Lénine, les Paysans, Taylor* (París: Seuil, 1976).

una idea rectora, normativa de situación cultural-política; propone *corregir* de una forma u otra lo que se ve como una conciencia deformada, parcial o subdesarrollada en sus lectores o espectadores populares. Los famosos *debates* literarios de la izquierda, como el de Murillo y Cardenal en el caso nicaragüense que nos preocupa aquí, tienen que ver con el modelo literario deseado, pero no con la autoridad o efectividad de la literatura en sí. Todo lo contrario: la literatura y los valores que supuestamente encarna se vuelven estas articulaciones una especie de alegoría o utopía de normatividad social. Para que la literatura tenga este tipo de autoridad (o, más bien, para que pueda ser vista como si la tuviera), hace falta una sobrevalorización histórica y socialmente determinada de su importancia, una sobrevalorización que tiene su base en la perpetuación de estructuras clasistas y masculinistas de saber-poder coloniales y neocoloniales, aún dentro de la práctica cultural supuestamente revolucionaria o democratizadora de la izquierda.

Estoy de acuerdo con Dawes que pudo haber más planificación en cuestiones culturales por parte de los sandinistas.[11] Pero, ¿dónde? No por supuesto en la literatura, que, como he indicado, en todas sus *líneas* solía recibir un subsidio enorme y una atención constante por parte de la dirección del FSLN y de la burocracia del Estado revolucionario, ni tampoco en la cultura *militante* impulsada por los organismos revolucionarios de base (nueva trova, graffiti, poesía de combate, testimonio y video testimonial, etc.) Más bien veo la falta de planificación en el campo de la cultura de masas. Mucho mejor que en el debate sobre los talleres de poesía, la crisis del sandinismo se puede medir en la distancia entre el hiperdesarrollo de la literatura en todas sus variantes por la revolución y las producciones mezquinas de la televisión sandinista, muchas veces obligada por falta de recursos a reciclar programas de origen norteamericano. No estoy celebrando la cultura de masas en sí. La relación de cultura de masas con la democratización tampoco es automática: depende de la presencia de las fuerzas populares en el Estado y las instituciones culturales,

---

11. En *Literature and Politics* observamos que el debate sobre la poesía de taller repercutió dentro del FSLN: pero Dawes aclara que "The Sandinista leadership was reluctant to take a firm stand one way or another on cultural policy, for fear of making the mistake of the Cubans in the late 1960s of favoring one cultural 'fine' over others. But this commendable commitment to pluralism also meant that cultural policy was made ad hoc, without any real budgetary priorities or control (Dawes, 103).

su participación activa en debates sobre temas culturales, y los efectos de esta presencia en la educación, la producción y utilización de tiempo libre, la creación de diversiones, el control y subsidio de los medios, etc. Sin embargo, si tuviera que condensar mi visión de las limitaciones de la política cultural revolucionaria, diría que lo que hacía falta era la creación de telenovelas sandinistas de primera calidad.

Por lo tanto, aunque comparto con Dawes y otros observadores, como Carlos Vilas, muchas críticas de la política sandinista (en particular, me parece que el FSLN debía haber respondido a la agresión norteamericana y la crisis económica con una radicalización de la economía en vez del programa de *compactación*) creo que el modelo leninista (o como Dawes prefiere llamarlo, marxista *tradicional*) de representación político-literaria (que él ve como alternativa) tampoco funciona, que nos encontramos precisamente en su crisis; crisis que no es tanto la crisis del marxismo, sino el resultado de la persistencia dentro del marxismo de concepciones burguesas (y a veces hasta feudales) de cultura y protagonismo social. En el caso de Nicaragua, me parece que las contradicciones más profundas del proyecto sandinista no ocurrían o no se expresaban dentro de la literatura, sino más bien entre la literatura en su conjunto y lo que se ha llamado la *heterogeneidad radical* de las masas populares, heterogeneidad que incluye elementos de la literatura y de la cultura escrita, pero que ciertamente no está centrada en ellos.[12] La gran ventaja del programa de Cardenal es que por lo menos se dio cuenta de la separación radical entre la literatura escrita, particularmente en sus formas cultas y/o vanguardistas, y la experiencia cotidiana de las clases populares. El problema es que ofreció solamente una solución *literaria* a esta contradicción.

---

12. Tomo prestado este concepto del historiador Dipesh Chakravarty, del Grupo de Estudios Subalternos de la India. En general, mi posición en esta respuesta ha sido fuertemente impactada por las perspectivas desarrolladas por este grupo. Para una introducción a su trabajo, ver *Selected Subaltern Studies,* Ranajit Guha y Gayatri Spivak eds. (NY: Oxford UP, 1988). Congruente con las perspectivas del grupo es el estudio hecho por Gauri Viswanathan sobre la cultura literaria en la India colonial, *Masks of Conquest* (NY: Columbia UP, 1989).

11

Calibán después del comunismo
(2000)

LA LÓGICA DEL "CALIBÁN" (1969) de Roberto Fernández Retamar es una lógica de *otredad* cultural potencialmente subversiva. Calibán es el sujeto latinoamericano formado por la civilización europea en su doble movimiento de colonialismo y capitalismo, pero cuya identidad como sujeto lo lleva necesariamente a impugnar esa civilización. Para Retamar, como para gran parte de su generación, la posibilidad de Calibán fue concretamente la posibilidad del comunismo: es decir, la posibilidad (o la necesidad) de "cambiar la vida". Por contraste, uno de los fenómenos que define la posmodernidad como tal es precisamente la caída del comunismo.

¿Sería posible reimaginar y reanimar el proyecto del comunismo —es decir, a Calibán— no sólo *en* la posmodernidad, sino en cierto sentido *desde* la posmodernidad? La pregunta parece a la vez perversa y quijotesca. Perversa por todo lo que sabemos del Gulag, de los campos de matanza de Camboya, de los crímenes de Stalin (y de todos los pequeños Stalins), de la represión y la falta de democracia aun en condiciones de lo que se solía llamar "normalidad socialista". Quijotesca por el simple e inescapable hecho del fracaso histórico de un sistema y de una ideología que justificaban esa represión y esos crímenes en nombre de la construcción de un futuro humano más justo y democrático.

Es cada vez más evidente que los regímenes que surgieron de ese fracaso han resultado en mayor o menor grado problemáticos, especialmente en lo que era la URSS y Yugoslavia. Este hecho ha provocado dentro y fuera del mundo post-soviético una nostalgia por lo que puede aparecer en las condiciones actuales como una "época dorada" del estalinismo de los años cincuenta y sesenta. Sin embargo, es evidente también que la simple restauración del estalinismo —o la instauración de nuevos regímenes de ese tipo (como podría haber ocurrido en el Perú con Sendero Luminoso por ejemplo)— aun si fuera todavía posible, llevaría con el tiempo al mismo *impasse* y crisis que experimentó el campo del "socialismo real" en los ochenta, porque las semillas de ese *impasse* y crisis estaban presentes en la forma misma de centralización económica política y cultural de la dictadura del Partido Comunista, forma que puede parecernos hoy una variante particular de una dictadura de la burguesía.[1]

Hay muchas razones para defender el derecho de Cuba de seguir su propio camino contra la presión del bloqueo impuesto por el gobierno norteamericano, o para preferir el modelo chino de transición hacia una economía mixta, en lugar del ruso. Pero nadie —ni los mismos cubanos o chinos— piensa hoy que China o Cuba son modelos ejemplares de un nuevo tipo de sociedad post-capitalista. Esta carencia de normatividad es precisamente lo que expresa el concepto cubano de "período especial en tiempos de emergencia". La proyección estratégica de estos regímenes es más bien usar el monopolio político-burocrático del partido para facilitar la integración del país a la economía global, sin los desajustes vertiginosos que ocurrieron en el caso de la URSS.

Paradójicamente, algo parecido ocurre con las variantes contemporáneas de la social democracia, desde el PT brasileño o el PRD mejicano hasta el Nuevo Laborismo de Tony Blair y la Tercera Vía (debo indicar que mi propia filiación política ha sido con la tradición social demócrata). Como Clinton, que es en cierto sentido su modelo, las nuevas formas de la social democracia representan un reajuste hábil a las condiciones actuales impuestas por la globalización. Pero, al fin y al cabo, ese reajuste consiste esencialmente en que acepten la hegemonía del capital globalizado. Reproducen la función tradicional de la social democracia de ajustar las reivindicaciones obreras y populares a los intereses capitalistas, y viceversa, ofreciéndose como "mediadores" más eficaces de la lucha de clases que los tradicionales partidos de la burguesía. No proponen una *alternativa* a la globalización o a la lógica del capital —otras formas de comunidad, valores, producción, cultura, democracia, regocijo.

---

1. Es quizás pertinente observar al respecto que la transición del comunismo al capitalismo fue o está siendo efectuada sin una verdadera revolución social —lo que equivale a decir, sin un cambio de clase dominante.

Lo que compartían, más allá de su antagonismo secular, la social democracia y el comunismo es que en principio se presentaban ideológicamente como *formas de la modernidad*. El debate entre capitalismo y el comunismo que subyace la Guerra Fría fue hasta cierto punto un debate sobre cuál de los dos sistemas podía mejor llevar a cabo la posibilidad de una modernidad política, económica, científico-tecnológica, y cultural latente en el mismo proyecto burgués. La premisa básica del marxismo como ideología modernizadora era que la sociedad burguesa no podía cumplir con su propia promesa de emancipación y bienestar debido a las contradicciones inherentes en el modo de producción capitalista —contradicciones sobre todo entre el carácter social de la producción y el carácter privado de propiedad y acumulación. Liberando las fuerzas de producción de los lazos de las relaciones de producción capitalistas —así decía el argumento clásico— los regímenes de socialismo de estado podrían más o menos rápidamente sobrepasar esas limitaciones y "ganar" sobre el capitalismo. La respuesta —en última instancia ganadora— del capitalismo fue que la fuerza del mercado libre sería más dinámica y eficaz en producir la modernidad y el desarrollo económico.

Lo que no estaba en cuestión en este argumento, sin embargo, era la categoría de la modernidad en sí, ni la idea —de clara, aunque no siempre reconocida, procedencia hegeliana— de un proceso teleológico "necesario" para producir esa modernidad. Esta ambivalencia estaba implícita en la teoría de la dependencia, y explica el cambio de rumbo ideológico de un hombre como Cardoso en Brasil. Si la teoría de la dependencia fue esencialmente una explicación del *retraso* (o "subdesarrollo") de los países de la periferia capitalista con respecto a una modernidad (económica, política, etcétera) supuestamente "lograda" del centro, entonces la modernidad es la meta o el principio de valor con relación al cual se juzga el abyecto presente nacional, y el mercado libre, o el capitalismo de estado, o el socialismo son sólo *medios* para conseguir esa modernidad, medios que en última instancia deben ser juzgados por su efectividad pragmática en producir la modernidad. Pero, ¿puede existir una idea del socialismo/comunismo que no esté conectada con el *telos* de la modernidad? Como se sabe, Marx y Engels sólo comenzaron a entrever esta posibilidad en sus últimas reflexiones sobre las comunas campesinas rusas como base posible de un colectivismo agrario.[2]

---

2. Es interesante notar que los límites del proyecto de la URSS se revelaron sobre todo en su enfrentamiento con el fundamentalismo islámico en la guerra de Afganistán.

La modernidad conlleva el ideal y, a la vez, la posibilidad material de una sociedad transparente a sí misma —la generalización del principio de la "razón comunicativa", para recordar el concepto de Habermas. Por lo tanto, la lógica de la modernización es aculturadora o transculturadora.[3] Lo que opone la posibilidad de una sociedad transparente a sí misma es la proliferación de diferencias y heterogeneidades producidas por el mismo proceso de colonización europea, esclavitud, economía de plantación, sexismo, y racismo, desastres y flujos demográficos, desarrollo combinado y desigual, etcétera, que acompañan la historia del capitalismo y las circunstancias particulares de su implantación en América Latina. Podemos coincidir en llamar esa heterogeneidad —que representa diferentes lógicas de lo social y diferentes maneras de experimentar y conceptualizar la historia dentro de una misma formación social o estado-nación— el multiculturalismo.

Para muchos lectores, el término tendrá la desventaja evidente de estar asociado con ciertos debates norteamericanos, y a partir de allí, de sugerir la intromisión de una agenda ajena a "nuestra América". Pero es evidente que algo que los Estados Unidos y los países del Caribe y América Latina comparten, en mayor o menor grado, dependiendo de sus circunstancias históricas, es un carácter multiétnico y multilingüístico y multicultural que deriva en parte de la herencia del colonialismo.

Como se sabe, Néstor García Canclini en su libro *Culturas híbridas* ha propuesto algo parecido a la idea de un multiculturalismo *interior* a las sociedades latinoamericanas en su idea de "tiempos mixtos" y el resultante carácter "híbrido" de las formas de producción y consumo cultural en América Latina. Para Canclini, como para el proyecto de estudios culturales latinoamericanos en general, la sociedad civil es el lugar privilegiado de la heterogeneidad y la hibridación multicultural, contra la lógica supuestamente homogeneizante y monológica del estado-nación "moderno". Curiosamente, sin embargo, la identificación entre la hibridez multicultural (y de allí nuevas formas de ciudadanía) y la sociedad civil—identificación que nace de un esfuerzo por desplazar la autoridad cultural y hermenéutica de la "ciudad letrada" hacia la producción/recepción cultural de las clases populares —termina legitimizando hasta cierto punto la hegemonía del mercado y el actual proceso

---

3. La política cultural de la izquierda más relacionada con la teoría de la dependencia fue la idea de transculturación propuesta por Ángel Rama, sobre la base del aporte inicial —que incluye la invención del neologismo— de Fernando Ortiz en *Contrapunteo cubano del tabaco y el azúcar*.

de globalización. La lógica misma de las políticas de identidad que acompañan el principio del multiculturalismo apunta en la dirección de asumir que el proyecto gramsciano de conquistar la hegemonía ya no es una posibilidad, porque ya no existen las bases para formar un nuevo sujeto "nacional-popular". Hay sólo identidades fronterizas-desterritorializadas o en proceso de desterritorialización o reterritorialización. A la manera de Foucault, el poder es visto como una relación diseminada en todos los espacios sociales, en vez de estar concentrada en el estado y los aparatos ideológicos del estado.

De allí que el multiculturalismo pueda aparecer a primera vista como congruente con la hegemonía del neoliberalismo. Implícito en esta paradoja está el reto más profundo que el neoliberalismo ofrece a la izquierda: en principio, la doctrina neoliberal no presupone ninguna jerarquía de valor *a priori*, aparte de la función del mercado y de *market choice* en sí. Si *market choice* es un acto esencialmente "racional" (de acuerdo con el fin de maximizar ventaja y minimizar desventaja), y además "libre" en un sentido formal, entonces la racionalidad comunicativa de Habermas ya está latente en cierto sentido en la generalización de las relaciones de mercado y la democracia parlamentaria, y estamos, como opinaba Fukuyama, en el fin de la historia. Pero, ¿sería posible derivar del principio del multiculturalismo una posibilidad más radical, ya que, para repetir, lo que designa el multiculturalismo (como la figura de Calibán para Retamar) son desigualdades, diferencias, y antagonismos producidos o reproducidos por la historia misma del capitalismo? En general, la respuesta de la izquierda —tanto comunista o ex-comunista como social demócrata— a esta pregunta ha sido negativa. El multiculturalismo implica en mayor o menor grado un principio de *relativismo* cultural y epistemológico. La izquierda, por contraste, ha preferido en general refugiarse en la idea del socialismo como una forma de racionalidad crítica-científica "moderna", pero opuesta a la vez a la "razón instrumental" del mercado y del estado burgués, y a las enajenaciones de la "industria cultural" capitalista, representadas sobre todo en el consumo.

El proyecto de Beatriz Sarlo en la Argentina de Menem y la redemocratización —una variante de la "crítica negativa" de la Escuela de Frankfurt— por ejemplo, depende precisamente de la capacidad de movilizar la normatividad de los valores científico-humanistas y estéticos de la alta cultura burguesa contra la hegemonía del capitalismo en su forma actual. En una dirección paralela, Hugo Achugar revindica, contra lo que él ve como el prestigio de las nuevas corrientes teóricas en la academia metropolitana (y, sobre todo, norteamericana), una defensa de la tradición de pensamiento cultural representada por la "ciudad letrada" criolla en sus expresiones más progresistas y en su capacidad de recuperar y movilizar las formas de la "memoria local".[4]

La crítica de Sarlo de las nuevas formas de la sociedad de consumo implantadas en América Latina y la defensa de la función benjaminiana del letrado criollo como "receptor" de lo local de Achugar surgen de un reconocimiento vivencial de que la globalización implica, entre otras cosas, un descentramiento de la autoridad del intelectual tradicional (para recordar el concepto de Gramsci) —descentramiento que exige una contra-respuesta o reterritorialización de autoridad cultural. Nadie cuestionaría la fuerza de negación crítica que puede ofrecer la tradición letrada latinoamericana o la memoria local en la globalización. Sin embargo, puede haber en estas propuestas el peligro de un neo-arielismo. La ansiedad del intelectual tradicional ante los efectos supuestamente nocivos de la cultura de masas globalizada es, en parte, una ansiedad ante la democracia. Si una postura arielista (o frankfurtiana) representa de hecho una forma de resistencia cultural dentro de la globalización —lo que algunos críticos coinciden en llamar un "regionalismo crítico"— hay que reconocer que representa también un estamento social y un proyecto cultural todavía hegemónicos (aunque en crisis) en su propio espacio nacional y/o regional.[5]

¿Ofrece entonces lo que Sarlo denuncia como el "neopopulismo de los medios" de estudios culturales una alternativa coherente al neo-arielismo? Para Retamar la posibilidad de Calibán fue sobre todo una cuestión *literaria*. Pero en cierto sentido el lugar de Calibán esta pasando de la "ciudad letrada" nacionalista-progresista que celebra su ensayo (es decir, en el propio contexto cubano del ensayo, el lugar de *Orígenes* y/o *Casa de las Américas*) a estudios

---

4. Dice Achugar: "[L]a construcción que se propone de América Latina, dentro del marco teórico de los llamados estudios postcoloniales, parecería apuntar a que el lugar desde donde se habla no es o debe ser el de la nación sino el del pasado colonial [...] [El] lugar desde donde se lee América Latina parece ser, por un lado, el de la experiencia histórica del *Commonwealth* y por otro [...] el de la agenda de la academia norteamericana que está localizada en la historia de su sociedad civil" (381).

5. Quizás sea útil recordar aquí que uno de los argumentos fundacionales de la nueva derecha latinoamericana fue la crítica del arielismo hecha por Carlos Rangel en su libro *Del buen salvaje al buen revolucionario* (1976).

culturales, donde Calibán reaparece transvestido como Teresa —la protagonista popular de la película cubana *Retrato de Teresa*— o La Malinche o "la nueva mestiza" lesbiana de Gloria Anzaldúa. Lo que está en juego en la propuesta de estudios culturales —George Yúdice hace esto explícito en su deseo de hablar de "políticas culturales" *(cultural policies)* en vez de política cultural *(cultural politics)*— es la posibilidad de pensar y a la vez alentar nuevas formas de ciudadanía y "participación" en el contexto de la globalización y la desterritorialización y reterritorialización cultural que se está produciendo en América Latina. De allí la articulación estratégica de estudios culturales como una especie de "correa de transmisión" entre la sociedad civil, el estado, las corporaciones transnacionales, las ONGs y fundaciones, y la academia.

Pero el proyecto de estudios culturales, aunque se suele presentar en un registro posmodernista, corre el riesgo de simplemente *transferir* la dinámica cultural de modernización de la "ciudad letrada", es decir, de las formas de *high culture* nacional burguesa, a la cultura de masas globalizada, vista ahora como más eficaz, más capaz de producir la desfamiliarización cultural esencial a la formación de una sensibilidad moderna. En particular, el énfasis que —partiendo de la teoría de la recepción— los estudios culturales dan a la refuncionalización de la producción de mercancías a través del consumo conduce en la dirección de ver al consumo como una especie de praxis política en sí (o de pensar que la política funciona hoy dentro de una lógica de consumo). Lo que expresa la famosa consigna de Canclini —"el consumo también sirve para pensar"— es que con la globalización económica, la sociedad ha llegado a un umbral histórico en el cual ya no es posible pensar la ciudadanía y la democracia independiente del consumo.

En las propuestas de Canclini sobre hibridización cultural, la posición de sujeto desde la cual se pueden registrar los efectos de la hibridización no es exactamente la del sujeto popular supuestamente involucrado en esos procesos de transmutación. Se trata más bien de una apropiación esencialmente *intelectual* de la cultura de masas por intelectuales tradicionales, ubicados en la academia o en las ONGs y socialmente en una clase media o clase media alta profesional. En ese sentido, el proyecto de estudios culturales no rompe con los valores de la modernidad. Los "tiempos mixtos" de Canclini se resuelven en el presente caótico y dinámico de la gran megalópolis capitalista como São Paulo, la ciudad de México, o Buenos Aires, y los nuevos flujos demográficos y culturales "glocales" que posibilita. El proceso de hibridización reproduce —pero ya en el ámbito de las culturas populares o de masa, y en un registro post- o para-nacional— la teleología "moderna" expresada anteriormente en la idea de mestizaje cultural o transculturación. Los estudios culturales llegan a ocupar el lugar de un proyecto revolucionario de la izquierda no sólo fracasada, sino vista ahora como imposible e/o indeseable.

En un nuevo libro sobre la relación entre cultura y política en Guatemala hoy (*La articulación de las diferencias*), Mario Roberto Morales critica a la vez la estrategia de lucha armada de la guerrilla guatemalteca en los años ochenta y el "binarismo" que subyace a la emergencia de las nuevas políticas de identidad indígena en su país. En su lugar, defiende un proceso de "mestizaje cultural" modelado sobre la base del concepto de hibridez de Canclini. Reconoce la persistencia del carácter multiétnico y multilingüístico de un país como Guatemala, la justicia de muchas de las reivindicaciones indígenas, y la posibilidad de cierta autonomía relativa de los grupos indígenas dentro del espacio nacional, y diferencia en particular su uso del concepto de mestizaje de su aceptación tradicional en el discurso mundonovista (por ejemplo en Martí o Vasconcelos). Por lo tanto, entiende por "mestizaje cultural" no tanto la "superación" de diferencias etno-culturales sino la ampliación, negociación, e hibridación de esas diferencias en condiciones de democratización (para parafrasear su propia formulación). Esta posibilidad implica a su vez una nueva forma de lo "nacional", modelada sobre la representación que ofrecen los estudios culturales de lo social como proceso de hibridización (y, en efecto, el libro de Morales es una nueva forma del género del "ensayo nacional" tradicional, como *Facundo*, por ejemplo).

Pero cabe preguntar ¿si tanto la cultura indígena como la ladina en Guatemala participan de un proceso común de mestizaje/hibridización/transculturación, entonces en qué consiste en primer lugar su diferencia? Los efectos de la globalización que Morales señala en la cultura guatemalteca actual también llevan —por la lógica de desarrollo combinado y desigual— a *intensificaciones* de las diferencias —en este caso, a una agudización radical de una conciencia basada en una identidad "maya". Uno puede estar de acuerdo o no con la expresión ideológica de esta conciencia, pero el fenómeno de su surgimiento y fuerza es innegable. Es precisamente esta intensificación de la diferencia lo que potencializa y hace necesario a la vez el "diálogo interétnico" que Morales promueve en su libro contra una política de identidad "mayista". Pero no hay diálogo—o, para usar el término de Rorty, "conversación" —posible entre posiciones de sujeto fundamentalmente desiguales. Es decir, para que haya "diálogo inter-étnico" uno tiene que conceder en primer lugar la autoridad de la voz del otro. Pero esto implicaría, otra vez, un desplazamiento de la autoridad del letrado —es decir, del propio Morales— como el "conductor de pueblos" nacional.

Volveremos a este problema enseguida. Por el momento, es suficiente notar que para una rearticulación propiamente posmoderna de los estudios culturales me parece más útil que el concepto de hibridez de Canclini la idea de una "heterogeneidad no dialéctica" bosquejada por Antonio Cornejo-Polar en uno de sus últimos ensayos ("Una heterogeneidad no dialéctica"). Pensando en el fenómeno del gran flujo migratorio de la sierra hacia las ciudades costeñas del Perú en las últimas décadas (que equivale a una especie de diáspora *interior al* país), Cornejo rechaza la opción, que asocia explícitamente con Canclini, de pensar la identidad del sujeto de esa migración como "desterritorializada". Aunque de hecho varias identidades y territorialidades co-existen en ese sujeto, no debe entenderse como transculturado o híbrido. Más bien, es un sujeto descentrado o esquizofrénico, construido alrededor de dos (o más) ejes de identidad que son contradictorios de una forma que *no* resulta en una supresión-superación *(Aufhebung)* de la contradicción: "Acoge [el sujeto migrante] no menos de dos experiencias de vida que la migración, contra lo que se supone en el uso de la categoría de mestizaje, y en cierto sentido en el del concepto de transculturación, no intenta sintetizar en un espacio de resolución armónica".[6]

Si se entiende la hibridez o el mestizaje como el campo de negociación o (para usar el concepto de Homi Bhabha) de "traducción" de diferencias, entonces la disputa es sólo terminológica: híbrido o heterogéneo, da más o menos lo mismo. Pero detrás de la apelación a la hibridez y/o la transculturación perdura una ansiedad: una ansiedad de clase (burgués o pequeño burgués), de estamento (letrado), de etnia (ladino-criollo-pituco), y de género (en su mayoría masculino) de ser desplazado por un sujeto popular-subalterno multiforme, ansiedad que se traduce en un deseo de contener el protagonismo y la posibilidad desbordante de ese sujeto dentro de un marco aceptable *para nosotros,* por decirlo así.

La propuesta de Cornejo sugiere la posibilidad de un nuevo discurso de lo nacional con relación a posiciones de sujeto multiculturales. Pero, si pasamos

---

6. Antonio Cornejo Polar, "Una heterogeneidad no dialéctica: Sujeto y discurso migrantes en el Perú moderno", *Revista Iberoamericana*, vol. XVII, núms. 176–177 (julio-diciembre 1996): 837–844.

de una lógica de la hibridez o la transculturación a la de una de "heterogeneidad no dialéctica" —es decir, a una lógica de diferencias que *no* se resuelven en un proceso teleológico de formación de una cultura "nacional" o (como prefiere Canclini) "glocal"— surge entonces la pregunta inherente en la crítica que hace Morales de la política de identidad mayista en Guatemala: ¿No es por definición la articulación de las "diferencias" en sí una limitación a la posibilidad de formar un bloque potencialmente hegemónico, ya que esto requiere la articulación de una "voluntad colectiva", según la conocida expresión de Gramsci?

Podemos resumir el problema de esta manera: si las políticas de identidad son esencialmente una demanda de igualdad de oportunidad o de representación formal—de acuerdo con la categoría legal del sujeto —entonces son compatibles con la hegemonía neoliberal. Según un conocido argumento de Mouffe y Laclau, en el grado en que las identidades multiculturales encuentran en sí mismas el principio de su propia racionalidad, sin tener que buscar ésta en un principio trascendente o universal que garantizara su legitimidad ontológica o histórica, producen una posición de sujeto "democrática".[7] Es decir, el multiculturalismo se conforma con la utopía neoliberal de una interacción de sujetos autónomos "plurales" gobernados en última instancia sólo por las reglas del juego democrático y del mercado. Es más: las demandas multiculturales expresan el deseo y la posibilidad de la integración sectores relativamente privilegiados de grupos anteriormente subalternos al estado y al mercado capitalista. A su vez, el estado y el mercado comparten la necesidad de organizar poblaciones heterogéneas e híbridas en categorías identitarias fijas: indígena, gay, mujer, víctima de SIDA, protestante, etc. (El problema, por supuesto, es que una persona concreta puede ser todas estas cosas a la vez: esa persona sería precisamente el nuevo Calibán).

Pero si estas demandas no son sólo para igualdad o "representación" formal, sino para una igualdad cultural, económica, cívica, y epistemológica a la vez, entonces la lógica de las políticas de identidad multiculturales sobrepasa la posibilidad de ser contenida dentro de la hegemonía neoliberal, y conduce hacia lo que Mouffe y Laclau llaman una posición de sujeto "popular". Se trata de un sujeto capaz de dividir el espacio político en dos campos opuestos: el campo de un "bloque popular" y el campo de la elite o "bloque de poder". La

---

7. Ernesto Laclau and Chantal Mouffe, *Hegemony and Socialist Strategy: Towards a Radical Democratic Politics* (London: Verso, 1992), 167.

autoconstitutividad de cada una de las identidades diferenciales es, a la vez, el resultado de un desplazamiento de un *imaginario igualitario* compartido, un imaginario que nace de las desigualdades (económicas, etnoraciales, de género, de cultura, etc.) producidas por la modernidad capitalista.

En su concepto de un "imaginario igualitario" Mouffe y Laclau anticipan el argumento del filósofo canadiense Charles Taylor de que el multiculturalismo implica una "presunción de valor igual"[8]). Homi Bhabha señala que, para Taylor, esta presunción "no deriva del lenguaje universal de valor cultural [...] porque se enfoca exclusivamente en el reconocimiento para lo excluido".[9] En otras palabras, la presunción no depende de un principio ético o epistemológico que existe tal como *anterior* a la demanda de reconocimiento cultural en sí misma. Según Taylor, un juicio valorativo auténtico no puede presumir un valor. Más bien, la demanda de reconocimiento cultural pone en marcha un "juicio procesal" *(processual judgement)*, que involucra la necesidad de "negociar" diferencias culturales para llegar a una nueva "fusión de horizonte" *(fusion of horizon)* que no estaba presente en el comienzo del diálogo.

Pero estas ideas de *processual judgement* y *fusion of horizon* sugieren en el argumento de Taylor otra vez una teleología de transculturación o hibridización que parece negar la fuerza de la "otredad" que se trata de "negociar" en primer lugar (entre otras cosas, porque esa otredad no tiene que expresarse necesariamente en una teleología de transculturación o hibridización). Como señala Bhabha, "[L]o que Taylor encuentra particularmente inaceptable en la presunción de valor igual es la extensión de derechos civiles al dominio de juicio cultural" (449). Pero su solución, "trabajar a través de la diferencia cultural para ser transformado por el otro", continúa Bhabha,

> no está tan claramente abierta al otro como suena. Esto es porque la posibilidad de una "fusión de horizonte" de valores —el *nuevo* patrón de juicio— no es tan nueva; está fundada sobre la noción del sujeto dialógico de la cultura que teníamos *precisamente en el comienzo* del argumento. *Ese* patrón no ha cambiado [...] Hay [en Taylor] una presunción de reconocimiento dialógico como forma de reciprocidad social y psíquica que hace de la fusión de horizontes una norma de valor o

---

8. Charles Taylor, "The Politics of Recognition" en Amy Gutmann ed., *Multiculturalism* (Princeton: Princeton University Press, 1994).
9. Homi Bhabha, "Editor's Introduction: Minority Maneuvers and Unsettled Negotiations" en *Front Lines/ Border Posts*, número especial de *Critical Inquiry* 23/3 (1997): 431–459.

entereza cultural esencialmente consensual y homogeneizante, basada en la idea de que la diferencia cultural es fundamentalmente sincrónica. (449-50)

Bhabha quiere enfatizar aquí que no puede ser un principio abstracto ético o epistemológico de reciprocidad o "reconocimiento" —es decir, un principio particular al supuesto "universalismo" de la moderna cultura burguesa occidental— lo que dinamiza la "presunción de igual valor". Es más bien el carácter históricamente *específico* de las relaciones de subalternidad, marginalización, y explotación producidas por la hegemonía de esa misma cultura. Para Taylor, "La diferencia está constituida y totalizada *dentro de* cada cultura"; de allí que el diálogo multicultural "involucra *dos* sujetos culturales unitarios (individuales o colectivos)". Pero el problema de lo que Bhabha llama "el sujeto minoritario" (aunque debe quedar claro que está hablando de la inmensa mayoría de la humanidad) "no es la cuestión de *reciprocidad* —'la relación de los dos'— sino la problemática de *proximidad* [...] El sujeto minoritario producido por la proximidad de diferencia (en vez de reciprocidad) emerge de una historia de prácticas discriminatorias y exclusionarias *sin* la temporalidad coeva que el dialogismo necesita para un reconocimiento exitoso" (450).

Taylor representa para Bhabha la limitación de las energías subversivas generadas por el multiculturalismo a una lógica "liberal"—lo que en los Estados Unidos solemos llamar *"liberal multiculturalism"* (cuando no *corporate multiculturalism)*. Pero Bhabha señala también el peligro de que una política de identidad que no se abre a una "fusión de horizontes" corre el riesgo de quedar atrapada en una articulación defensiva y rígida, no sólo "incapaz de participar en una política transformativa, colectiva" sino en cierto sentido —como en el caso de lo que Nietzsche entiende por *ressentiment*— cómplice con las estructuras de dominación y subordinación que pretende resistir (452).

La idea inherente en mi argumento aquí, por contraste, es que se puede derivar la posibilidad de reformular el proyecto del comunismo desde el principio del multiculturalismo. Como señalan Mouffe y Laclau, la posibilidad de sobrepasar los límites de la actual hegemonía burguesa sería, en un sentido primario, nada más que la lucha por la "autonomización máxima de esferas" sociales de acuerdo con la generalización de una lógica igualitaria (187). Pero esto ocurre precisamente cuando se presiona desde dentro de varias formaciones culturales y políticas de identidad para llegar al extremo de sus demandas. Es decir, a un extremo en que estas demandas (por "reconocimiento", "derechos", libertad, igualdad formal, autonomía territorial, bi- o multilingüismo, etc.) ya no pueden ser expresadas adecuadamente dentro de las formas legales y los aparatos ideológicos del estado actual. Esta ecuación entre lo popular y lo heterogéneo no implica, por lo tanto, generalizar el principio del multiculturalismo a todo el espacio social, como ocurre en la celebración del poder de gestión de la sociedad civil en estudios culturales. Si la "posición de sujeto *popular*" es precisamente la expresión político-cultural de un principio de igualdad implícito en la heterogeneidad multicultural, entonces no puede incluir dentro de sí misma la "diferencia" representada por el bloque de poder. El carácter multicultural de lo popular tiene que ser articulado contra algo que *no es* —lo que Laclau designa como su "afuera constitutivo".

Este "afuera" tendría que ser, en cierto sentido, la lógica de aculturación o transculturación de la modernidad burguesa en sí. De allí que el proyecto de la izquierda no debe presentarse como una manera de "completar" el proyecto de la modernidad. No porque se trata de una vuelta a, o defensa de, un pasado nostálgico (lo que Marx y Engels entendieron por la categoría de "socialismo feudal" en el *Manifiesto*): el sujeto democrático-popular colectivo que aparecería en el registro de esta articulación —el nuevo Calibán— es un sujeto que carece de nostalgia por un "pasado perdido" pero a la vez resiste una incorporación plena a las formas de disciplinamiento de la modernidad. Su deseo, más bien, es para una condición de autonomía personal, igualdad, y democratización social máxima *en todas las esferas* —deseo incompatible en la última instancia con las jerarquías (de control, de autoridad cultural, de raza y etnia, de género, de riqueza, etc.) que ese disciplinamiento requiere e impone.

En otras palabras, la unidad de los elementos del "pueblo" depende de un reconocimiento de la *inconmensurabilidad* de esos elementos y, por lo tanto, de la proliferación de "contradicciones en el seno del pueblo" como valores positivos en vez de "problemas" (de desarrollo, de falta de educación o "normatividad socialista"). Lo que define la —renovada— posibilidad del "pueblo" como sujeto hegemónico hoy no es, por lo tanto, la noción jacobino-nacionalista o fascista del pueblo como sujeto idéntico a sí mismo —noción que hace del pueblo esencialmente el sujeto predilecto del estado moderno— sino precisamente la articulación del pueblo como un sujeto internamente fisurado y heterogéneo.[10] Un proyecto renovado de la izquierda

---

10. Este sentido del "pueblo" está cercano a lo que Jean François Lyotard entiende por "lo pagano" o Paolo Virno por "la multitud"—es decir, un sujeto social colectivo, pero no totalizable en *una* identidad.

para "cambiar la vida" —el nuevo Calibán— sería la expresión política de este reconocimiento de la heterogeneidad e inconmensurabilidad de lo social, sin sentir la necesidad de resolver las diferencias en una lógica unitaria o transculturadora de "modernización".

Unas observaciones finales

1. Como hemos visto, para Mouffe y Laclau las políticas de identidad multicultural pueden apuntar a la vez hacia una "posición de sujeto *democrático*" compatible con la hegemonía neoliberal, o hacia la "posición de sujeto *popular*" de un nuevo bloque histórico potencialmente hegemónico. Pero lo que es evidente en su argumento es que lo que prevalece en *ambas* alternativas es la *misma* lógica socio-cultural (de subalternidad, de exclusión, discriminación, falta de igualdad). Esta coincidencia sugiere la posibilidad de una "convergencia" o "alianza táctica" entre las formas más avanzadas del liberalismo (como, por ejemplo, el feminismo, el movimiento gay, el ecologismo, los movimientos en favor de derechos humanos) y el esfuerzo por recomenzar o reanimar el proyecto de la izquierda, una convergencia que sobrepasaría en sus demandas e interpelaciones los límites inherentes en los gobiernos social demócratas o comunistas actuales.

2. Si en un registro "post" se ha insistido mucho en la "sobredeterminación" de la identidad de clase por otras identidades y lógicas de lo social, también hay que reconocer que esas identidades a su vez están sobredeterminadas por las relaciones de clase, y que la lógica de esas relaciones es una "lógica fundamental". Si el multiculturalismo es sólo una manera de producir un nuevo *yuppie* étnico o femenino o gay, entonces no hemos avanzado mucho en la dirección de un nuevo Calibán; más bien, hemos producido lo que en Miami se llama un *yuca (young, upwardly mobile Cuban-American)*. Pero esto es reconocer que la clase es también, en su aspecto político-cultural (es decir, como clase-por-sí), *una identidad.*

3. Muchos pensadores de la izquierda arguyen la "incompatibilidad sistemática" (la frase es de Fredric Jameson) entre el principio del mercado y el socialismo, haciendo referencia a las enormes consecuencias destructivas —tanto en lo cultural-ideológico como en lo económico— de la reintroducción descontrolada de relaciones de

mercado capitalistas en las sociedades post-comunistas. Pero el principio de la relación entre él mercado y la democratización en el pensamiento neoliberal no implica necesariamente una identificación absoluta entre el mercado y el capitalismo, o del principio del mercado como tal con el "mercado libre" creado por el capitalismo histórico. Esa identificación depende más bien de la función ideológica del neoliberalismo de asegurar la hegemonía del capital global. No obstante, el mercado no es una institución social exclusiva del capitalismo, ni es la existencia de relaciones de mercado como tal lo que define el capitalismo como modo de producción: puede haber modos de producción —como un sistema generalizado de producción de pequeña mercancía— que dependen del mercado pero que no son capitalistas, y vice versa, puede haber modos de producción basados en relaciones de producción explotadoras que no dependen del mercado —por ejemplo, el feudalismo. El problema entonces no es en sí mercado versus planificación, o sociedad civil versus estado. Se trata más bien de indagar *qué* configuración social ejerce la hegemonía tanto en el estado como en la economía o las instituciones de la sociedad civil: es decir, en última instancia se trata de un problema *político* y *cultural* más que puramente "económico".

4. El espacio geopolítico de la modernidad está formado por la nación-estado. Como se sabe, la globalización implica una superación relativa de la nación-estado. Sin embargo, el espacio de la hegemonía —su territorialidad— es todavía "nacional" (y, vice versa, en cierto sentido la "nación" es, como Gramsci lo vio, un "efecto" de la hegemonía) (véase *Cuadernos de cárcel*, "Notas sobre la historia de Italia"). Por lo tanto, en vez de abandonar la idea de la nación y de movernos exclusivamente a un registro "post nacional", es necesario desarrollar *desde* el multiculturalismo y la/s cultura/s popular/es un imaginario nuevo de la nación-estado y de su relación con nuevas formas de territorialidad paranacionales.[11] "Desde el multiculturalismo" porque este imaginario no puede ser simplemente una reafirmación de la "nación

---

11. Un ejemplo de esto es la idea de *borderlands* o territorialidad "familiar" en las obras de escritoras latinas en Estados Unidos: por ejemplo, *Dreaming in Cuban* de Cristina García, *How the García Girls Lost Their Accents* de Julia Alvarez, *Translated Woman* de Ruth Behar, o *Borderlands/La frontera* de Gloria Anzaldúa.

histórica" ya que la "nación histórica" —y sus instituciones, como el canon de la literatura nacional— es en parte inconmensurable con la "heterogeneidad no dialéctica" (para recordar el concepto de Antonio Cornejo-Polar) de las clases y grupos sociales subalternos que esta nación pretende representar dentro de su territorialidad.

5. La secularización como valor, y las formas de una cultura propiamente secular (la ciencia, la literatura y el arte moderno, la historia y las ciencias sociales, el lenguaje de derechos civiles, etcétera) son, como los ideales de democracia e igualdad social, productos de la modernidad, y están, hasta cierto punto, interrelacionadas con esos ideales. Pero el objeto de una sociedad igualitaria y democrática no debería ser la secularización en sí (una meta además imposible de conseguir), o el dominio de la ciencia o los "expertos" (que, en las condiciones actuales, equivaldría a decir el dominio de las grandes multinacionales que han monopolizado o están en proceso de monopolizar la tecnología y la informática). Si para ganar la hegemonía las clases y los grupos sociales subalternos tienen que devenir esencialmente lo que ya es hegemónico —es decir, la "moderna" cultura burguesa (científica, literaria, etc.)—, entonces las clases dominantes (nacionales o transnacionales) y la cultura dominante continuarán prevaleciendo, aun después de ser derrotadas (como se sabe, esta paradoja definió en parte la crisis del proyecto del comunismo). Por otro lado, el principio del igualitarismo en sí presupone, a la vez, que dentro del "imaginario igualitario" caben formas de subordinación *dentro* de los parámetros de sociedades o religiones "tradicionales" simplemente por ser no-modernas o anti-modernas, o "locales" (por ejemplo, formas de subordinación patriarcal o de casta o etnia). Como hemos visto, un neo-tradicionalismo o "fundamentalismo" puede ser altamente compatible con la reproducción de una sociedad y un estado "moderno" autoritario (como en el caso de Chile bajo la dictadura de Pinochet o en Irán). La posibilidad *radical* del multiculturalismo reside estrictamente en una insistencia en el igualitarismo. Pero, para recordar el argumento de Bhabha mencionado arriba, esta insistencia no depende simplemente de un "principio" ético. Cualquier relación de subordinación o desigualdad social produce su contrario: una denegación de la autoridad de la posición dominante y un deseo de igualdad.

Por razones evidentes, el proyecto de reanimar o reimaginar la posibilidad de un nuevo Calibán tiene que ser por el momento más un proyecto en el campo de la cultura que en la política o en la economía. Pero el posmodernismo también implica un cambio en el lugar de la cultura. Según el famoso ensayo de Fredric Jameson *Postmodernism, or the Cultural Logic of Late Capitalism*[12] (que ha devenido él mismo, en su diseminación global, un artefacto de la posmodernidad), en el contexto de la generalización social y la diseminación de la cultura de masas, el modelo weberiano de la modernidad —según el cual el arte y la cultura funcionan como esferas autónomas o semi-autónomas y el formalismo es su representación teórica-crítica— comienza a desmoronarse. La cultura hoy atraviesa lo social en formas nuevas y todavía no teorizadas, de tal manera que todas las instancias de lo social —desde la estructura de la psique revelada por la teoría psicoanalítica hasta la economía política y la organización del estado— son "culturales" en alguna medida.

La nueva centralidad de la cultura (o del tema de la cultura, que no es exactamente lo mismo), y su correlato, el concepto semiótico de la identidad, confirió al campo académico de la crítica literaria la función de una vanguardia conceptual, paradójicamente en un momento en que ese campo comenzaba a perder su propósito y su autoridad tradicional. De allí nace el poder de gestión y la correspondiente responsabilidad que la actual coyuntura confiere a nuestros quehaceres como trabajadores de la cultura. Pero el reconocimiento de la dimensión cultural de la hegemonía también viene acompañado por un sentido de la necesidad de abandonar lo que José Joaquin Brunner ha llamado "la visión 'cultural' de la cultura" propia de la crítica literaria y de las humanidades en general, y de cuestionar nuestra propia función pedagógica en formar los sujetos de la modernidad.[13]

Hacia el final del ensayo de Retamar, la posibilidad de Calibán se perfila sobre todo en una visión —representada por un fragmento de un discurso de Che Guevara— de una "nueva" universidad posrevolucionaria abierta al pueblo. La posibilidad de un nuevo Calibán no podría fundarse

---

12. (Durham, NC: Duke University Press, 1991).
13. Es decir, la visión que identifica a la cultura en efecto con los suplementos de los diarios de domingo. José Joaquín Brunner, "Notes on Modernity and Postmodernity in Latin American Culture" en John Beverley, Michael Aronna, José Oviedo eds., *The Postmodernism Debate in Latin America* (Durham, NC: Duke University Press, 1993), 34-54.

en una creencia similar en la función redentora de la educación- una creencia *sui generis* "moderna". Esa posibilidad implicaría no sólo un imaginario político-cultural radicalmente nuevo, sino también una especie de "crítica de la razón académica": es decir, un cuestionamiento radical de la función de la universidad y de nuestra propia complicidad como intelectuales en producir y reproducir relaciones de desigualdad social y cultural.

12

Algunas observaciones sobre el último ensayo de Antonio Cornejo Polar y el futuro del hispanoamericanismo

(2002)

E L ÚLTIMO ENSAYO DE Antonio Cornejo Polar, "Mestizaje e hibridez: Los riesgos de las metáforas. Apuntes" —escrito en vísperas de su muerte y presentado inicialmente *in absentia* en el congreso de LASA en Guadalajara, México en 1997— es, paradójicamente, una respuesta a un problema —"el desdichado y poco honroso final del hispanoamericanismo", como Antonio lo nombra allí —que su misma obra crítica, en tanto interrogación de la supuesta unidad y autoridad del canon de la literatura peruana, contribuyó a crear. Si el impulso central de la generación crítica en que participó Antonio era cuestionar los límites de la "ciudad letrada", su posición aquí parece más bien un esfuerzo por reterritorializar el campo disciplinario de la crítica hispanoamericana, por redefinir y defender sus fronteras, marcando lo que debe ser su interior y exterior. Pero, ¿defenderlo contra qué, exactamente? El blanco de su ensayo es doble: contra la creciente influencia de distintas formas de "teoría" metropolitana en el campo de la crítica, y contra la creciente dominación del inglés en dicho campo disciplinario.

Para abreviar, y para poner atención a su articulación de ideologemas disciplinarios e institucionales, podríamos llamar a esas formas de teoría metropolitana "estudios" (culturales, poscoloniales, subalternos, feministas, gay, etc.). El argumento "desde Latinoamérica —pidiendo prestada una frase de Nelly

Richard— es que los "estudios" representan una problemática estadounidense (y/o británica-Commonwealth) sobre el multiculturalismo, el feminismo, las políticas de identidad, y la descolonización que ha sido desplazada de una manera ahistórica a América Latina, con la consecuencia de deformar su particularidad histórica y cultural. Tanto el afán deconstructivista de "estudios" como su ubicación en centros prestigiosos de la academia estadounidense funcionan para ocultar o denegar tácitamente la autoridad hermenéutica del intelectual literario latinoamericano, y del español como idioma del saber. Dejan a ese intelectual y a ese idioma en el lugar de *objetos* de reflexión crítica-teórica, pero no en el lugar de producción teórica. El resultado — sugiere Antonio— es que el hispanoamericanismo es actualmente un campo diglósico, fracturado entre una reflexión "sobre" América Latina hecha principalmente en inglés desde la academia estadounidense (y, en menor grado, europea), y una reflexión "desde" América Latina en español o portugués más marginal y precaria.

En una frase famosa de Paul de Man, la resistencia a la teoría constituye en sí la teoría: *the resistance to theory is theory*. La resistencia a "estudios" representada por el ensayo de Antonio (y otras articulaciones recientes) equivale en este sentido a una especie de neo-arielismo, una afirmación trágica (es decir, llena de un sentido de auto-afirmación y, a la vez, de su propia mortalidad, en condiciones de globalización y de la hegemonía regional de Estados Unidos), de un valor propio hispanoamericano ubicado en su pensamiento crítico-cultural. El desplazamiento de la autoridad del intelectual latinoamericano no sólo se deriva de una contradicción interior al proyecto democratizador de la crítica hispanoamericana progresista: también viene desde la derecha, por decirlo así, con la reestructuración y/o privatización de la universidad latinoamericana y lo que cuenta en esa universidad como capital cultural, en una manera que desprestigia el saber literario y las humanidades en favor de la profesionalización técnica administrativa. En este contexto, es posible entender y simpatizar con una postura neo-arielista como respuesta a la hegemonía neoliberal. Sin embargo, la resistencia a o el rechazo de los "estudios" corre el riesgo de ocultar o de no pensar adecuadamente algunas de las relaciones institucionales y culturales de exclusión e inclusión, subordinación y dominación que operan *dentro de* las naciones latinoamericanas y lo que cuenta como su cultura "nacional". Pero, y esto era uno de los grandes temas de la obra crítica de Antonio, precisamente el cuestionamiento de esas relaciones—relaciones que pasan *por* la "ciudad letrada" y por la supremacía colonial del español o portugués sobre los idiomas indígenas —ha sido— y es —la tarea más urgente de la crítica progresista en América Latina.

Llegamos de cierta manera al siguiente *impasse*, que, de algún modo define la situación de la crítica hispanoamericana actual. El prestigio de "estudios", emanado sobre todo desde la academia estadounidense y la teoría metropolitana, contribuye a descentrar la autoridad de una tradición previa de pensamiento progresista latinoamericano ligado a la izquierda y a la defensa antiimperialista de lo nacional. Esto hace a los "estudios" "objetivamente" cómplices de la hegemonía neoliberal y de la privatización y reestructuración de la universidad latinoamericana. Pero el objetivo de los "estudios" fue, en primera instancia, hacer una reflexión crítica sobre el proyecto de la izquierda, abriendo paso hacia nuevas formas de poder de gestión y resistencia de la izquierda en América Latina.

La crítica literaria y cultural propiamente hispanoamericana (escrita en español o portugués, "desde" América Latina, etc.) desplazada por los "estudios" resiente y resiste su prestigio en nombre de la reafirmación de un proyecto de izquierda "nacional" o continental, y el valor de lo local. Pero esa reafirmación se logra al precio de reafirmar también —sin exactamente buscarlo— exclusiones y jerarquías de valor y privilegio que limitaron o complicaron (en el caso de los regímenes revolucionarios) la posibilidad de hegemonía de ese proyecto en primer lugar. En este sentido, la resistencia a los "estudios" dificulta la posibilidad de cumplir con una de las tareas centrales —quizás la más central— del proyecto de la izquierda intelectual en América Latina: la democratización del imaginario cultural y político.

Se podría argumentar que Antonio ofreció en su propia obra crítica —sobre todo en *Escribir en el aire* y los ensayos que precedieron a "Mestizaje e hibridez", como "Una heterogeneidad no dialéctica"— una alternativa a los ideologemas preferidos de los "estudios" (es decir, a la jerga de lo subalterno, lo híbrido, la desterritorialización, etc.). Para mi gusto, "Una heterogeneidad no dialéctica" me parece un mejor modelo para el desarrollo del campo de los estudios culturales latinoamericanos que *Culturas híbridas* de García Canclini. Pero el concepto de heterogeneidad es precisamente un concepto que deriva en parte de (o coincide con) la articulación posestructuralista de lo heteróclito y del sujeto "descentrado", y de la crítica a la supuesta unidad de la nación en los estudios poscoloniales. Esto equivale a decir también que la alternativa heterogéneo/híbrido es interior, *a la vez,* a los "estudios" y al campo del pensamiento cultural propiamente latinoamericano (refleja en particular el debate entre Cornejo Polar y Garcia Canclini sobre la forma en que se articulan las diferencias multiculturales dentro de las sociedades americanas).

Pero, al fin de cuentas, lo que está en juego en el ensayo de Antonio no es la validez de los argumentos sobre transculturación, mestizaje, hibridez, de un lado u otro, sino las nuevas (y viejas) formas de enfrentamiento a todos los niveles entre Estados Unidos y América Latina, y los tensos campos afectivos que generan esos antagonismos. Se trata de una polarización entre un latinoamericanismo metropolitano y lo que Hugo Achugar llama "el pensamiento latinoamericano". Para recordar una frase de Marx, esta polarización es algo que ocurre más allá de nuestras voluntades —es un efecto superestructural de la historia. Podríamos quizás tratar de pensar y vivir esta polarización como lo que se solía llamar una "contradicción en el seno del pueblo"— es decir, una contradicción que puede producir nuevas formas de radicalización y solidaridad entre las Américas. Lo que podría articularse en este sentido es el problema de cómo desmantelar estamentos sociales y culturales heredados de un pasado común colonial y "nacional-liberal" en ambas Américas, en la dirección de sociedades más diversas, democráticas e igualitarias. (Una de las cosas que opera para deconstruir de hecho el binario latino/anglo es la creciente "hispanización" de Estados Unidos, que dentro de muy poco llegará a ser el tercer país de habla española en el mundo).

Pero quizás no. Quizás lo que revela sintomáticamente el ensayo de Antonio es una forma emergente de lo que él politólogo norteamericano Samuel Huntington entiende por la contienda de las civilizaciones, *the clash of civilizations:* es decir, la emergencia en el contexto de la globalización de nuevas formas de conflicto geo-político basadas en la agudización de diferencias culturales. Si la meta del Departamento de Estado norteamericano a que asesoraba Huntington es asegurar la congruencia de Estados Unidos y América Latina como *una* civilización con valores culturales compartidos, nuestra pregunta sería más bien: ¿Qué Estados Unidos concuerde con qué América Latina?, porque hemos aprendido precisamente de la obra de Antonio que ni Estados Unidos ni América Latina son espacios homogéneos, idénticos a sí mismos.

13

El giro neoconservador en la crítica literaria y cultural latinoamericana

(2008)

ESTE ENSAYO SOSTIENE QUE en la actualidad se está produciendo un giro neoconservador en la crítica literaria y cultural latinoamericana. Este giro es doblemente paradójico: primero, porque ocurre en el contexto del reciente re-surgimiento de la o las izquierda/s latinoamericana/s como fuerza política; segundo, porque se manifiesta principalmente desde la izquierda. Esto último no es de ninguna manera una novedad, sin embargo; casos similares fueron los de Borges y Octavio Paz, por ejemplo. Hacia el final de este ensayo volveré al tema de Borges y su rol dentro del latinoamericanismo.

En lo que sigue, consideraré tres textos que a mi modo de ver representan este giro neoconservador. El primero es el libro *La articulación de las diferencias* del escritor guatemalteco Mario Roberto Morales. El segundo es un ensayo de Mabel Moraña, "Borges y yo. Primera reflexión sobre 'El etnógrafo'". El tercero, que trataré más en detalle, es un libro más reciente sobre testimonio de Beatriz Sarlo, *Tiempo pasado*.[1]

---

1. Mario Roberto Morales, *La articulación de las diferencias, o el síndrome de Maximón. Los discursos literarios y políticos del debate interétnico en Guatemala* (Guatemala: FLACSO, 1998; segunda edición, Guatemala: Consucultura, 2002). Mabel Moraña, "Borges y yo. Primera reflexión sobre 'El etnógrafo'", publicado inicialmente en *Heterotopías. Narrativas de identidad y alteridad latinoamericana*,

En términos generales —y por supuesto esto es una generalización excesiva— han existido dos grandes tendencias innovadoras en la crítica literaria latinoamericana desde principios de la década de los 80. Una puede ser definida como la "crítica social" o, aunque no es exactamente la misma cosa, la "historia social" de la literatura latinoamericana, que se mueve paralela o a la saga de la obra de Ángel Rama, y en particular de su libro póstumo *La ciudad letrada* (1984). Esta tendencia se asociaba política e ideológicamente con la izquierda. La segunda tendencia involucra la injerencia de la teoría francesa, especialmente Barthes, Foucault y Derrida (y a veces Lacan y el feminismo francés), dentro de un modelo filológico que es el antecedente de los estudios literarios latinoamericanos. Esta tendencia está representada, predominantemente aunque no exclusivamente, por Roberto González Echevarría y sus discípulos en la academia norteamericana, y por colegas latinoamericanos que piensan de maneras similares. Aunque, como se ha dicho, esta segunda tendencia es profundamente dependiente de la deconstrucción y el post-estructuralismo, tiende a distanciarse de las inflexiones políticas izquierdistas de la teoría francesa. Generalmente, su propia posición política es o anti-izquierdista o escéptica de los postulados de la izquierda. De figuras como Josefina Ludmer, Silvia Molloy, Nelly Richard, Julio Ramos, Mary Louise Pratt, o Alberto Moreiras que utilizan las herramientas de la deconstrucción y la genealogía, pero con una agenda progresista y/o feminista, puede decirse que representan una posición intermediaria entre esas dos tendencias (hay también una deuda profunda, aunque no reconocida, a Foucault en *La ciudad letrada*).

En la década de los 90 surge una tercera tendencia representada por la articulación latinoamericana de los estudios culturales y luego de los estudios postcoloniales. Lo que llamo el giro neoconservador surge, primordialmente, como una reacción contra esta tercera tendencia por parte de críticos que, en

---

Carlos Jáuregui y Juan Pablo Dabove eds. (Pittsburgh: IILI, 2003). Cito aquí de la versión en: Mabel Moraña, *Crítica impura* (Madrid: Iberoamericana-Vervuert, 2004): 103–122. Beatriz Sarlo, *Tiempo pasado. Cultura de la memoria y giro subjetivo* (Buenos Aires: Siglo XXI, 2005). La colección editada por Emil Volek, *Latin America Writes Back: Postmodernity in the Periphery* (Nueva York y Londres: Routledge, 2002) reúne unos cuantos ensayos que también manifiestan aspectos de lo que yo llamo el giro neoconservador.

gran parte, estaban asociados con la primera de ellas, es decir, la "crítica social" de la literatura.

Me disculpo desde ya si parezco estar machacando lo obvio, pero pienso que antes de continuar sería útil distinguir entre neoconservadurismo y neoliberalismo, dado que estas posiciones a menudo se desdibujan en formas concretas de hegemonía reaccionaria, tal como el régimen de Bush en los Estados Unidos, o el gobierno actual del PAN en México [2005]. Los neoliberales creen en la eficacia del mercado libre y en un modelo utilitario y racional de agencia humana, basado en la maximización de la ganancia y la minimización de la pérdida a través del mercado. En principio, el neoliberalismo no propone otra jerarquía de valor a priori más que el principio del deseo del consumidor y la efectividad del mercado libre y la democracia formal, como mecanismos para ejercitar la libertad de elección. Desde esta perspectiva, da lo mismo si uno prefiere la cultura popular a la alta cultura, la salsa a Schoenberg (hago alusión a la famosa comparación entre Stravinsky y Schoenberg que hace Teodoro Adorno en su libro *La filosofía de la música moderna*). Esta desjerarquización implícita en la teoría y la política neoliberal entraña un fuerte desafío a la autoridad de las élites intelectuales para determinar los estándares de valor cultural.

Por el contrario, los neoconservadores sí creen en la existencia de una jerarquía de valor imbuida en la civilización occidental y en las disciplinas académicas—una jerarquía vinculada esencialmente al paradigma de la Ilustración, una jerarquía que es importante defender e imponer pedagógica y críticamente. Esto último requiere de la autoridad y del trabajo del intelectual tradicional (en el sentido que Gramsci le da al concepto), que opera a través de la universidad y el sistema educativo y en el debate de ideas en la esfera pública. En casos extremos, como es el caso representado en la academia estadounidense por Leo Strauss y sus discípulos, muchos de los cuales tuvieron cargos importantes en la administración Bush, algunos intelectuales neoconservadores desconfían de la capacidad de las masas para elegir y gobernarse eficazmente a sí mismas. Patrocinan el mantenimiento de una fachada de democracia formal, aunque bajo el gobierno de facto de una élite bien entrenada. Los neoconservadores favorecen las humanidades, especialmente la filosofía y la literatura, mientras que la economía es, por contraste, la disciplina modelo para los neoliberales.

En este sentido, él texto neoconservador clave es *The Cultural Contradictions of Capitalism*, escrito por Daniel Bell y publicado a mediados de la década de los 70.² En ese libro, Bell identifica la creciente escisión entre el sujeto altamente edipizado y autodisciplinado necesario para la producción capitalista, y el sujeto narcisista y hedonista inducido por la cultura de consumo capitalista. Esta escisión, que para Bell fue también una distinción entre regímenes culturales "modernos" y "postmodernos", le permitió decir, a pesar de su autodefinición política como social demócrata, que en política económica él era un liberal, pero que en materias culturales era un conservador. Con afán ilustrativo, podríamos decir que en el contexto de los Estados Unidos Milton Friedman era un neoliberal mientras que Bell era un neoconservador. Extendiendo la distinción a un contexto latinoamericano, se podría decir que los Vargas Llosa (padre e hijo), o los escritores McOndo antologados por Alberto Fuguet o de la Generación Crack (y en particular Jorge Volpi), o la tendencia en los estudios culturales que pone primordialmente el énfasis en el mercado de consumo y en la "sociedad civil", constituyen una aceptación, implícita o explícita, de una posición neoliberal. Pero esas tendencias —y otras que se relacionan con ellas— son algo diferente de lo que yo quiero señalar aquí cuando me refiero a un giro neoconservador. En cierto sentido, el giro neoconservador está dirigido *contra* estas tendencias de la teoría y la producción cultural, que tendían a dominar la escena en el período anterior. Usando la conocida distinción que hace Raymond Williams, podríamos decir que el neoliberalismo es la tendencia *residual* y que el neoconservadurismo es, o está tratando de ser, la tendencia *emergente* en los estudios culturales y literarios en América Latina. Y surge precisamente en el momento en que el neoliberalismo está perdiendo en alguna medida su hegemonía como ideología entre ciertos sectores de la burguesía local y global y de la clase profesional (volveré más tarde a este problema).³

---

2. Daniel Bell, *The Cultural Contradictions of Capitalism* (New York: Basic Books, 1976).
3. La diferencia neoconservador / neoliberal es importante para entender las circunstancias y la naturaleza específica del "giro" latinoamericano, claramente anti-neoliberal y anti-postmodernista, pero no es una distinción clara o absoluta. El neoconservadurismo es una ideología dirigida especialmente hacia el Estado y los aparatos ideológicos del Estado, incluyendo la educación. Pero el neoliberalismo, a pesar de sus pretensiones de ser antiestatal, necesita igualmente del Estado, e incluso, como fue el caso de Chile bajo Pinochet, de un Estado "fuerte", aunque sea para imponer las políticas de privatización y los ajustes estructurales

Quiero recordar en este contexto el vínculo entre la teoría estética modernista, concretamente aquella desarrollada por Adorno y la Escuela de Frankfurt, y el giro neoconservador en los Estados Unidos a partir de los años 70. Si figuras como Herbert Marcuse representaron una articulación de la "crítica cultural" de la Escuela de Frankfurt, consonante con el surgimiento de la llamada Nueva Izquierda en la década de los 60, hay que decir que también hubo una elaboración culturalmente más conservadora que se produjo especialmente al interior del grupo conocido como los *New York Intellectuals,* en general de orientación liberal o socialdemócrata, que se relacionó con algunos de los intelectuales de la Escuela de Frankfurt durante su exilio en los Estados Unidos. Ya hemos mencionado a Daniel Bell, que fue una figura central en este grupo. Algunas de las manifestaciones más tempranas de neoconservadurismo en los Estados Unidos aparecen en la década de los 70, en la obra de críticos de arte como Clement Greenburg o Hilton Kramer, como una reacción contra el radicalismo de la contra-cultura o el arte Pop de los años 60, y como una defensa del modernismo estético.[4] Sugiero que esta inesperada conexión entre la Escuela de Frankfurt y el neoconservadurismo guarda también relación con el "giro" latinoamericano, especialmente en el caso de Sarlo.

Para Adorno, el cultivo por Schoenberg de la disonancia y el método de composición de 12 tonos representaba, así como Kafka o Beckett en

---

sobre una población, a menudo reticente, y para proteger la propiedad privada. Desde un punto de vista conservador o reaccionario, lo ideal sería una hegemonía neoliberal sobre la política económica, y una hegemonía neoconservadora, con un fuerte énfasis en el nacionalismo cultural, sobre las instituciones culturales, incluyendo el sistema escolar. En este sentido, como en muchos otros, la dictadura de Pinochet ha servido como un modelo para los regímenes derechistas subsecuentes como los de Thatcher y G.W. Bush. Sobre la relación entre neoliberalismo y neoconservadurismo ver el capítulo 3, "The Neoliberal State", en David Harvey *A Brief History of Neoliberalism* (Oxford y New York: Oxford University Press, 2005).

4. Aunque hubo una fuerte tendencia anti-estalinista, y frecuentemente trotskista, entre el grupo de los Intelectuales de Nueva York, también se produjo un desplazamiento hacia una posición neoconservadora de algunos personajes asociados con el Partido Comunista de los Estados Unidos, como el historiador Eugene Genovese, que compartía con los Intelectuales de Nueva York un disgusto visceral por la Nueva Izquierda y la contra-cultura de los 60.

literatura, la fuerza de un modernismo estético capaz de derribar, así sea por un momento, la cultura capitalista dominante, asentada en el fetichismo de la mercancía y el consumismo. Por el contrario, Stravinsky fue lo que Fredric Jameson llamaría más tarde en su conocido ensayo sobre el postmodernismo, un "*pastiche*" deshistorizado (de hecho, si volvemos a la lectura que hace Adorno de Stravinsky encontraremos los fundamentos esenciales de la categoría de postmodernismo de Jameson). Para Adorno, la fuerza crítica antihegemónica de la cultura se sustenta en una noción de valor estético que no está sujeta a la elección del consumidor.

Es el nexo entre el neoconservadurismo y una posición nominal de crítica a la sociedad de consumo capitalista, lo que me parece particularmente relevante y problemático en la presente coyuntura. Este nexo permite que el giro neoconservador en América Latina pueda presentarse a sí mismo como una posición que viene de la izquierda y que es activa dentro de ella. En los años 70, el giro neoconservador en los Estados Unidos dividió tanto a la Nueva Izquierda como al Partido Demócrata, inhibiendo así la formación de un nuevo bloque histórico popular-democrático en la cultura política norteamericana. En este sentido, allanó el camino para la restauración conservadora de los 80. Si mi diagnóstico de un giro neoconservador en la crítica latinoamericana es correcto, mi temor es que actúe también como inhibidor o límite a los objetivos y posibilidades de la/s izquierda/s latinoamericana/s en el período venidero. Pero la pregunta subyacente es sobre la naturaleza de lo que se ha entendido como "izquierda". En otras palabras, lo que hemos entendido convencionalmente como la "izquierda" ¿sigue siendo la izquierda?

Teniendo esto en consideración, quisiera pasar a mis tres ejemplos, empezando con el libro de Mario Roberto Morales, *La articulación de las diferencias*. Morales centra su análisis en el "debate interétnico" en el que participó como columnista del periódico guatemalteco *Siglo Veintiuno* y que se produjo como consecuencia del acuerdo de paz firmado el año 1996 entre la guerrilla y el gobierno de Guatemala. Una de las mayores preocupaciones de su libro es la manera en que Rigoberta Menchú y su famoso testimonio fueron canonizados en la academia estadounidense por académicos "políticamente correctos" en nombre de lo "subalterno" o del multiculturalismo (hasta cierto punto, el argumento de Morales está dirigido, en particular, contra mí; por lo tanto, quiero dejar constancia de haber sido invitado por Morales para prologar *La articulación de las diferencias*). Morales compartía esa inquietud con David Stoll, quien se hizo famoso por su polémica sobre la veracidad del relato de Menchú,[5] pero a diferencia de Stoll, que dirigía su polémica hacia una crítica de lo que él llamaba tendencias "postmodernistas" en las ciencias sociales en la academia estadounidense, Morales estaba más interesado en los efectos que tendría la canonización de Menchú *dentro* de Guatemala, la que, temía, legitimaría los discursos emergentes (en los años 90) del nacionalismo cultural y las políticas identitarias pan-mayas.

La manera en que Morales presenta el problema del nacionalismo cultural maya tiene su origen en una doble crisis que atraviesa a su propia persona: la crisis de la izquierda revolucionaria centroamericana, en la que participó activamente; y la crisis de un concepto profundamente incrustado en las prácticas culturales de la izquierda latinoamericana de los años 60 y 70: la imagen del escritor como una suerte de Moisés literario, un "conductor de pueblos," para usar una frase de Hernán Vidal.[6] La idea de una relación sinérgica entre literatura y lucha de liberación nacional encontró su expresión quizás más influyente en la noción de "transculturación narrativa" de Ángel Rama.[7] Aunque la idea de transculturación proviene de la antropología cultural (específicamente de la obra de Fernando Ortiz), para Rama, era algo que sucedía paradigmáticamente *en* la literatura y con consecuencias políticas dirigidas en última instancia hacia la creación de un nuevo modelo —más inclusivo— del Estado nacional. La novela del *Boom* latinoamericano, en particular, permitió, según Rama, la representación de una teleología cultural de lo nacional que, pese a no estar eximida de momentos de violencia, conflicto, genocidio, asimilación y/o resistencia tenaz, fue necesaria, en última instancia, para la

---

5. David Stoll, *Rigoberta Menchú and the Story of All Poor Guatemalans* (Boulder: Westview, 1999).

6. Como novelista y ensayista en los años 70 y 80, Morales se identificaba estrechamente con la izquierda revolucionaria guatemalteca. Su primer libro de crítica literaria, *La ideología de la lucha armada,* fue un estudio de la poesía política militante en Centroamérica. También escribió una novela autobiográfica, o lo que él llama una "testinovela", titulada *Los que se fueron por la libre,* basada en sus propias experiencias como miembro de un pequeño grupo revolucionario que eventualmente fue expulsado de la UNRG (Unidad Nacional Revolucionaria Guatemalteca), la principal organización coordinadora de la lucha armada en Guatemala.

7. Ángel Rama, *Transculturación narrativa en América Latina* (México: Siglo XXI, 1982).

formación de una cultura nacional-popular inclusiva. En cierto sentido, la transculturación estaba destinada a ser el correlato cultural o superestructural del proceso de "desligamiento" económico y desarrollo nacional autónomo patrocinado por la teoría de la dependencia.

Básicamente, Morales revive la idea de "transculturación narrativa", pero ahora adecuada al nuevo lenguaje de los estudios culturales y la hibridez —*La articulación de las diferencias* puede ser leída como una versión guatemalteca o "glocal" de *Culturas híbridas* de Néstor García Canclini, aunque con un fuerte énfasis en la literatura que lo distinguiría del mismo García Canclini. Morales acepta que textos como *Me llamo Rigoberta Menchú* y los discursos emergentes de las políticas identitarias mayas tienen su origen en las condiciones de extrema pobreza y opresión en una sociedad neo-colonial profundamente racista, y, más directamente, en el así llamado "Holocausto Maya" producido por la campaña de contra-insurgencia del ejército de Guatemala en la década de los 80.[8] No obstante, él siente que estos discursos tienden a "esencializar" la identidad indígena. Más que una auténtica democratización multicultural de la sociedad guatemalteca, Morales cree que lo que en realidad proponen es una negociación entre las élites indígenas, el Estado local, y el sistema global, una negociación mediada por la teología de la liberación, antropólogos y teóricos postcoloniales, y las ONGs: "Ningún rasgo utópico anima la lucha de la subalternidad étnica ni en el tercer mundo ni en el primero: se trata de una lucha por insertarse en el sistema establecido" (59). En este sentido, sostiene, tal como lo hiciera Stoll sobre el testimonio de Menchú, que los discursos de las políticas identitarias mayas no representan adecuadamente, en el sentido doble de hablar *sobre* (es decir, miméticamente) y hablar *por* (es decir, políticamente), las condiciones de existencia concreta de la población indígena en sus múltiples circunstancias, tanto en su relación con el mundo ladino e hispanohablante de la nación que la rodea, como con el flujo de productos de la cultura global o transnacional. Morales, en particular, subraya el hecho de que Estuardo Zapeta, uno de los más conocidos exponentes de las políticas identitarias mayas en Guatemala haya tomado abiertamente una posición neoliberal en el debate.

---

8. Morales (42) calcula que el número de indígenas muertos en Guatemala entre los años 1982 y 1984 fue entre 100.000 y 150.000, más un millón de desplazados de sus lugares de origen. Otros analistas sugieren la figura de 200.000 muertos.

Contra el marcado binarismo indígena/ladino, dominante/subalterno de la teoría postcolonial y de las políticas identitarias mayas, Morales aboga por lo que llama un "mestizaje intercultural", que él entiende, muy a la manera de la "transculturación narrativa" de Angel Rama, como un permanente y complejo proceso de expresión, negociación e hibridización de la diferencia cultural, nunca completamente logrado. De hecho, en uno de los capítulos mejor logrados de su libro, Morales sostiene que *Me llamo Rigoberta Menchú* es un texto tan híbrido o "mestizo" como las novelas de Miguel Ángel Asturias que suelen ser el blanco de los críticos mayas.

Lo que le preocupa a Morales cuando ataca las perspectivas de los estudios postcoloniales y el multiculturalismo al estilo estadounidense y su supuesta complicidad con los movimientos sociales y políticas identitarias indígenas, es la reconstrucción de la izquierda guatemalteca después de su derrota en la lucha armada y los nuevos desafíos que plantean a la nación las políticas económicas neoliberales como NAFTA / CAFTA, y la globalización. La noción de un espacio nacional soberano interferido por intereses foráneos, incluida la *political correctness* de académicos estadounidenses y de las ONGs, es una de sus mayores inquietudes. Desde su punto de vista, la emergencia de las políticas identitarias indígenas fragmenta la unidad potencial de la nación, que debería estar basada en un factor común encarnado y simbolizado por el "mestizaje intercultural":

> La negociación interétnica es un asunto interno de Guatemala, y por ello es deseable y conveniente que lo resolvamos los guatemaltecos sin acudir a tutelajes paternalistas [...] El país necesita crearse una ideología nacional lo más integrada posible para enfrentar la globalización con alguna dignidad. Dejemos ya de atrincherarnos detrás de las identidades esencialistas como las de indios y ladinos, 'mayas' y mestizos, y lleguemos a sentirnos todos chapines. (419–20)

Ante esto, parecería que hubiera muy poco que objetar, sobre todo considerando que Morales deja claro que no usa el concepto de mestizaje en el sentido "integracionista" de Vasconcelos y del latinoamericanismo telúrico previo: sostiene, por el contrario, que "el mestizaje intercultural no evade las especificidades culturales ni las diferencias" (419). Pero entonces, ¿por qué poner la idea de "negociación interétnica" bajo la rúbrica de "mestizaje"? ¿Es, como parece sentir Morales, la política identitaria multicultural un obstáculo, o más bien una precondición para la re-emergencia de la izquierda? Todos hemos llegado a entender las contradicciones y limitaciones de la política identitaria en un marco neoliberal que no tiene problemas con mercados *"nichos"* ni con la "diferencia". Y no es necesario decir que *toda* cultura es, casi por definición, híbrida o transculturada. No obstante, pareciera, por lo menos en mi opinión (aun cuando parte de la fuerza del argumento de Morales es descalificar mi autoridad para hablar al respecto), que un nuevo bloque histórico "interétnico" articulado desde la izquierda, y con capacidad de luchar por la hegemonía en un país como Guatemala, no debería estar fundado en una idea *normativa* de "mestizaje" o hibridación de la diferencia cultural. Al contrario, justamente las diferencias de raza, clase, género, etnia, idioma (incluida la experiencia concreta de ser mestizo) en una sociedad profundamente desigual, potencian a la izquierda como una fuerza genuinamente representativa y transformadora. Morales parece creer que el mestizaje es necesario como expresión de un suelo común —lo que Ernesto Laclau llama un "significante vacío"— porque la nación requiere alguna forma de identidad compartida para existir como tal. Pero ese requisito de identidad unitaria fue el dilema que planteó desde el principio la formación de los Estados-naciones postcoloniales en América, incluyendo los Estados Unidos: los requerimientos de la "ciudadanía" en un Estado particular no podían coincidir con las territorialidades de las formaciones sociales indígenas ni con la existencia de otras identidades dentro del espacio nacional (por ejemplo, los hispanohablantes en los Estados Unidos). ¿Puede la nación ser un espacio plural o heterotópico, o necesita una identidad "singular" ("todos somos chapines")? En otras palabras, ¿es posible que *desde* la diferencia multicultural surja la posibilidad de reconstituir, o quizás de constituir genuinamente por primera vez un bloque histórico de izquierda? La pregunta no sólo problematiza los *medios* de la izquierda —sus formas y estrategias de organización— sino también la naturaleza de su *fin:* una sociedad que sea a la vez igualitaria y diversa.

Mutatis mutandis, ésta es también la pregunta que nos plantea el ensayo de Mabel Moraña sobre Borges. Este ensayo expande y redefine ciertas posiciones desarrolladas en su conocida polémica "El boom del subalterno", que apareció a fines de los años 90, cuando el debate sobre la pertinencia de las perspectivas postcoloniales en el campo latinoamericano comenzaba a animarse.[9] Moraña ha servido, en sus propios libros y en su rol de editora de

---

9. Mabel Moraña, "El Boom del subalterno." *Revista de Crítica Cultural* 14 (1997): 48-53. El ensayo atribuye a los llamados estudios subalternos un neo-exotismo

la *Revista Iberoamericana* y organizadora de un gran número de conferencias y de colecciones editadas, como una suerte de legisladora de la condición actual de la esfera de la crítica literaria y cultural latinoamericana. No es sorprendente, por lo tanto, que lo que está en juego en su ensayo, el cual se anuncia en su título como una auto-alegoría, sea la relación entre el campo de la crítica latinoamericana como tal y una "otredad" subalterna que amenaza desestabilizarla.

Recordemos brevemente el cuento de Borges. Un estudiante graduado de antropología en una universidad del medio oeste de los Estados Unidos, Fred Murdock, pasa dos años en una reservación indígena juntando material para su disertación. En el transcurso de su trabajo de campo pasa por los rituales de adoctrinamiento de la tribu y recibe del shaman "su doctrina secreta". Vuelve a la universidad, pero anuncia a su asesor que no tiene la intención de revelar el secreto, porque le parece más importante el proceso que lo llevó al conocimiento que el conocimiento mismo. Esta renuncia acaba efectivamente con su carrera académica. Borges concluye lacónicamente: "Fred se casó, se divorció, y ahora es uno de los bibliotecarios de Yale".

Moraña usa "El etnógrafo" para criticar el privilegio que se le da a la otredad en la teoría cultural contemporánea. El ensayo gesticula un reconocimiento de la fuerza de los estudios postcoloniales y los estudios subalternos en el ámbito latinoamericano en los últimos años. Sin embargo, lo que emerge de una lectura detenida de su argumento, es un malestar con el multiculturalismo y las políticas identitarias muy parecido al expresado por Morales. El malo de la película no es nombrado, pero me parece que no sería estirar demasiado las cosas asociarlo en particular con Walter Mignolo y su idea de "teorización bárbara" —es decir, pensar desde el lugar del otro— y, en términos más generales, con el proyecto de una forma específicamente latinoamericana de los estudios postcoloniales o subalternos, hasta el punto que, desde la perspectiva de Moraña, tal proyecto arriesgaría la fetichización de un "otro" latinoamericano orientalizado y pre-teórico.

Cito algunos pasajes del ensayo que, a mi modo de ver, expresan esta preocupación:

---

crítico que representa al sujeto latinoamericano como pre-teórico, marginal y "calibanesco" en relación a los criterios metropolitanos.

En el menú teórico que el debate postmodernista ha ofrecido a la voracidad disciplinaria figuran, entre los platos principales, el del descubrimiento del Otro [...] Nociones como multiculturalismo, subalternidad, hibridación, heterogeneidad, han sido ensayados como parte de proyectos teóricos que intentan abarcar el problema de la *diferencia* cultural como uno de los puntos neurálgicos del latinoamericanismo actual. Sin embargo, pronto se ha hecho evidente que la simple postulación del registro diferencial no hace, en muchos casos, sino invertir el esencialismo que caracteriza el discurso identitario de la modernidad en distintos momentos de su desarrollo. (104)

¿Es la *otredad* el dispositivo —el subterfugio— a partir del cual el sujeto de la modernidad se reinscribe dentro del horizonte escéptico de la postmodernidad refundando y refuncionalizando su centralidad como constructor / gestor / administrador de la *diferencia?* (106)

[S]e ha recurrido al concepto de "posiciones de sujeto" el cual resulta, como Laclau explica, relativamente útil aunque insuficiente para captar el sentido de la Historia como totalidad. Para ser entendida como tal, ésta requiere de la existencia de un sujeto capaz de organizar experiencia y discurso para llegar al "conocimiento absoluto" [...] de procesos totales. En muchas teorizaciones, sin embargo, podría alegarse que la reformulación de la dinámica entre identidad y alteridad se basa justamente en la crisis de la idea de totalidad histórica y su sustitución por el conjunto de microhistorias o "historias menores" abarcables, ellas sí, desde posiciones de sujeto variables y acotadas. (105)[10]

Para Moraña, lo ejemplar en la historia de Borges es el acto de renuncia como tal por parte de Murdock, a diferencia del testimonio o de los discursos teóricos que piden, en el interés de la "solidaridad," dejar hablar por sí mismo al subalterno, o hablan en nombre del subalterno. Por lo tanto,

---

10. En su llamado a la totalidad, que yo entiendo como un eufemismo por el marxismo, Moraña olvida que la gran sección central del volumen 1 de *El capital,* que trata de la lucha sobre la jornada de trabajo, está compuesta, precisamente, de muchas historias testimoniales de los trabajadores, de huelgas, apelaciones, etc. Esto porque Marx creía que el movimiento histórico del capital, que era su objeto teórico, era en sí mismo producto de la identidad, voluntad y agencia subalterna. El trabajador *hace* al capital.

El autor de "El etnógrafo" parece sugerir que la culpa del colonialismo no puede ser expiada de manera definitiva —no, al menos, a través de la cultura, no a partir de lo que Clifford llama "la arena carnavalesca de la diversidad", no por las seducciones de la polifonía ni por las promesas de la heteroglosia, ni por lo que Homi Bhabha llama la "anodina noción liberal del multiculturalismo" [...] Borges renuncia a articular *para* el otro y *por* el otro una posición de discurso y sobre todo renuncia a teorizar acerca de su condición y su cultura, y aunque le reconoce cualidad enunciativa, afirma con la borradura de la voz la inutilidad —quizás la improcedencia— de toda traducción. (122)

En una nota a pie de página, Moraña se explaya sobre las implicaciones políticas de esta renuncia: "[E]s como si Borges rehusara —*avant la lettre*— transformar 'demandas de reconocimiento' que están llamadas a culminar en políticas identitarias y multiculturales (Taylor, "The Politics of Recognition") en una 'política de compulsión' (Appiah) que obliga al otro a asumir la identidad que le ha sido socialmente construida y asignada por su condición étnica, sexual, política" (121, n.33). Pero, si no vamos a tener un liberalismo multicultural políticamente "anodino", o una recuperación antropológica, epistemológica y éticamente dudosa de la otredad, ¿qué es lo que queda? Moraña recurre a Levinas en algún momento de su ensayo. Habla de "un sujeto [que] es representado por Borges bajo la forma de la imposibilidad de conocimiento y la irreductibilidad de la otredad, o sea, por una negatividad no colonizable ni aprehensible" (120). Pero esta recurrencia a Levinas no resuelve por sí misma el problema político subyacente, es decir, la descalificación del multiculturalismo y la política de identidad. Es más, en cierto modo la recurrencia a Levinas en sí misma puede ser sintomática de lo que llamo el giro neoconservador.[11] Esto porque reduce el problema de la desigualdad o subalternidad, que es un problema estructural, a una cuestión de elección ética, tal como lo hace Murdock. Borges trata de manera muy original el tema de la agencia del intelectual-académico en relación al subalterno, pero lo que no está presente en su historia —y tampoco en el ensayo de Moraña— es, precisamente, la agencia *del subalterno*, que en el caso de la tribu que estudia Murdock, sería

---

11. Ver por ejemplo el ensayo de Bruno Bosteels: "The Ethical Superstition", en Erin Graff Zivin, ed., *The Ethics of Latin American Literary Criticism: Reading Otherwise* (Nueva York: Palgrave MacMillan, 2007).

algo similar a la política identitaria maya que Morales critica en *La articulación de las diferencias*.

El reparo a la pretensión de hablar "desde" o "por" el otro subalterno es una cosa: bien puede ser que, como arguye Moraña haciendo eco de "Can the Subaltern Speak?" de Gayatri Spivak, tal pretensión simplemente represente una *inversión* del gesto del orientalismo: "no hace, en muchos casos, sino invertir el esencialismo que caracteriza el discurso identitario de la modernidad".[12] Pero, lo que queda claro es que la decisión de dejar al otro en el lado del silencio, "en la otra orilla", como dice Moraña (122), es también una forma de orientalismo que habla en nombre de la autoridad de la literatura para descalificar el esfuerzo de los indígenas y otros sujetos subalternos que luchan por inscribirse dentro de la historia. Lo que se pide en la política identitaria no es tanto el *reconocimiento* de la diferencia, sino la inscripción de esa diferencia en la identidad de la nación y su historia. De lo contrario, surge el mismo problema que con la apelación al "mestizaje cultural" de Morales: la posibilidad de la formación de un nuevo bloque histórico tanto a nivel nacional como continental e intercontinental en Latinoamérica, basado en una política de alianzas entre grupos sociales (incluyendo, pero no limitado a, las clases económicas populares) con diferentes experiencias, valores, visiones de mundo, historias, prácticas culturales, y a veces incluso idiomas, es desautorizada en nombre de una lucidez escéptica representada por la institución de la literatura y la crítica literaria, que no sucumbe a la ilusión de un acercamiento "antropológico" al otro o a una apelación testimonial a la autoridad de la voz o la experiencia subalterna.

La naturaleza de esa apelación y sus consecuencias políticas —en este caso particular, la voz / experiencia de las víctimas de la represión política en Argentina durante el Proceso— es el objeto del libro de Beatriz Sarlo, *Tiempo pasado. Cultura de la memoria y giro subjetivo*. El argumento de Sarlo tiene raíces en un ensayo suyo anterior, bastante difundido, sobre estudios culturales y el problema del valor.[13] Allí Sarlo estaba interesada en la manera en que los criterios de valor literario y estético se volvían borrosos o desaparecían

---

12. No obstante, uno podría objetar al "sino" en la frase de Moraña, puesto que no hay nada "simple" en la inversión de esencialismos binarios, particularmente si uno se encuentra en la parte inferior del par.
13. Beatriz Sarlo, "Los estudios culturales en la encrucijada valorativa", *Revista de Crítica Cultural* 15 (1997): 32–38.

frente a la apelación que los estudios culturales hacían a la autoridad de los artefactos de la cultura popular o de masas, estrategia que ella caracterizó como "neo-populismo mediático". En *Tiempo pasado,* en cambio, lo que le preocupa es la forma en que la popularidad del testimonio debilita la posibilidad de una reflexión literaria, histórica y sociológica más profunda sobre el Proceso y el destino de la izquierda argentina. Sin embargo, como veremos más adelante, esa preocupación epistemológica, si se quiere, también involucra el tema político del populismo (o, más exactamente, del Kirchnerismo).

Desde la perspectiva de Sarlo, la autoridad política y ética concedida al testimonio amenaza con desestabilizar la autoridad de la literatura imaginativa y de las ciencias sociales académicas. Esto porque privilegia un simulacro testimonial de la "experiencia" y voz subalterna: eso es lo que quiere decir Sarlo por el "giro subjetivo" del título. Aunque ese privilegiar sea hecho en nombre de la solidaridad y de las iniciativas de derechos humanos —por ejemplo, Nunca Más o Las Madres de la Plaza de Mayo— Sarlo siente que de manera paradójica se es cómplice con el mercado, en particular con la moda de las narrativas confesionales o autobiográficas (del tipo que producen las estrellas de cine o las figuras del deporte) en los medios de comunicación. Es casi como si el testimonio, en vez de ser la constancia de las víctimas del neoliberalismo y al mismo tiempo una forma de agencia dirigida contra él, fuera a la vez un producto del neoliberalismo, una mercancía más de los mercados nichos, una "Tele-realidad" o *reality show* del sufrimiento humano.

Aunque Sarlo no se incorpora al extenso debate sobre testimonio en la academia estadounidense, *Tiempo pasado* podría ser visto como una versión más filosófica de un libro que ya tuve la ocasión de mencionar: *Rigoberta Menchú and the Story of All Poor Guatemalans* de David Stoll. Sarlo, como Stoll, está interesada en la manera que el testimonio merma los criterios y los límites disciplinarios y engendra una nueva forma de política "subjetiva": una política de solidaridad fundada en la empatía, y una política identitaria fundada en la percepción personal de pérdida o injusticia experimentada desde la propia identidad racial, étnica, de clase, o de género. Stoll, en su diatriba contra la autoridad del testimonio de Menchú, afirmaba, por ejemplo, que "fue en el nombre del multiculturalismo que Rigoberta Menchú fue incluida en las listas de lectura de la universidad" (243). "Bajo la influencia del postmodernismo (que ha minado la confianza en un conjunto de hechos particulares), y de las políticas identitarias (que demandan la aceptación de los testimonios de victimización), los investigadores se sienten cada vez más reacios a cuestionar ciertos tipos de retóricas" (244). "Las necesidades identitarias de la representación académica de Rigoberta sacan provecho de la inconsistencia de las reglas de evidencia de la investigación postmoderna" (247).

De manera análoga, Sarlo ataca lo que ella ve como la supuesta inmediatez y autenticidad de la voz testimonial, contrastándola con lo que ella llama "la buena historia académica" (16). La autoridad de la historia ha sido erosionada por el mercado y los medios de comunicación: "[c]omo la dimensión simbólica de las sociedades en que vivimos está organizada por el mercado, los criterios son el éxito y la puesta en línea con el sentido común de los consumidores. En esa competencia, la historia académica pierde por razones de método, pero también por sus propias restricciones formales e institucionales..." (17). En lugar de un pensamiento crítico o disciplinario, tenemos ahora una "razón del sujeto". El "giro subjetivo" está asociado a su vez al prestigio de la identidad como una categoría y a las políticas identitarias como una forma de agencia política: "a los combates por la historia también se los llama ahora combates por la identidad", acota Sarlo de manera sardónica (27).

Según ella, la consecuencia política del "giro subjetivo" es el establecimiento de una "hegemonía moral" que debería ser problematizada en nombre de un sentido más lúcido de crítica y política. "Del lado de la memoria", escribe, haciendo eco de Stoll sin darse cuenta, "me parece descubrir la ausencia de la posibilidad de discusión y de confrontación crítica, rasgos que definirían la tendencia a imponer una visión del pasado" (57). "Una utopía revolucionaria cargada de ideas [Sarlo se refiere al activismo revolucionario de principios de los años 70 en Argentina] recibe un trato injusto si se la presenta sólo como fundamentalmente un drama postmoderno de los afectos" (91).

Contra el testimonio y su "versión ingenua y 'realista' de la experiencia" (162), Sarlo privilegia tres relatos hechos por víctimas del Proceso. Una es la colección de Alicia Partnoy de historias cortas o viñetas basadas en su propia experiencia como prisionera política, *The Little House*; los otros dos vienen de las ciencias sociales: *Poder y desaparición. Los campos de concentración en Argentina,* de Pilar Calveiro; y el ensayo "La bemba" de Emilio de Ipola. Sarlo elogia a Partnoy por la transformación de su propia experiencia personal (Partnoy fue encarcelada y torturada en el lugar que describe en su libro) en una obra literaria que habla de la naturaleza general, compartida, de la situación de la desaparición y la tortura, más que de su propia experiencia: "No casualmente, *The Little House* empieza con el relato de la captura de Partnoy contado en tercera persona, de manera que la identificación está mediada por un principio de distancia" (71). Calveiro e Ipola son académicos que, como Partnoy, fueron encarcelados y torturados durante el Proceso. Y también como Partnoy, cuando escriben sobre esa experiencia, "No privilegian la primera persona del relato [...] la experiencia es sometida a un control epistemológico que, por supuesto, no surge de ella [la experiencia] sino de las reglas del arte que practican la historia y las ciencias sociales" (96). "[A]mbos escriben con un saber disciplinario, tratando de atenerse a las condiciones metodológicas de ese saber" (97). "Con el borramiento de la primera persona, la obra de Calveiro no busca legitimidad ni persuasión en razones biográficas, sino intelectuales" (115).

La marcada oposición entre razones "biográficas" e "intelectuales" en esta última afirmación es notable, y revela una tendencia maniquea similar a lo largo del libro. Incluso Sarlo tiene que admitir que en el caso de Calveiro, "probablemente el libro no hubiera sido escrito si no hubieran existido razones biográficas" (115). ¿Por qué, entonces, insiste tanto en decir que no puede haber una dimensión "intelectual" o estética en una narrativa testimonial o autobiográfica, o viceversa, que las "razones intelectuales" no pueden tener una dimensión personal o experiencial? ¿Cómo propone distinguir entre, digamos, *Las confesiones* de San Agustín y *Me llamo Rigoberta Menchú, y así me nació la conciencia,* o Hegel y Kierkegaard?[14]

---

14. Esto no es sólo un problema de elaboración formal versus experiencia nomediada, porque Sarlo es también crítica con la película hiperformalizada *Los rubios* de Albertina Carri, que intenta reconstruir la memoria de sus padres, que fueron desaparecidos durante el Proceso cuando ella tenía sólo tres años. Sarlo ve la película de Carri como un tráfico en "postmemoria"—la idea que tiene Mariane Hirsch de la reconstrucción que hacen en sus propias vidas los hijos de sobrevivientes de eventos traumáticos como el Holocausto, de la memoria de ese evento, incluso si ellos mismos no lo experimentaron directamente. Sarlo ve la postmemoria (y la película de Carri) como un constructo fundamentalmente narcisista: por ejemplo, "[l]a inflación teórica de la postmemoria se reduce así en un almacén de banalidades personales legitimadas por los nuevos derechos de la subjetividad" (134). Parece no darse cuenta, no obstante, que ya que Carri como niña fue afectada directamente por el Proceso, tal como lo muestra su película, *Los rubios* no es, estrictamente hablando, un texto de la postmemoria, sino una especie de testimonio. Le debo esta reflexión a Ana Forcinito.

Aunque en *Tiempo pasado* Sarlo no lo dice con tantas palabras, la tendencia que ella ve en el testimonio a imponer una visión del pasado a través de una lógica de identificación o empatía, coincide con lo que percibe como la posición semi-autoritaria de la izquierda neo-populista en América Latina, incluido Kirchner. En un ensayo anterior, Sarlo habla de una "izquierda testimonial, que se refugia en la reafirmación moral-formal de sus valores", a la que ella opone una izquierda política que estaría en alianza con una izquierda cultural "anti-mimética", esencialmente vanguardista: "Ser de izquierda hoy es intervenir en el espacio público y en la política refutando los pactos de mímesis que son pactos de complicidad o resignación".[15] En este sentido, el "giro subjetivo" del testimonio, con su énfasis en el afecto y no en la teoría crítica, en la empatía y no en el análisis, es, para Sarlo, el corolario del neo-populismo. Una mala práctica cultural —el "giro subjetivo"— lleva a una mala política: el populismo. Es mejor dejar ambas en las manos de "expertos".

PODEMOS VER VARIOS TEMAS que atraviesan los tres casos que he presentado. Primero, un rechazo a la autoridad de la voz y la experiencia subalterna y, relacionada con esto, una extrema insatisfacción o un profundo escepticismo frente al multiculturalismo y las políticas identitarias. En particular, se rechaza y / o problematiza la noción de un bloque histórico multicultural similar al representado en los Estados Unidos por la idea de la Rainbow Coalition (Coalición Arcoíris) en los años 70.

Segundo, se elabora una defensa del escritor-crítico o intelectual tradicional, en el sentido en que Gramsci usaba este término (es decir, el intelectual que habla en nombre de lo universal). Relacionado a esto hay un reconocimiento, por parte de los tres escritores, de una generación de intelectuales de izquierda que asumieron riesgos considerables durante tiempos difíciles en sus respectivos países, pero que ahora están en proceso de ser desplazados por nuevas fuerzas políticas y actores más jóvenes. En lugar de identificarse con estos nuevos actores, Sarlo y Morales en particular, los ven sin simpatía,

---

15. Beatriz Sarlo, "Contra la mímesis; izquierda cultural, izquierda política," *Revista de Crítica Cultural* 20 (2000): 22–23. Para su crítica de Kirchner, véase su columna de opinión en *La Nación,* 22 de junio, 2006.

como si les faltara legitimidad, o como si de algún modo fueran demasiado ingenuos.[16]

Tercero, a pesar de su rechazo explícito o implícito de las políticas identitarias, los tres textos reafirman paradójicamente una subjetividad "criolla" latinoamericana contrapuesta a lo que es percibido como el carácter anglo-americano de la teoría postmodernista o postcolonial (esto explica por qué la figura *"gringa"* de Fred Murdock en el cuento de Borges le sirve muy bien a Moraña). Este énfasis, en el que por supuesto hay también un "esencialismo" étnico (admitido por Morales), hace del giro neoconservador una variante del neo-arielismo: el supuesto de que los valores y la identidad cultural de Latinoamérica están vinculados, de una manera especialmente significativa, a su literatura.

Cuarto, es notable la incapacidad de los tres para asumir lo que Aníbal Quijano llama "la colonialidad del poder" en Latinoamérica —es decir, la persistencia de instituciones culturales / económicas / políticas (como la misma "ciudad letrada") y jerarquías de raza y género basadas en estamentos coloniales, mucho después de que el colonialismo como tal desapareciera de escena[17] (Moraña, que ha trabajado bastante el tema, y Morales registran el problema del colonialismo, pero lo ven como un problema que ya ha sido, o que puede ser superado en el periodo "nacional" de sus respectivos países). Esta insuficiencia —particularmente llamativa en el caso de Morales, que viene de un país en el que más de la mitad de la población es indígena—los imposibilita para reconocer las demandas de autonomía y de agencia cultural desarrolladas por los movimientos indígenas o afro-latinos, o el movimiento de las mujeres o los *gay*, contra formas de colonialidad del poder.

Quinto, hay en Morales y Sarlo un rechazo explícito del proyecto de la lucha armada revolucionaria de los años 60 y 70, a favor de una izquierda

---

16. Un sentimiento similar de dislocación parecería estar involucrado en las decisiones de muchos intelectuales prominentes de la izquierda venezolana, como Elisabeth Burgos o Teodoro Petkoff, para llegar a identificarse públicamente con la oposición a Chávez, o de muchos escritores y artistas anteriormente asociados con los Sandinistas para abandonar el partido y unirse al frente electoral organizado por Sergio Ramírez. Casos similares pueden ser encontrados en la mayoría de los países latinoamericanos en la actualidad.

17. Aníbal Quijano, "Coloniality of Power, Eurocentrism, and Latin America," *Nepantala: View from the South* 1/3 (2000): 533–80.

más reflexiva y cautelosa, con la advertencia de que un "error" similar acecha en el corazón de las nuevas políticas identitarias y de empatía. Este rechazo conlleva una narrativa implícita, biográficamente específica (como consta, los tres escritores están en su mediana edad), de desilusión personal o desengaño, muy similar al modelo autobiográfico reaccionario de la picaresca barroca.[18]

Finalmente, en los tres se produce una reterritorialización y defensa de las disciplinas académicas. En el caso de la literatura y los estudios literarios en particular, esto involucra una afirmación del canon y la canonicidad ("valor estético" para Sarlo; Borges y "la promesa de la biblioteca" para Moraña; Asturias para Morales), no tanto como depósito de un valor cultural a priori, sino más bien como algo que tiene la profundidad y la consistencia para ser fructíferamente interrogado por las generaciones venideras.

Esto último es quizás el punto crucial, porque el giro neoconservador en la crítica latinoamericana, así como en lo que se llama en Estados Unidos las "guerras culturales," hace de la literatura y las reflexiones sobre valor estético y literario un orden crucial del pensamiento, y no algo que es simplemente suplementario o secundario. Al final de su libro, Sarlo es especialmente

---

18. A propósito de la lucha armada, Sarlo escribe: "Muchos sabemos por experiencia que se necesitaron años para romper con esas convicciones. No para simplemente dejarlas atrás porque fueron derrotadas, sino porque significaron una equivocación" *(La Nación,* 22 de junio, 2006). Hay tanto más que puede ser dicho y que necesita ser dicho al respecto, pero una cosa es reconocer las ilusiones, los errores, las fantasías utópicas, a veces trágicamente absurdas, que acompañaban esta o aquella forma de lucha armada, y otra, completamente distinta, es simplemente invalidarla como un gran error histórico: "una equivocación". Yo pienso que sería más acertado decir que sí pudo haber sido posible la victoria —de hecho, hubo al menos dos victorias con alguna resonancia histórica, Cuba y Nicaragua, varias casi victorias, incluyendo Guatemala y El Salvador, y, por supuesto la aún [2006] irresuelta guerra civil en Colombia— pero que la estrategia de la lucha armada fue derrotada en lo que resultó en última instancia ser un combate con un enemigo más fuerte. La nueva izquierda latinoamericana, sin importar cuan pragmática sea su orientación en su nueva encarnación —y por cierto no me opongo al pragmatismo— necesita recobrar de manera positiva la herencia tanto de la lucha armada así como del "camino democrático al socialismo" de Allende, aunque sea sólo como un momento importante en la historia moderna de Latinoamérica, en vez de simplemente distanciarse de ella.

elocuente al respecto: "[l]a literatura, por supuesto, no disuelve todos los problemas planteados, ni puede explicarlos, pero en ella un narrador siempre piensa *desde fuera* de la experiencia, como si los seres humanos pudieran apoderarse de la pesadilla y no sólo padecerla" (166). Los tres textos, y no sólo el de Sarlo, son "defensas de la literatura". Por esta razón, el ensayo de Moraña, aunque es el menos elaborado de los tres, es quizás el más impactante en un contexto académico, porque su objetivo es vigilar las fronteras de lo que es y no es permisible dentro del ámbito de la crítica literaria y cultural latinoamericana, en un momento en que muchos de sus supuestos fundamentales han sido puestos en duda interna y externamente, incluyendo la idea de América Latina como tal.[19]

Se podría argumentar que estoy exagerando y que la operación crítica representada por estos tres textos es algo completamente diferente del tipo de neoconservadurismo propugnado por figuras como Samuel Huntington, Allan Bloom, o Dinesh D'Souza en las "guerras culturales" en los Estados Unidos, u Octavio Paz (para citar sólo un ejemplo) en América Latina. Morales, Moraña, y Sarlo se consideran personas de izquierda, y piensan sus posiciones precisamente como una *defensa* de cierta izquierda arraigada en las ideas del progreso humano, emancipación, nación, razón, ciencia, y secularismo—una izquierda que no teme hacer preguntas estructurales, radicales, sobre la naturaleza del Estado y la sociedad, contra lo que ve como el relativismo postmodernista y el multiculturalismo "débil" de las políticas identitarias. Si bien mi propia posición no es completamente desinteresada (varios de los puntos tocados por Morales, Moraña, y Sarlo se refieren directa o indirectamente a mi trabajo), sin embargo no creo estar exagerando el caso. Lo que estoy tratando de hacer es captar una tendencia emergente que todavía no ha tomado total conciencia de sí misma y que, como tal, podría desplazarse en distintas direcciones (tampoco pretendo fusionar las posiciones de Morales, Moraña, y Sarlo, que tienen diferencias significativas). Creo que lo que llamo el giro neoconservador continuará siendo una tendencia *dentro* de la izquierda latinoamericana que seguirá intentando incidir con autoridad sobre sus objetivos y sus límites. Es decir, será, como Daniel Bell, "conservador" en materias culturales y "liberal" en materias económicas y políticas. Pero también es posible

---

19. Ver, por ejemplo, Arturo Ardao, *Génesis de la idea y nombre de América Latina* (Caracas: CELARG, 1993); y Walter Mignolo, *The Idea of Latin America* (Oxford, UK: Blackwell, 2005).

que si la situación política en Latinoamérica se polariza más, esta tendencia se alinee políticamente con una posición más conservadora o de centro derecha, como sucedió en los casos de los *New York Intellectuals* en los Estados Unidos o los llamados Nuevos Filósofos y figuras como el historiador François Furet en Francia. Los ejemplos de Jorge Castañeda en México o Elisabeth Burgos en Venezuela hacen alusión a esta posible consecuencia en un contexto latinoamericano.

La negación de la posibilidad de solidaridad transnacional es sobre todo una afirmación de la incapacidad del gringo o del no-latinoamericano para entender y "representar" Latinoamérica.[20] Esto es comprensible en un escenario en que tanto el pasado como el futuro de América Latina involucran una confrontación a todo nivel con el poderío de los Estados Unidos. Pero también hay una negación de la posibilidad de solidaridad entre grupos de diferente formación étnica, cultural, social y lingüística *dentro de* los confines de cualquier Estado-nación latinoamericana o de Latinoamérica como región. Sin embargo, las políticas de solidaridad y las movilizaciones de apoyo a los derechos humanos están entre las formas más efectivas que los movimientos populares han elaborado localmente contra el poder de la globalización y los regímenes represivos o anacrónicos. La idea de un movimiento o frente fundamentado en una política de alianzas, en lugar de un partido específico, es esencial en muchos de los gobiernos de izquierda que han asumido el poder recientemente en Latinoamérica. Aunque de ningún modo intento cancelar el debate dentro de la/s izquierda/s, o sobre la izquierda, tengo la impresión de que hay implícita, en el giro neoconservador, una suerte de distinción entre la izquierda respetable (Lula, Bachelet) y la izquierda populista —"la marea populista", como solía decir José Aznar, el político español de derechas. No es necesario añadir que esta distinción tiende a dividir a la izquierda latinoamericana, y de esta manera, a inhibir su fuerza hegemónica a nivel nacional,

---

20. Morales denuncia explícitamente "el democratismo de los académicos primermundistas políticamente correctos, quienes se las arreglan para expiar culpas tontas solidarizándose acríticamente con las luchas que, en clave multiculturalista, azuzan en nuestros (sic) países, transpolando mecánicamente los issues de las minorías estadounidenses contra el sujeto anglo, y aplicando así su receta gringa a la América Latina con lujo de irresponsabilidad política". Mario Roberto Morales, "El neomacartismo estalinista (o la cacería de brujas en la academia 'posmo')", *Revista Encuentro* 19 (invierno 2000/2001), 57.

continental e intercontinental. Por lo mismo, no es una distinción en la que hayan insistido Lula o Bachelet, que entienden que la izquierda latinoamericana es necesariamente *diversa*.

Tomando todo esto en consideración, permítanme aventurar la hipótesis de que lo que estoy llamando el giro neoconservador es un efecto superestructural de dos procesos relacionados con la integración de Latinoamérica a los procesos actuales de globalización: 1) la crisis de sectores de las clases media y alta latinoamericanas afectados de manera negativa por las políticas neoliberales de ajuste estructural, la reducción del apoyo estatal a la educación superior (y a la educación en general), y la proliferación de la cultura de masas comercializada (a tal punto que, a pesar de su propio disgusto por las políticas identitarias y el testimonio, encontramos una dimensión personal o "biográfica" en cada uno de estos tres críticos, Sarlo incluida; y 2) el debilitamiento de la hegemonía del neoliberalismo como tal. La ideología neoliberal es cada vez más percibida como insuficiente para garantizar la gobernabilidad. Las consecuencias de las políticas económicas neoliberales producen una crisis de legitimación tanto del Estado como de los aparatos ideológicos, incluyendo las escuelas, los museos, la familia, las instituciones religiosas, y el sistema tradicional de partidos políticos. La tendencia libertaria implícita en el modelo de "elección racional" a través del mercado libre no puede servir como plataforma para la imposición de una estructura normativa de valores y expectativas sobre la población. Al mismo tiempo, la combinación de la privatización y la proliferación de la cultura global de masas, desestabiliza la autoridad cultural de un sistema previo de normas, valores y jerarquías representado por los intelectuales tradicionales y, además, amenaza el bienestar económico de sectores de las clases alta y media profesional, de las que usualmente provienen y a las cuales representan los intelectuales de la literatura, cualquiera sea su posición ideológica.

Todos comprendemos —Saskia Sassen es quizás la teórica más influyente sobre el tema[21]— que de cierta forma el capitalismo global todavía requiere del Estado-nación para asegurar la gobernabilidad, imponer el orden civil, proteger la inversión y la propiedad privada, e inculcar el tipo de personalidad autodisciplinada capaz de posponer la búsqueda de gratificación inmediata por la esperanza de una eventual recompensa (el Estado nacional vendría a ser algo como el "policía local" de la globalización). El giro neoconservador se

---

21. Ver su libro *Territory, Authority, Rights. From Medieval to Global Assemblages* (Princeton: Princeton University Press, 2006).

ofrece como una ideología de profesionalismo y disciplinariedad centrada en la esfera de las humanidades, que fueron especialmente desprestigiadas y perjudicadas por las reformas neoliberales en la educación, una ideología implementada por y a través del Estado y los aparatos ideológicos para contrarrestar la crisis de legitimidad provocada por el neoliberalismo.

Si esta hipótesis es correcta, y enfatizo su carácter tentativo, entonces el giro neoconservador en la crítica latinoamericana puede ser visto como un intento, por parte de una intelectualidad criollo-ladina, esencialmente blanca, de clase media y media alta, educada en la universidad, de capturar, o recapturar, el espacio de autoridad cultural y hermenéutica de dos fuerzas también en pugna: 1) la hegemonía del neoliberalismo y lo que es visto como las consecuencias negativas de la fuerza descontrolada o sin mediación del mercado y la cultura de masas comercializada; 2) los movimientos sociales y las formaciones políticas basadas en políticas identitarias o "populismos" de varios tipos, que involucran nuevos actores políticos que ya no se sienten en deuda con el liderazgo intelectual o estratégico de la intelectualidad étnicamente criolla y económicamente de clase media o clase media alta. La modestia disciplinaria del argumento ofrecido en estos tres casos, que se limitan a la esfera académica de la crítica literaria y cultural, no debería encubrir sus ambiciones e implicaciones más amplias. Más o menos conscientemente, y con notable elocuencia y rigor intelectual, despliegan una doble estrategia de interpelación: 1) un llamado a sectores de la burguesía y de las clases profesionales a crear una nueva forma de hegemonía cultural, entendida en el sentido de lo que Gramsci llama "el liderazgo moral intelectual de la nación", que incorpore sus propios criterios disciplinarios de profesionalismo y especialización; 2) y, al mismo tiempo, un intento de redefinir (y confinar) los nuevos proyectos emergentes de la (o las) izquierda/s latinoamericana/s, alimentados desde las bases por actores políticos no-criollos o no-mestizos, dentro de lo que continúan siendo parámetros dominados por la intelectualidad y las clases profesionales.

Tanto Moraña como Sarlo propugnan una vuelta a Borges (y Morales ofrece una rehabilitación de Asturias, lo que para nuestro propósito viene a ser lo mismo). Borges, por supuesto, nunca desapareció completamente del horizonte de la crítica literaria latinoamericana. Las razones de esto no son difíciles de comprender: con su lucidez desilusionada y su capacidad de invención literaria Borges sigue siendo el intelectual latinoamericano quizás más interesante del siglo veinte. Además, esa lucidez desilusionada parece encajar bien con las consecuencias de la derrota de la izquierda revolucionaria y el fin de una era de ilusiones utópicas. La afición de Borges a habitar las fronteras entre el yo y el otro, representación y realidad, territorio y mapa, hace de su propia escritura una especie de Aleph que nos permite leer en su interior, como lo hace Moraña, los temas candentes del día: el Otro, la deconstrucción, la ética, el testimonio, lo subalterno o marginal, los estudios culturales y postcoloniales, la dialéctica de la modernidad periférica, la "iluminación" benjaminiana en una clave latinoamericana. Pero leer estos temas a través de Borges es también limitarlos *a* Borges —es decir, al espacio de una articulación muy particular de "la ciudad letrada".

De esta forma, el recurso a Borges corre el riesgo de convertirse en un emblema para el giro neoconservador en sí, tal como lo fuera T.S. Eliot en la crítica angloamericana. Como ocurre en el ensayo de Moraña, la amenaza de un "otro" subalterno —una presencia potencialmente letal y usualmente racializada, siempre en los márgenes de los cuentos de Borges—, que, en última instancia, es una amenaza a descentralizar la autoridad política y epistemológica del escritor, es neutralizada, y así volvemos al consuelo privado y desilusionado, pero finalmente *adecuado* de la literatura, lo que Moraña llama, quizás irónicamente, "la promesa de la biblioteca".

No es que apelar a Borges sea en sí mismo reaccionario. Lo que resulta problemático, más bien, es la incapacidad de hacer que esta apelación registre adecuadamente la conexión entre el radicalismo nominalista de las estrategias epistemológicas y estéticas de Borges y sus posiciones políticas reaccionarias y a menudo racistas.[22]

Concluyo con la pregunta de Borges porque pienso que es una pregunta particularmente difícil para nosotros. Como Cervantes, Borges *es* la literatura, y la literatura es, en última instancia, lo que hacemos. ¿Entonces, hasta qué punto estamos también, individual y colectivamente, comprometidos con lo que he llamado aquí el giro neoconservador? Esta es una variante de la pregunta del Evangelio: ¿A quién sirves? Dada la particular dificultad de los tiempos en que vivimos y nuestra ubicación y lealtad institucional, es más fácil hacer esta pregunta que contestarla.

---

22. En el marxismo de principios del siglo veinte, hubo un debate sobre si una epistemología de derechas —los casos habituales eran el kantianismo y el positivismo— podía coexistir con una política de izquierda. El problema de Borges puede ser visto como el reverso de este debate: ¿cómo puede una epistemología nominalista coexistir con una política de derechas o conservadora? Esta es también una pregunta sobre la naturaleza del Barroco literario tanto en España como en Latinoamérica.

14

Sobre el "performance" de *Mujeres creando* y el Estado Boliviano
(2008)

"**L**A HISTORIA ES LA memoria de los Estados", dice Henry Kissinger. Como arquitecto de la restauración conservadora que gobierna el continente americano desde los años setenta, sabe de lo que habla. Pero esa hegemonía, cuya forma económica es el neoliberalismo, comienza a desmoronarse. ¿Se prepara una nueva ola de radicalización como la de 1848 en Europa, treinta y tres años después del Congreso de Viena? ¿Hay *otra* historia que no sea propiamente la historia del Estado sino la historia de *otro* Estado posible que a intervalos intercepte la historia oficial?

Si Antonio Negri y Michael Hardt tienen razón en su conocido pronóstico de que estamos en una época radicalmente nueva, "global", del capitalismo —en la que, como en el caso del imperio romano, ya no hay un "afuera" —, entonces la pregunta de nuestro tiempo podría ser formulada metafóricamente de la siguiente manera: ¿Quiénes son los cristianos de hoy? Es decir, ¿quién, dentro del Imperio pero no *del* Imperio —para recordar la distinción del Evangelio— tiene no sólo la capacidad sino la necesidad, el *telos*, de desmontar o transformar al Imperio? Hardt y Negri contestan esta pregunta articulando la visión de un nuevo sujeto social híbrido, transculturado, diaspórico y universal, producido por la fuerza desterritorializadora del capitalismo globalizado pero en una relación de antagonismo creciente con esa fuerza: llaman a ese nuevo sujeto "la multitud". Para mi gusto, hay algo de ciencia ficción en esta visión, que tiene, sin embargo, la ventaja indudable de confrontarnos con la realidad de algo que está emergiendo hoy, el "viejo topo" de Marx.

Como se sabe, Bolivia se ha convertido en uno de los laboratorios sociales más importantes en el mundo actual de luchas contra la globalización. La obra del colectivo artístico-político-anarquista-feminista *Mujeres creando*, en La Paz, fue por un momento parte integral de este proceso. Su trabajo se insertó dentro de una doble perspectiva: las acciones, desde la calle, de los movimientos sociales; y la elaboración de un nuevo pensamiento teórico y artístico que corresponda a esa práctica. En sus *performances* las distinciones entre teoría y práctica, arte y política, espacio privado y público, sociedad civil y "multitud", pensamiento y acción, se borraban de alguna manera. Recuerdo un caso particular. *Mujeres creando* se instala en un sitio estratégico del centro de La Paz: el Obelisco. Las acompaña un grupo de hombres de diferentes tamaños, edades, etnicidades y clases sociales. Los hombres se desvisten y las mujeres comienzan a pintar sus penes con pinturas de distintos colores. Un grupo heterogéneo pero fundamentalmente popular —la "multitud" urbana— se congrega para mirar, como lo haría para asistir a un acto callejero de actores o cómicos ambulantes. Llega la policía, pero no sabe lo que debe hacer: ¿es esto un espectáculo artístico, en cuyo caso se trataría de una forma de discurso permitido, o simplemente una violación de las leyes que prohíben la desnudez pública? Se suceden, en los márgenes de la multitud, consultas ansiosas acerca de cómo proceder. Invisibles llamadas telefónicas. Oficiales de rango cada vez más alto se involucran sin llegar a resoluciones satisfactorias. Fascinación, pero también perplejidad y debate en el público. ¿Qué pasa aquí? Llegan los reporteros: ¿cómo van a "representar" este acto que drámaticamente ha interrumpido el orden cotidiano del centro paceño? Será *aludido* en las noticias vespertinas de la TV y, al día siguiente, en los diarios de la ciudad (¿Curiosa manifestación en el Obelisco?), pero no *representado*, y no solamente en atención al tabú de la desnudez, sino también porque la relación "normal" de poder entre hombres y mujeres ha sido invertida y transgredida: las mujeres se arrodillan o inclinan para pintar los penes de los hombres, pero el acto de pintarlos niega o carnavaliza su autoridad, su estatuto simbólico como falo.

Lo que resulta claro al ver el video que *Mujeres creando* hicieron de este evento es que el *performance* residió menos en el acto de despojar a los hombres de sus vestiduras y pintar sus penes y más en la convulsión que produjo en el público y en las autoridades que lo rodeaban, en las resonancias que tuvo después en la ciudad y en la nación en su conjunto. Aquí la separación entre arte y política, *performance* y manifestación, escenario y plaza, ha sido radicalmente eliminada. De alguna manera estamos ante un retorno a la teatralidad pública del Barroco, al espectáculo del Estado mismo como espectáculo, pero en un registro radicalmente nuevo, democrático e igualitario. Porque lo que queda cuestionado en el proceso no es sólo la autoridad patriarcal del Estado, sino también la persistencia del patriarcado dentro de la sociedad civil y de las mismas clases y grupos populares, las "contradicciones en el seno del pueblo" que convierten a las mujeres en subalternas de subalternos. *Mujeres creando* protagonizaba un teatro callejero gratis y al alcance de todos, de modo que son los subalternos urbanos los que en su mayoría se detenían a mirar un espectáculo que fascinaba pero que al mismo tiempo perturbaba sus hábitos y sus convicciones. Su *performance*, entonces, es al mismo tiempo una forma de acción social, un tipo de pedagogía popular y una manera de hacer arte.

Hacer arte, pero no hacer una "obra de arte". Tenemos el video del *performance*, pero el *performance* no está en el acto mismo sino en las consecuencias que desata, que van mucho más allá de lo que puede ser contenido dentro de un "marco" de representación (el marco del video-imagen y de la estructura diegética del video-texto). El cristianismo primitivo nace, según el Evangelio, "fuera del Templo y fuera de la Ley". Es decir, tiene acceso a (o necesita crear) un espacio propio, nuevo, más allá de lo que hoy llamaríamos el estado o la sociedad civil en un sentido convencional. Por eso también es imposible captar esa acción dentro de los registros convencionales del pensamiento académico, el "Templo" de nuestro tiempo. Elizabeth Monasterios me contó una anécdota pertinente acerca de la intervención de *Mujeres creando* en el congreso de LASA (Latin American Studies Association) en Dallas, Texas, en 2003. Una prominente académica latinoamericana establecida en Estados Unidos se acercó a las mujeres, intentando seducirlas con la idea de publicar los textos de sus ponencias en Estados Unidos: "Eso les dará mucha visibilidad...". La respuesta de *Mujeres creando* fue en efecto: "No, no estamos interesadas en esa visibilidad. Nuestro campo de acción está en otra parte".

Este acto de rechazo, en mi opinión, condensa el significado de todo el proyecto de *Mujeres creando*. Porque no se trata tanto de un rechazo a la academia como tal —al fin y al cabo *Mujeres creando* se tomaron el tiempo y el trabajo de llegar a los Estados Unidos para asistir y hablar en el congreso de LASA. Es más bien un reconocimiento de que la academia no debe ser hegemónica, que hay cosas que suceden en el mundo que la academia no conoce ni puede conocer adecuadamente. El *performance* en el Obelisco pone en tela de juicio las claras fronteras disciplinarias que utilizamos para contener y organizar el conocimiento y la distinción entre "espectador" y "actor", entre estudioso y estudiado.

Porque el asunto de la universidad y del conocimiento académico es también un asunto del Estado. Estamos hoy en una coyuntura radicalmente nueva, que nos obliga a repensar la relación Estado/movimientos sociales. Es cierto que los nuevos movimientos sociales, y pienso aquí a *Mujeres creando* como un nuevo movimiento social, no abordan directamente la cuestión del poder estatal. Como los zapatistas en México, su objetivo es más bien crear circuitos locales y globales de toma de conciencia, resistencia y fortalecimiento en lo que se suele llamar (inadecuadamente en mi opinión) la sociedad civil. Pero hay por lo menos un momento en el cual, en sus actos de negación simbólica o escarnio, o en su lucha por demandas altamente particulares o locales, los movimientos sociales necesitan también comenzar a proyectar modelos alternativos de gobierno, comunidad y organización económica. Esos son los momentos en los que individual o colectivamente apuestan, en palabras de Antonio Gramsci, al "liderazgo moral o intelectual de la nación" —es decir, a la hegemonía. Me parece que la práctica de *Mujeres creando* está ligada a esa posibilidad, que es en última estancia una posibilidad *política*. Pero se trata de una nueva forma de acción política, al margen del Estado y *dentro* de los movimientos sociales, que sólo su *performatividad* estética hace posible. Para volver entonces a la observación de Henry Kissinger respecto a la relación entre historia y Estado: lo que estaba en juego en el *performance* de *Mujeres creando* era una nueva forma de "hacer política" desde el arte y el feminismo, lo cual requiere decir también una nueva forma de imaginar y crear el Estado y su historia "desde abajo", si se quiere.

La actividad de *Mujeres creando* prefiguró así la llegada al poder de los movimientos sociales en el gobierno de Evo Morales. Otra dinámica se pone en marcha, ya en parte *desde* el Estado. ¿Se trata entonces, en el caso de *Mujeres creando*, de una forma de acción que se ha vuelto anacrónica? Creo que no. Para poder mantener una conexión dinámica con sus bases y desarrollar su posibilidad/capacidad de construir *otro* Estado, el movimiento político-estatal prescinde del estímulo de una exterioridad crítica pero solidaria. En este sentido, el *performance* de *Mujeres creando* es más urgente que nunca. Sin embargo, es significativo que el grupo no haya podido continuar como tal. Su clausura representa el momento en que se separan, empleando la distinción de Negri, el *poder constituyente* del *poder constituido*. Pero, ¿sería posible integrar el *poder constituyente* a la operación y la forma misma del nuevo Estado? Es decir, para recordar la fórmula propuesta por Álvaro García Linera, "un Estado que no es Estado".

15

El ultraizquierdismo: Enfermedad infantil de la academia

(2013)

LOS ESTUDIOS CULTURALES LATINOAMERICANOS, en un sentido amplio, nacen durante los años noventa de una constelación de varias modalidades de lo que podemos llamar, para resumir, "estudios": estudios postcoloniales, subalternos, feministas, *queer*, étnicos, de los medios, etc. La aparición de y la consolidación académica casi hegemónica (en las humanidades) de esta constelación fue necesaria en dos sentidos: 1) respondía, desde la izquierda —o desde una idea de una posible renovación de la izquierda—, a la crisis del proyecto de la izquierda en América Latina (y mundialmente), así como de los modelos culturales asociados con ese proyecto; 2) ofrecía una alternativa al auge de los modelos neoliberales, tanto en el trabajo de la cultura como en la economía política.

Creo que todos estaríamos de acuerdo en que estamos en un momento post-neoliberal. En América Latina, posteriormente a 2000; en la economía global, después de la crisis de 2008. En esta coyuntura, el paradigma que gobierna la constelación de los estudios culturales latinoamericanos se ha vuelto anacrónico, y necesita ser modificado. Incluyo mi propio trabajo en esta conclusión, pero tengo en mente sobre todo las corrientes en el latinoamericanismo actual que de alguna forma u otra marchan hoy bajo el signo de la post-hegemonía. Debo mencionar en particular el conocido libro de Jon Beasley-Murray, *Posthegemony: Political Theory and Latin America* (2010), pero también (para dar sólo unos ejemplos) la obra de Benjamin Arditi y John

Holloway, versiones varias de la idea de la "multitud" en Hardt y Negri (vgr. los ensayos sobre las "turbas" chavistas de Luis Duno), "el comunismo literario" de mi colega y amigo Juan Duchesne —derivado de Rancière, Deleuze, Nancy, etc. —corrientes deconstructivistas (Spivak, Alberto Moreiras, Nelly Richard y la ya clausurada *Revista de Crítica Cultural),* los remanentes del proyecto de los estudios subalternos latinoamericanos, posiciones en los estudios postcoloniales y *queer...*

A mi modo de ver, estas corrientes en conjunto representan una forma, dentro del latinoamericanismo actual, de ultraizquierdismo.[1]

La idea de ultraizquierdismo viene de un famoso (para algunos, infame) ensayo de Lenin escrito en 1920, "El Comunismo de Izquierda, Una Enfermedad Infantil", presentado al segundo Congreso de la Internacional Comunista ese mismo año. El argumento del panfleto tiene que ver con lo que Lenin ve como desviaciones sectarias en los jóvenes movimientos comunistas en Inglaterra, Alemania, Holanda y Francia. Los detalles del debate no son muy interesantes hoy. Pero la situación a la que se refiere sí. La revolución rusa ha ocurrido, el régimen soviético se ha establecido con grandes dificultades y distorsiones, y comienza a crear a su semejanza partidos comunistas a nivel internacional, incluyendo los países coloniales o semi-coloniales. Lenin teme que la posición ultraizquierdista, aunque inspirada precisamente en su propio modelo, o los bolcheviques en su marcha hacia el poder en Rusia, va a impedir la marcha concreta del comunismo en otros países.

En otras palabras, Lenin estaba argumentando contra una posición que, supuestamente en imitación de la suya propia, rehúsa hacer pactos con partidos socialdemócratas (como el Partido Laborista en Inglaterra, por ejemplo), participar en elecciones parlamentarias, o participar en acciones comunes con sindicatos establecidos. La idea básica del comunismo de izquierda era que la Revolución Rusa indicaba que una revolución mundial más amplia era inminente y que el juego político normal de elecciones, sindicatos, partidos o bloques electorales simplemente postergaba esa posibilidad. Se considera que el panfleto de Lenin forma parte del giro al estalinismo. No hay duda de que la idea de "ultraizquierdismo" fue usada muchas veces por el estalinismo. Sin embargo, las posiciones que critica Lenin en ese panfleto (por ejemplo, el rechazo de la social democracia) son precisamente las de Stalin durante el

---

1. Los usos de Badiou no escapan de esta clasificación, aunque Badiou mismo ha hecho una crítica del ultraizquierdismo teórico.

llamado Tercer Período de la Internacional Comunista, período que termina con el triunfo en Europa del fascismo.

Hoy día quizá no van a reconocer muchas de las figuras contra las que Lenin polemiza, pero algunos por lo menos recordarán el libro que de cierta forma representa la articulación teórica más avanzada del comunismo de izquierda: *Historia y conciencia de clase,* de Georg Lukács. Este es un libro que sin duda leyó Walter Benjamin. Y Benjamin —cierto *uso* de Benjamin— es parte del problema del ultraizquierdismo latinoamericanista hoy. Lo que pesa sobre todo en el argumento de Lukács es la idea de la *inmanencia* de una conciencia colectivista, revolucionaria en la misma situación de trabajo del proletariado, una "conciencia adscrita" comunista. Lukács entendía por "conciencia adscrita" no la conciencia empírica o real del proletariado, sino la conciencia que *debía tener* debido a su posicionamiento en las relaciones de producción; conciencia no alcanzable por la burguesía por esa misma razón (es decir: la imposibilidad de pensar las relaciones sociales en su "totalidad". Esta es la base de la crítica que Lukács hace del Modernismo estético).

El vicepresidente de Bolivia, Álvaro García Linera, hizo eco del título y el argumento del ensayo de Lenin en una polémica donde ataca a los críticos del gobierno de MAS desde la izquierda: *El "oenegismo", enfermedad infantil del derechismo*. El libro está dirigido en concreto contra los firmantes de un Documento (llamado así), muchos de ellos antiguos simpatizantes o miembros del MAS y otros de otras posiciones de izquierda, contra el MAS, argumentando la necesidad de una "reconducción" del llamado Proceso de Cambio en Bolivia. El más conocido sería quizás el académico Raúl Prada, relacionado con el grupo Comuna (del cual también fue parte García Linera durante un tiempo). Sin entrar en detalles: desde una posición de supuesta simpatía y solidaridad con los movimientos populares, sobre todo con los movimientos de autoafirmación y autonomía indígena, se acusa al MAS —y a García Linera en particular— de desviar el proyecto socialista-indigenista en Bolivia en una dirección "desarrollista", mediatizada por el Estado y sintonizada con la globalización capitalista. García Linera responde que a pesar de su adhesión formal a los movimientos sociales, los "resentidos" del Documento, como él los llama, no entienden el trabajo práctico de la construcción del Proceso de Cambio, proceso que tiene como horizonte la construcción de una patria socialista, y hasta cierto punto están obstaculizando el proceso y favoreciendo la oposición al mismo.

Me convenció el argumento de García Linera, pero como en cierto sentido fue una respuesta a una posición que pudiera haber asumido yo (desde vgr. los estudios subalternos), y que de hecho han asumido muchas personas que conozco y respeto, tenía que hacerme una serie de preguntas al respecto, y eso me llevó a la hipótesis que acabo de articular: que el paradigma con el cual trabajamos en los estudios culturales latinoamericanos ha dejado de funcionar.

Como hace evidente la polémica de García Linera, lo que hoy define coyunturalmente la situación de los estudios culturales latinoamericanos es la llamada "Marea Rosada", es decir, el surgimiento, de una serie de gobiernos de izquierda en Latinoamérica de carácter muy heterogéneo. No dudo que este fenómeno lleva en sí muchas ambigüedades, contradicciones, ilusiones y peligros. Como toda empresa humana está abierta al fracaso o a la perversión de sus ideales. ¿Se trata, como arguye García Linera, de una apertura hacia cambios más radicales, o de una nueva forma de capitalismo con una "cara más humana"? Pero no deja de ser al menos esperanzador que una mayoría de la población de América Latina vive hoy [2012] bajo gobiernos que se autodenominan, de una forma u otra, "socialistas".

Entiendo la marea rosada como un "evento" en el sentido que Badiou concede a ese término: es decir, algo inesperado, impredecible, radicalmente contingente y sobredeterminado, que no obstante abre toda una nueva serie de posibilidades y determinaciones simplemente por haber ocurrido. La pregunta —usando otra fórmula de Badiou— es cómo ser "fiel al evento", y esto en particular desde el trabajo que hacemos en el latinoamericanismo. No se trata de insistir en que tenemos que estar de acuerdo con tal o cual medida de tal o cual gobierno. Nuestra función es una función crítica. Pero creo que sí es legítima la siguiente pregunta: ¿contribuye lo que hacemos a una crítica necesaria y renovadora de las nuevas posibilidades, o más bien, en nombre de una radicalización más profunda y auténtica, obstaculiza esa posibilidad y llega, en algunos casos, a hacer una causa común con la oposición burguesa?

Aquí es donde veo la cuestión del ultraizquierdismo latinoamericanista como un problema político y no sólo como un debate sobre una tendencia intelectual. Dos observaciones rápidas al respecto: hasta el punto en que se puede hablar de una influencia o un impacto del trabajo académico sobre la política —volveré a este tema más tarde— se podría decir que algunos elementos de la Marea Rosada se derivan en parte de la reflexión teórico crítica del latinoamericanismo de los 90 y de comienzos de este siglo. Por ejemplo, la idea, de clara procedencia postcolonial, de patria "plurinacional" o la centralidad de los nuevos movimientos sociales y nuevos partidos de izquierda. En otras palabras, sin la renovación teórica de los "estudios" (subalternos, postcoloniales, de la mujer, etc.) no hubiera sido posible la renovación política de los gobiernos de la Marea Rosada.

Por contraste, se habla mucho de una contradicción entre estos gobiernos y los nuevos movimientos sociales subalternos que los auspiciaban, especialmente los movimientos indígenas en relación a las políticas de energía, construcción de carreteras, explotación de minerales y recursos biológicos, etc. Uno de los casos más conocidos, quizás, es él al que se refiere García Linera en su polémica: el enfrentamiento —a veces violento— entre un grupo indígena y el MAS sobre el proyecto de construir una carretera a través del parque nacional indígena conocido como el TIPNIS (Territorio Indígena Parque Nacional Isiboro Sécure). Pero como se sabe hay contiendas similares en Ecuador, Brasil, Chile, Venezuela, etc.

Estas contiendas amenazan con poner en contradicción los dos aspectos más centrales del cambio de paradigma representado por los estudios culturales latinoamericanos en los 90:

1. la reivindicación postcolonial (o decolonial) de lo indígena y lo afro-latino;
2. lo popular-subalterno como centro de la reflexión teórica y la acción política (los gobiernos de izquierda postulan la necesidad de un "desarrollo" económico para mejorar las condiciones de vida de los grupos más pobres de la población).

Para dar un ejemplo concreto de este problema: la conocida activista postcolonial Catherine Walsh opinó en una conferencia en mi universidad que las políticas de desarrollo energético del gobierno de Correa en Ecuador eran en cierto sentido *más* nocivas que el neoliberalismo, porque violaban los derechos de la tierra y de los grupos indígenas —derechos establecidos en la constitución ecuatoriana— pero ahora bajo el manto de un gobierno popular, redistributivo, "plurinacional".

Me apresuro a decir que no estoy de acuerdo con la posición de Walsh. Pero no dudo que nace de contradicciones reales. Y tampoco dudo del alto nivel de compromiso ético y teórico de Walsh, una persona a la que admiro mucho. Sin embargo, no creo que en estos debates la posición "decolonial" en sí, o los grupos indígenas o ecológicos tengan automáticamente la razón, y el Estado no. Más bien, veo al Estado como un espacio *necesario* para empujar el cambio y para legitimar los elementos de autogobierno de las comunidades, por lo tanto, como el lugar de una serie de *contradicciones* inevitables. Aun si la autonomía de territorialidades indígenas se establece como derecho inviolable, superior a las razones de un "desarrollo" que llevaría a mejores condiciones de vida para todas las clases populares, podría haber—de hecho hay—conflictos entre distintos grupos indígenas sobre esas territorialidades (entre otras razones, porque las territorialidades indígenas también pueden ser urbanas y "nacionales", como en el caso de los aymaras en Bolivia). En esos casos, alguna instancia tiene que resolver o mediar en esos conflictos; son conflictos que nacen en la sociedad civil, pero que no pueden ser enteramente resueltos desde la sociedad civil. El Estado puede crear un proceso de resolución, aun si ese proceso de resolución ocurriese al nivel de las relaciones inter-indígenas (algunos se acordarán aquí del conflicto sobre tierra entre las dos comunas soviéticas en la obra *El círculo de tiza caucasiano* de Brecht, conflicto resuelto en cierto sentido por la representación de una obra de teatro). Por decir esto de otra manera no creo que el socialismo o el "Buen Vivir" sean la venida de Cristo (o del Tahuantinsuyo), sino la elaboración de un proceso radicalmente igualitario que nunca acaba, que siempre va a producir "conflictos". Pero considero que es importante la famosa distinción de Mao entre "conflictos en el seno del pueblo" y "conflictos entre el pueblo y el bloque de poder". El socialismo es un proceso, no una utopía.

Lenin habló de una "enfermedad infantil" caracterizada por falta de madurez, frustración, impaciencia, voluntarismo. Yo hablo de una enfermedad académica. ¿Por qué académica? Por tres razones creo:

En primer lugar, nuestro modelo como académicos de las humanidades (o, como los franceses solían decir, de las "ciencias humanas") es precisamente la crítica, más que la agregación hegemónica. En ese sentido una práctica permanentemente deconstructiva es algo así como "la ideología espontánea de los intelectuales", para recordar un concepto de Althusser. Pero este afán crítico, que es propio de nuestra ética de trabajo, no es necesariamente compartido por otras posiciones sociales. En realidad, como Gramsci señaló, la posición del intelectual "crítico" marca precisamente una línea divisoria con los grupos populares y subalternos actuales. Este problema se complica con la situación de clase pequeñoburguesa de la mayoría de los intelectuales académicos, cualquiera que sea su afiliación política concreta.

Esto nos lleva a lo que es (creo) el punto ciego más importante de las posiciones "post- hegemónicas" en el latinoamericanismo: la confusión de lo que Althusser llamó (con mayúsculas) la Ideología en General, con las ideologías particulares. Tanto el fascismo como el eco-feminismo o la doctrina del Buen Vivir son ideologías, pero evidentemente con consecuencias muy distintas para la vida real. Y "la ideología no tiene un afuera", insistía Althusser. Es decir, no podemos imaginar una manera de "cambiar el mundo" que no pase por la articulación ideológica.

En segundo lugar, nuestra responsabilidad ética y política es en cierto sentido autorreferencial a la academia misma. No admite una corrección o una responsabilidad externa. Un radicalismo extremo puede coexistir pacíficamente con una carrera académica. No lo digo para criticar —estoy, estamos, hablando aquí precisamente por eso. Pero eso nos deja faltos de responsabilidad más allá de la carrera. Es decir, si proponemos una posición teórica y, de alguna forma, esa posición es —como en el caso del ultraizquierdismo histórico— coincidente con la derrota o el *impasse* de un movimiento social o político, no tenemos que sentir una responsabilidad directa por eso. Un ejemplo es la celebración del zapatismo y la defensa de su rechazo al apoyo electoral a la candidatura del PRD en 2006. La defensa académica de la postura zapatista —y el aparato teórico-crítico en que se basa (que incluye los estudios subalternos y postcoloniales, en este caso)— es algo también "académico"; es decir, no tiene que justificarse ante el Tribunal de la Historia, en este caso los más o menos 60 mil muertos en la guerra del gobierno de Calderón que resultó de la derrota del PRD contra el narco. En cierto sentido estamos en una situación de teoría sin consecuencias.

La tercera razón es una extensión de la segunda. Es decir, la exterioridad de la crítica académica latinoamericanista en general con respecto a su objeto de estudio, América Latina. No quiero postular aquí las viejas (y gastadas) dicotomías sobre la "posición de enunciación": local/global, periférico/metropolitano, "desde" / "sobre" América Latina, etc., algo que postularon los neo-arielistas en su crítica de los estudios culturales. Tanto García Linera como su compatriota Raúl Prada son intelectuales que piensan y escriben, "desde" América Latina (y, en su caso, desde Bolivia en particular) pero eso no impide que sus posiciones sean discrepantes.

Cabe observar más bien que en muchas de las nociones de lo latinoamericano (o de su deconstrucción, como en el proyecto de Alberto Moreiras) no importa si son "sobre" o "desde" América Latina. Como en la idea carpenteriana o lezamiana acerca de la naturaleza "barroca" de América Latina, hay una visión implícita de América Latina como una forma de lo *sublime* romántico. Hay algo de esto en la representación del "texto de la violencia": de los femicidios de Ciudad Juárez, por ejemplo, o en la fascinación actual con Bolaño (que comparto). Podríamos decir que el ultraizquierdismo de la "post-hegemonía" tiende a una especie de sublime. Lo que pasa aquí entonces es algo parecido a lo que Walter Benjamin llamó en su ensayo "El autor como productor" *la estetización de la política,* fenómeno que él identificaba con el fascismo. En el caso del ultraizquierdismo latinoamericanista, el fenómeno tiene más bien que ver con cierta impaciencia —a veces milenaria y ciertamente pequeño burguesa— de la *inminencia* del comunismo o anarquismo, o de lo que se suele llamar la "infra-política".

16

P.D. El izquierdismo desde la pandemia
(2021)

BRUNO BOSTEELS ME ACONSEJÓ hace varios años y en relación con otro proyecto editorial no volver a publicar el ensayo anterior, en parte por todo lo que ha cambiado desde el momento de la primera publicación (2012), en parte quizás por la excesiva dureza del argumento. Me preocupaba cuando escribí el ensayo el efecto negativo que podrían tener posiciones critico-teóricas en el Latinoamericanismo literario y cultural que podrían ser clasificadas, en un lenguaje quizás pasado de moda, ultraizquierdistas (*izquierdisantes* hubiera dicho Althusser, pero con más compasión que yo, porque esos jóvenes eran los principales lectores de su obra en los 60 del siglo pasado, y yo hubiera estado entre ellos) sobre los logros de los gobiernos de la llamada Marea Rosada. Como explico en el ensayo, por ejemplo, la así llamada Otra Campaña de los Zapatistas en las elecciones de 2006 en México, fue alabada por muchos de mis colegas en el Grupo de Estudios Subalterno Latinoamericanos —los Zapatistas eran nuestro "equipo" en cierto sentido— en nombre del subalternismo. Pero creo que todos podemos estar de acuerdo hoy, quince años más tarde, que fue un error político, como también fue un error la campaña de los Verdes en Estados Unidos en el 2000 que costó a Al Gore la presidencia. En ambos casos no se volvió a repetir el error, pero tuvo consecuencias de socavar la fuerza política de ambos grupos, en el caso del EZLN convirtiéndolo de un factor nacional a un factor regional, relativamente tolerado por el régimen. AMLO ofrecía en 2006 una variante de un gobierno de la Marea Rosada, en que podían haber participado los Zapatistas con una posición de apoyo crítico. Igualmente llegué a pensar que las muy comentadas manifestaciones en Brasil, que comienzan con el movimiento espontaneo contra la subida del precio del transporte municipal , en 2013, a pesar de la fuerza de desencanto y protesta que expresaban, en vez de ser efectos de una "multitud" radicalmente nueva tipo Hardt y Negri, tuvieron efectos nocivos en Brasil, presagiando el encarcelamiento de Lula en el contexto de las investigaciones de corrupción, el derrocamiento después del gobierno de Dilma Rousseff y el PT, y así el surgimiento de Bolsonaro. Ahora parece que la izquierda está unida contra Bolsonaro.

Para recordar una frase atribuida a Regis Debray, "Pensábamos que íbamos hacia China, pero terminamos en California". No fue mi intención inicial, pero en cierto sentido el ensayo era una respuesta a mi ensayo anterior sobre lo que veía como un "giro neoconservador" en el Latinoamericanismo literario. Contra el giro neoconservador, por un lado, contra el ultraizquierdismo de una juventud radicalizada pero sin expresión tradicional en términos de partidos o movimientos, por otro. Así imaginaba que podría ocupar el justo medio.

Pero mi justo medio carecía de una dinámica política y crítica propia: era ni chicha ni limonada, como dicen los chilenos. Carecía no sólo de nuevos actores en términos de política nacional (los partidos de la Marea Rosada comenzaban a declinar), pero también en relación al desarrollo de nuevas fuerzas más informales de creación y lucha en los años intermediarios entre 2012 y hoy, por ejemplo la ocupación de Oaxaca en México en 2006 en relación a una huelga de profesores.

Por eso (algo que quizás pensaba Bosteels pero era demasiado caballeresco para decírmelo en tantas palabras) he tenido un cambio de sentimiento. Digo sentimiento porque se trata de algo afectivo y no sólo intelectual. Ese cambio se debe a mi propia interacción con varios proyectos: el libro de Freya Schiwy sobre video y cine militante en México, los proyectos de talleres de escrituta indígena, los performances de Mujeres Creando en Bolivia, la literatura cartonera, que descubrí en una magnífica conferencia organizada en la Universidad de Bochum en Alemania, el interés, evidentemente derivado de estudios subalternos, en lo "post hegemónico", las cuestiones ecológicas vistas desde el punto de vista de comunidades locales, Black Lives Matter, la literatura electrónica, etc. Llegué a la misma realización que Althusser en los 60: las personas que leían y comentaban mi obra con cierto interés eran sobre todo ultraizquierdistas. No podría renunciarles sin renunciar a mi propia intervención teórico-critica. La energía, el disfrute, el gozo (*jouissance*) de la izquierda parece estar en esos miles y miles de proyectos locales, comunitarios, generalmente invisibles a un nivel nacional pero paradójicamente visibles a nivel transnacional, a través de los medios electrónicos que constituyen mayormente su tecnología de reproducción. En ese sentido, esos proyectos pueden reclamar con justicia la categoría de *potencialidad* en el sentido que da Spinoza a este término.

Entonces, quiero declarar que me he distanciado de la crítica del ultraizquierdismo que hice en este ensayo. Lukács en su obra tardía renuncia y hace una autocrítica de su obra temprana, especialmente *Historia y conciencia de clase,* como ultraizquierdista. Aquí hago lo opuesto. Quiero redefinir mi práctica como crítico literario en términos de ser una especie de Otra Campaña quijotesca en el terreno de las luchas dentro de nuestro campo.

Los partidos son represores, pragmáticos; las ideologías, mitos útiles; el Estado, aun en el caso de un Estado popular, lejano y burocrático, "frio" como decía Foucault. Y por qué no admitir lo que todo el mundo sabe, que la centralidad y la fuerza organizadora del Estado han decaído ante la globalización. El deterioro del chavismo procede desde la altura hacia las organizaciones de base, no al revés. Desde la cabeza al cuerpo. A pesar de su amplia base popular, el chavismo sufrió del error que se solía llamar dirigismo, la idea de que el Estado puede hacerlo todo. Gramsci usa el concepto en relación sobre todo a una crítica (tácita por supuesto) del estalinismo. Pero también a Gramsci y sus seguidores se les puede criticar de cierto eurocentrismo y dirigismo.

Diciendo esto, me siento más joven y más en comunicación con las nuevas generaciones que están reinventando la izquierda. Sin embargo, sigo pensando que la *potencialidad* es también cuestión de partidos, ideologías, hegemonía, elecciones, líderes carismáticos, la dominación del Estado por fuerzas populares (que en la frase de Ernesto Laclau, tomada de Gramsci, "devienen" el Estado, en vez de la idea leninista de "conquistar" el Estado). Es importante que Lula gane las próximas elecciones en Brasil (2022). Y para eso hace falta la organización y la militancia de un partido. Es importante que el MLN volvió al poder en Bolivia. Que Biden haya derrotado a Trump. Es importante formar una especie de frente común con colegas liberales y de centro-izquierda contra el peligro de un fascismo emergente en todas partes. Me parece bien que jóvenes socialistas como Alexandria Ocasio-Cortez y los miembros del así autollamado Squad se presenten así como figuras nacionales y no sólo como fenómenos marginales, sin una agenda política definida.

Es importante renovar los partidos, renovar el proyecto de los gobiernos de la Marea Rosada desde la juventud y los movimientos sociales. Es importante decidir quién es el "enemigo principal", como decían los maoístas, y formar la más amplia coalición posible para combatirlo.

Estamos, como decía Gramsci, en la fase de una guerra de posición, no de una confrontación directa con el Estado, como en el caso de lo que designaba como una guerra de maniobra. Y esa situación hace de nuestro campo marginal, la crítica literaria, un espacio de invención y discusión.

17

Después de lo poscolonial: La igualdad y la crítica literaria en tiempos de globalización
(2016)

EL "DESPUÉS" DE MI título indica que estamos hoy en un espacio de posibilidad producido en parte por el giro teórico-crítico poscolonial en los noventa y a comienzos del nuevo siglo, producto a su vez del enorme proceso histórico de la descolonización después de la Segunda Guerra Mundial. Sin embargo, ese "después" también sugiere que sentimos cierta limitación o *impasse* en la perspectiva poscolonial. No es que la tarea de lo poscolonial haya sido completada o superada. Todo lo contrario: si entendemos que el capitalismo es en sí conmensurable con la colonialidad, la globalización indica en cierto sentido la *universalización* de la colonialidad del poder, más que su desplazamiento. Entonces, entiendo el proyecto teórico-crítico de lo poscolonial como uno a largo plazo, de muchas generaciones. A corto plazo, quizá necesitamos una nueva perspectiva, no para suplantar sino para reanimar la poscolonial.

Como se sabe, el tema de la desigualdad ha surgido de nuevo en el centro del discurso de la economía política actual —el libro de Thomas Piketty, *El capital en el siglo XXI*, es quizá el ejemplo más conocido pero no, por supuesto, el único. El argumento de Piketty es que la actualidad y el futuro del capitalismo nos están llevando a una situación de concentración de riqueza y desigualdad económica cada vez más aguda, y que se está formando algo así como una oligarquía de riqueza y poder. El argumento es económico y estadístico, pero tiene evidentemente consecuencias políticas y culturales que cruzan las zonas de la literatura y las humanidades (la llamada "crisis de las humanidades" sería, en parte, un síntoma de esta conexión). El propósito de este ensayo es conectar, después del giro poscolonial, y de la situación "posautónoma" de la literatura y el arte, para pedir prestado un concepto de Josefina Ludmer, la crítica literaria y cultural con el tema de la igualdad/desigualdad social.

De las consignas de la Revolución Francesa —*liberté, égalité, fraternité*— se podría decir que hoy la libertad ha sido conquistada por y para mucha gente de hecho, y, en principio, para todos. En particular, la democracia es, para pedir prestada una frase del politólogo francés Marcel Gauchet, algo así como "el horizonte insuperable de nuestro tiempo". Por horizonte insuperable no se entiende que no existen o no podemos imaginar otras formas de gobierno en nuestro mundo o en otros mundos posibles. Pero no podemos imaginar o desear permanentemente —si no es que seamos perversos— una forma normativa distinta de gobierno que la democracia. Si hay problemas con la democracia, son problemas que se resuelven con más democracia, solemos pensar.

Por contraste, pocas personas declararían hoy que la igualdad es "el horizonte insuperable de nuestro tiempo". Todo lo opuesto, la tendencia en el pensamiento posmoderno neoliberal es separar la igualdad de la libertad. En el pensamiento de la Revolución Francesa eran, por contraste, términos concurrentes: la igualdad producía la libertad, y viceversa, la libertad era el ejercicio pleno de la igualdad. Hoy, como Étienne Balibar ha señalado, estos términos parecen estar regidos más bien por una oposición semiótica constitutiva. La igualdad —los Derechos del Hombre— es vista como dependiente de la operación coercitiva del Estado (por ejemplo, durante la Revolución Francesa la socialización de los latifundios de la nobleza y la destrucción física de la nobleza como clase en el Terror). Mientras que la libertad —los Derechos del Ciudadano— consiste precisamente en la limitación del poder del Estado sobre sus ciudadanos. El binario libertad/igualdad depende, a su vez, de la distinción entre la sociedad civil y el Estado, en donde, en el pensamiento político y cultural del posmodernismo en general, la primera —es decir, la sociedad civil— tiene un valor positivo: la sociedad civil es heterogénea, híbrida, flexible, creativa, etcétera; y la segunda, un signo negativo: el Estado es monolítico, burocrático, represivo, "frío".

¿Qué ocurre en este contexto con *la fraternité* —la fraternidad— entonces? La fraternidad es un afecto: el sentimiento de piedad, rabia, simpatía, identificación. Por un lado hace posible, y por otro lado resulta de la libertad y la igualdad. La fraternidad—en un idioma más contemporáneo hablaríamos quizás de solidaridad —es esencial a la igualdad, en el sentido de que provee la fuerza necesaria para que personas o seres en posiciones de subalternidad puedan trascenderla. La fraternidad fue la fuerza afectiva que subyacía al movimiento abolicionista contra la esclavitud en el siglo XIX y antes, por ejemplo. Es decir, como afecto o *experiencia* vivencial, la fraternidad tiene una fuerza material, concreta, que la libertad y la igualdad en sí no tienen. Pero si la libertad y la igualdad son estamentos no sólo diferentes sino en cierto sentido opuestos, ¿qué pasa con la fraternidad entonces? Parece que ya no tiene una dimensión o posibilidad de actuar. Es reemplazada en el orden neoliberal por el régimen legal y abstracto de los derechos humanos, y por la caridad globalizada (la Clinton Foundation, etcétera).

Ahora bien, debe estar claro que la igualdad no es lo mismo que la similaridad o la mismidad. Una persona puede tener un aspecto físico o personal distinto, una "desigualdad natural", como la llama Rousseau en una famosa distinción en su *Discurso sobre los orígenes de la desigualdad;* pero esa desigualdad no se traduce en una desigualdad social—lo que Rousseau llama "desigualdad moral"— si no es que esa diferencia marque una relación jerárquica. Por lo tanto, me parece un punto débil en el pensamiento de Alain Badiou y sus seguidores, la separación de igualdad y diferencia. Para recordar brevemente el argumento: según Badiou, ambos términos pueden tener una relación de antagonismo, en que la expresión de la igualdad —Badiou diría la verdad de la lógica del comunismo— no es compatible con el relativismo multicultural posmodernista, ni con el énfasis testimonial, también de carácter ético, de ponerse en la posición de la víctima, porque el capitalismo permite —aún más, alienta— la diferencia pero no la igualdad.

Entiendo que la intención de Badiou es criticar un multiculturalismo "lite" consonante con las normas neoliberales. Pero la separación de la igualdad y la diferencia parece paradójicamente repetir la premisa neoliberal de la separación entre igualdad y libertad. Y es aquí precisamente donde estamos en el *después* del giro poscolonial. Hoy no podemos pensar la igualdad sin, a la vez, pensar la diferencia, porque la colonialidad del poder marca las relaciones de diferencia (sobre todo epistémicas, raciales y de género) como relaciones de desigualdad. La igualdad tendría que ser un estado de las cosas en que las diferencias persistieran —hasta se producen *nuevas* formas de identidad y diferencia— pero que ya no implicaran relaciones de jerarquía o subordinación.

La crítica del multiculturalismo que hace Badiou tiene en parte razón, en el sentido de que la diversidad multicultural en sí no apunta necesariamente en una dirección igualitaria. Por lo tanto, es quizás la forma ideológica predominante de las humanidades hoy. Es más, no toda forma de diferencia es compatible con la igualdad —en una sociedad igualitaria, uno no podría aceptar la subordinación cultural o legal de la mujer, por ejemplo. Y no todas las diferencias persistirían en una situación de igualdad, en el sentido de que en una sociedad más igualitaria lo que es hoy subalterno tendría por definición que haberse vuelto hegemónico. La igualdad sería un modo de vida social en que las diferencias no desaparecieran pero ya no se expresaran como formas de subalternidad o marginalidad. Más aun, debemos insistir en que una sociedad igualitaria sea una sociedad abierta a la *proliferación* de diferencias y singularidades.

Esto afecta nuestra manera de pensar el Estado en dos sentidos: 1) cambia la concepción del Estado-nacion de una identidad unitaria y aculturadora a una multicultural o "heterotópica", para recordar el término de Michel Foucault; 2) sugiere que la "conquista" del Estado es todavía necesaria para conseguir o hacer presente la igualdad—es decir, la igualdad es algo que se produce no contra, sino *desde* el Estado.

La ecuación de igualdad y diferencia también afecta al mundo de la literatura y de la crítica literaria y cultural —ese mundo medio absurdo y mezquino pero no sin un sentimiento de fraternidad perfilado en la primera parte de la novela *2666,* de Roberto Bolaño, es decir, nuestro mundo. Jean Luc Nancy, siguiendo una idea de Maurice Blanchot, habla de "un comunismo literario". Menciono esta idea de comunismo literario porque quiero hablar de la igualdad no sólo como un tema o una meta abstracta —¿qué es?—, sino como, a la vez, una *base* material o vivencial de lo que hacemos en la crítica literaria y cultural una *meta*.

No quiero fastidiarles con una narrativa más de la crisis de las humanidades, pero quizá merece la pena decir algunas palabras sobre este tema. Según el argumento de Bill Readings, en su libro póstumo *La universidad en ruinas,* las humanidades literarias, organizadas alrededor de idiomas nacionales o regionales, estaban conectadas orgánicamente con el desarrollo de la nación-Estado moderna, y a la vez construyeron, filológicamente por así decirlo, la herencia cultural y lingüística de la nación-Estado y la autoridad del así llamado idioma nacional —en sí, generalmente, una construcción ideológica de la modernidad— y las normas para su uso efectivo. La globalización, por contraste, presupone una separación de las humanidades de la nación-Estado, y un desprestigio relativo de su función hegemónica anterior. Los estudios culturales son en parte una consecuencia de esto, como lo es más recientemente la emergencia de las humanidades globales *(Global Humanities)*.

Propongo añadir a esta narrativa de la crisis de las humanidades, y variaciones sobre ella, una segunda posibilidad no desarrollada por Readings. La crisis de las humanidades, me parece, está conectada de cierta manera con el desmoronamiento del proyecto del comunismo después de 1989. No quiero por esto atar las humanidades al modelo represivo y, en última instancia, fracasado de la forma soviética del socialismo. Tampoco quiero sugerir, como lo hizo famosamente el gran crítico marxista Georg Lukács, que el comunismo, o la idea de un movimiento inmanente en la historia hacia el comunismo, es parte de un historicismo necesario: el historicismo de las humanidades. La crítica del historicismo ya se dio dentro del proyecto del mismo marxismo (en Althusser, por ejemplo), y yo lo acepto.

Hay *otra* cosa que conecta la cuestión de la crítica literaria y cultural con la igualdad y la idea del comunismo. En términos heideggerianos, hablaríamos de su *Dasein,* su condición de aparición.

En la crítica, podríamos decir que la igualdad no sólo existe para nosotros como una meta o norma, un horizonte de posibilidad; la igualdad es también nuestra condición ontológica, en cierto sentido. La igualdad es "lo Real" de las humanidades, en el sentido que Jacques Lacan da al orden de lo Real como "lo que resiste la simbolización absolutamente". El comunismo —la idea o ideal del comunismo, más que la naturaleza de los regímenes que se llamaron o se llaman así— sería a la vez el reconocimiento de lo Real de la igualdad.

La relación entre las humanidades —y la literatura en particular— y la igualdad está presente en su mismo origen, ya que en el mundo occidental las humanidades académicas comienzan en el Medioevo tardío con la premisa doble de que cualquier persona puede ser un intérprete de textos —que no hay una relación de autoridad o mediación hermenéutica necesaria— y de que toda interpretación, dentro de una comunidad interpretativa, tiene igual autoridad (también es igualmente debatible). Es decir, las humanidades implican una comunidad de iguales, no por semejanza —los miembros de esta comunidad pueden ser de diferentes naciones, etnias, clases, géneros, etcétera, como los críticos en la novela de Bolaño—, sino por un acto de participación en común. La representación literaria más temprana que conozco de esta comunidad de personas articulada como tal sólo por su interés en un texto literario, es el *Diálogo de la lengua,* del erasmista español Juan de Valdés, escrito en el exilio en 1525, en donde un grupo de amigos debate entre otras cosas *La Celestina* y las novelas de caballería.

Pero sabemos que aun así, es decir, como una forma secularizada, a veces heterodoxa y parcialmente democratizada, de la hermenéutica textual religiosa monoteísta, las humanidades tenían una función distinta en su origen: son el campo preferido para la formación de las nuevas élites que aparecen en la Europa del Renacimiento y en sus colonias. Esta relación entre literatura, crítica y poder está implicada desde el comienzo en el proyecto de colonización europea. Ha sido un tema central de la crítica poscolonial que la Conquista fue en parte justificada por el reclamo que una literatura vernácula, secular, del tipo representado por las nuevas formas de poesía, historia, narrativa, y ensayo en el siglo XVI, era una forma de cultura superior a la supuestamente no-letrada cultura de los pueblos conquistados. Como se sabe, esto lleva a la ecuación colonial entre escritura (literaria) y poder. Se ha hecho la observación —que ha sido el punto central en el debate sobre el significado del barroco en la América Latina— de que la literatura también provee un nuevo sentido de autoridad basada no ya en la "sangre" aristocrática o en el hecho de ser metropolitano, sino en la inteligencia y la capacidad de invención—el ingenio. Y eso abre la posibilidad de un nuevo estamento social en las colonias, una intelectualidad propiamente letrada, que se diferencia cada vez más de su matriz metropolitana en el siglo XVII. Se habla en ese sentido del barroco como una forma criolla protonacional de cultura. Pero esta intelectualidad criollo-mestiza es también parte de una nueva clase dominante en desarrollo, una "ciudad letrada", para recordar el concepto de Ángel Rama, que disputa con las autoridades virreinales el poder. Por lo tanto, la criollización barroca no sólo *no* soluciona el problema de la desigualdad producida por el origen colonial de la literatura latinoamericana, sino que lo profundiza y perpetúa. La línea de división entre la literatura escrita y la población iletrada, o parcialmente letrada (hoy sujeta a la oralidad secundaria de los medios masivos), es la línea de división entre lo dominante y lo subalterno en la globalización. Sin embargo, esta historia también está determinada por una especie de inconsciente, reprimido pero presente en sus efectos. Para nombrarlo, ese inconsciente sería algo como la fraternidad inmanente entre la literatura y la igualdad social. Para ilustrar esto, voy a comentar no un texto contemporáneo, como *2666,* de Bolaño, ya mencionado varias veces (una novela que es esencialmente una meditación sobre el carácter "posautónomo" de la literatura en el contexto de la globalización capitalista), sino un episodio del *Quijote*. Es la historia de Marcela y Crisóstomo, la primera del ciclo de siete novelas cortas o "ejemplares", para usar el término de Cervantes, interpoladas en la primera parte del libro. Debo dar un poco de contexto.

El episodio ocurre después del famoso encuentro de Don Quijote con los molinos de viento. Don Quijote y Sancho se encuentran en el campo al atardecer con un grupo de cabreros. Estos los invitan a comer, y la comida rústica incluye vino (en abundancia) y bellotas. La presencia de los cabreros, la escena rural, la intoxicación de los participantes, y en particular las bellotas (como la magdalena en *En busca del tiempo perdido,* de Proust), hacen que Don Quijote se acuerde de la Edad de Oro, y lance una larga arenga sobre el tema, basada más o menos en la canónica descripción que hizo el poeta romano Ovidio de las cuatro edades en la *Metamorfosis.* La idea y la iconografía de la Edad de Oro son la convención de la novela pastoril, siempre una tentación para Cervantes, quizá aún más que la novela de caballería. Uno de los temas que Don Quijote toca—recuérdese aquí que está hablando a un grupo de campesinos pobres—es la Edad de Oro fue la edad previa a la aparición de la propiedad privada y la división de la sociedad humana en clases. Específicamente, dice: "Dichosa edad...porque entonces los que en ella vivían ignoraban estas dos palabras de 'tuyo' y 'mío'. Eran en aquella santa edad todas las cosas comunes..." (Primera Parte, cap. 11.)

La Edad de Oro es un imaginario estético del comunismo, pero que localiza el comunismo antes del comienzo de la historia, en vez de a su final.

El próximo día el caballero y Sancho encuentran un grupo de personas reunidas para enterrar a Crisóstomo, un joven que se ha suicidado. Unos poemas suyos, hallados junto al cuerpo, explican que su suicidio se debió a su rechazo por Marcela, una mujer bella e independiente, de la cual Crisóstomo se enamoró desesperadamente. Marcela y Crisóstomo, y muchos de los que están presentes, son hijos de familias ricas, provenientes de la burguesía rural castellana del siglo XVII, pero vestidos como pastores a la moda de la Edad de Oro. Son un poco como los *hippies* de los 60 del siglo pasado. Han procurado inventar un modo de vivir en imitación de lo que han leído en las novelas pastoriles. Como Don Quijote (o Madame Bovary), buscan modelar su vida sobre la base de una forma de literatura. De repente, aparece la misma Marcela en una colina sobre la escena. Ella hace una declaración larga—es una de las declaraciones más famosas sobre los derechos de la mujer en el Siglo de

Oro español (Primera Parte, cap. 14). En ella, arguye que tiene el derecho de vivir independiente del deseo de los hombres, y que por lo tanto no debe ser culpada del suicidio de Crisóstomo. Algunos de los amigos de Crisóstomo amagan con atacarla. Pero Don Quijote se interpone ante ellos, tomando el partido de Marcela. Esta desaparece en el bosque que está detrás suyo, diciendo que va a buscar ahora "[l]a conversación honesta de las zagalas destas aldeas...". La intervención de Don Quijote es un ejemplo de lo que podemos entender por la fraternidad.

Es Don Quijote, el "loco", quien defiende a Marcela ante sus detractores, los amigos de Crisóstomo, sujetos letrados. Y la locura de Don Quijote se funda en su lealtad a una forma literaria anacrónica, la novela pastoril (a su vez fundada en la convención literario-cultural de una Edad de Oro mitológica). Por lo tanto—esta ha sido la interpretación crítica más frecuente por lo menos—, la defensa que hace Marcela de la independencia de la mujer ante el deseo masculino representa no tanto un feminismo temprano, sino más bien un efecto de la imitación de un género novelesco anacrónico, aunque bello —en este caso, la novela pastoril. Entonces, queda claro que hay implícito en el episodio el rechazo no sólo de un ideal estético, lo pastoril, basado en las convenciones mitológicas de una Edad de Oro, sino también del comunismo como un posible programa para la sociedad contemporánea de Cervantes: es decir, lo pastoril no sólo como un ideal estético vagamente aristocratizante, sino como una posibilidad social *actual*.

Como Myriam Jehensen y Peter Dunn han señalado en su *The Utopian Nexus in Don Quijote,* se discutían mucho en el contexto de la Reforma y la Contrarreforma en el siglo XVI pasajes del *Nuevo Testamento* (en *Hechos,* por ejemplo) que hablaban de la "comunidad de bienes" de los cristianos tempranos. Se desarrolla tanto entre católicos como entre protestantes un debate acerca de esta "comunidad de bienes". Por un lado, hay una posición protectora de la propiedad feudal pero a la vez con elementos protoburgueses, representada por Calvino o los erasmistas en España. Para esta posición, la comunidad de bienes quiere decir que toda persona es libre de poseer y disponer de su propiedad, incluyendo la de su propia persona. No es la ausencia de la propiedad la que determina la igualdad, sino su *fungibilidad* o capacidad de ser manejado por un individuo cualquiera. La posición más radical sobre la cuestión de comunidad de bienes, a la cual a veces los arbitristas españoles como Pedro de Valencia hacen alusión, es la de las rebeliones de los llamados Comuneros en España y las rebeliones campesinas en Alemania, a las cuales se oponía Lutero, y la resistencia de las comunidades indígenas en el Nuevo Mundo de la apropiación de sus tierras y seres. Es la idea de un colectivismo agrario (en el Nuevo Mundo, el sistema *ayllu* de los Incas, por ejemplo). Esta posición aparece en ciertas tendencias (los Levellers, por ejemplo) en la revolución puritana en Inglaterra en 1640, un cuarto de siglo después de la muerte de Cervantes.

El rechazo melancólico de lo pastoril permite que el *Quijote* proceda como novela. Lo pastoril sería una especie de "fin de la historia", localizado, paradójicamente, en su comienzo. La novela moderna tiene que marcar la posibilidad de cambio y transformación. Marcela escapa al bosque, más allá de la comunidad humana (pero no de la comunidad de las mujeres), casi literalmente desapareciendo de la novela. Lo pastoril hubiera hecho una especie de corto circuito. No hay matrimonio (ni hijos en general) en la Edad de Oro. Es un género literalmente estéril. Pero en este distanciamiento del ideal pastoril —la Edad de Oro— también hay una especie de distanciamiento de la posibilidad de un comunismo.

En una observación aguda, la crítica Ruth El Zafar anotó hace muchos años que la novela pastoril implicaba una "sobrevalorización" de lo femenino, muy a distancia de la posición misógina dominante en la novela picaresca, por ejemplo. Cervantes —en este sentido es muy erasmista— favorece la independencia y agencia de la mujer, pero sólo dentro de un orden heteronormativo, cuya forma ideal es el matrimonio. Todas las novelas cortas interpoladas en la primera parte del *Quijote* tienen que ver con matrimonios. Esta es la razón por la cual, para quienes se acuerdan de la primera parte de la novela, es la figura de Dorotea (también como Marcela, hija de "labradores ricos"), más que Marcela, quien representa a la mujer independiente. Para Dorotea, el problema no es el rechazo del hombre o del matrimonio, sino lo opuesto: ser burlada por un hombre —el aristocrático Fernando— que promete casarse con ella para seducirla, pero que después no cumple por razones de estamento. Dorotea es, como Marcela, rica e independiente, inteligente, pero no rechaza ni el matrimonio ni la propiedad privada. Es una mujer de negocios, capaz de dirigir una encomienda. Es Don Quijote, el hidalgo, quien favorece el ideal del comunismo y de la mujer autónoma, independiente del deseo masculino.

Aquí se puede ver el lado reaccionario o contra-reformista del barroco, y también, hay que decirlo, de Cervantes —lo que hace ideológicamente algo parecido a un demócrata cristiano (un sujeto moderno también repentinamente anacrónico). Sin embargo, el problema de la igualdad —y del ideal pastoril— reaparece una y otra vez en la novela. En cierto sentido, es la condición de posibilidad de la novela, pero una condición que tiene que ser reprimida o postergada cada vez que aparece. Hay al final la fantasía de Don Quijote de que Sancho y sus amigos se reinventen como personajes en una novela pastoril, como las jóvenes del episodio de Marcela y Crisóstomo. Don Quijote dice que compraría las ovejas necesarias. Su nombre va a ser el pastor Quijotiz, Sancho Sanchiz. Pero en esta fantasía, que coincide con un momento de amarga depresión por el fracaso de sus intervenciones, lo pastoril se ha convertido evidentemente en una especie de Disneylandia, algo que puede ser "producido" y comprado. La sobrina de Don Quijote, quien, como la figura de Dorotea, es una mujer sensata, no permite esta última locura, y el caballero pronto se enferma y se refugia para morir en su cama. En sus últimos momentos, se dedica a escribir su testamento, cuyo texto forma parte del último capítulo. Y decide recuperar su nombre, Alonso Quijano, el Bueno. La connotación erasmista de "El Bueno" es evidente: el hombre revela su calidad espiritual en su manera de conducirse en la vida cotidiana, incluyendo los negocios. De hecho, no existía antes en la novela ese nombre, es una invención también, o el producto de la propia historia de Don Quijote que lo ha llevado del feudalismo al capitalismo. El famoso desengaño final de Don Quijote es entonces una instancia de la articulación protoliberal de la libertad y la igualdad con la propiedad privada que ya hemos comentado. La libertad (la adultez) es la capacidad de disponer responsablemente de la propiedad.

Veo este momento en la novela como una instancia de lo que Badiou ha llamado un "Termidor Personal" —haciendo referencia al período de retracción conservadora dentro de la Revolución Francesa. Badiou se refiere al proceso por el cual alguien que ha tenido un pasado radical o revolucionario hace un giro hacia la derecha y justifica este giro precisamente por la virtud de haber sido una vez radical o revolucionario.

Algo parecido al Terrnidor Personal está presente en el paradigma del "guerrillero arrepentido" que subyace en la representación narrativa de la militancia revolucionaria de la generación de los 60 en la América Latina. Un caso conocido sería la figura del Chivo en la película de González Iñárritu, *Amores perros* (1999). Como en el caso de Don Quijote, la reconciliación del Chivo con la gran ciudad neoliberal en que vive, y con su hija, a la cual abandonó para volverse guerrillero, está marcada por la disposición de sus bienes. La lógica alegórica es clara: el sueño revolucionario fue nuestra juventud y adolescencia, marcada por creatividad, idealismo y amor, pero también sujeto a errores morales y exageraciones políticas. Nuestra madurez biológica (me refiero a mi generación, la generación "de los 60") es la condición neoliberal actual, donde hemos dejado atrás las ilusiones para reconciliarnos con la realidad y nuestros roles sociales. Don Quijote está conformándose en su testamento con la idea de que la igualdad y la libertad están necesariamente conectadas con la propiedad privada. Pero el costo de este reconocimiento es su muerte—Cervantes también se está aproximando a su fin cuando escribe el capítulo de la muerte de Don Quijote. Y ese fin es, también, el fin de la posibilidad representada en (y mantenido abierta por) la novela misma— la posibilidad de borrar la línea entre realidad y fantasía, de hacer presentes momentos de igualdad. Por lo tanto, implica la muerte de la novela, o de la literatura misma.

¿Es posible la igualdad? La lección de Cervantes es que sería "quijotesco" contestar de forma afirmativa. Preferible sería un realismo desencantado, irónico, humano —*su* realismo. Pero sin una igualdad inmanente que, como el inconsciente, "presiona", tampoco habría *Don Quijote,* o literatura.

En el grado en que la literatura y la crítica literaria participan en crear o fortalecer relaciones de subordinación y desigualdad, la igualdad está dirigida contra la autoridad de ellas. Es el caso de Cervantes mismo en su parodia del estilo y las convenciones de lo caballeresco o pastoril, contra el idealismo literario aristocratizante. Mi sugerencia es que un proyecto de leer contra la autoridad de la literatura misma, en nombre de una igualdad que ya y desde siempre está presente en ella, y a veces contra lo que el autor y el texto explícita o implícitamente quieren que aceptemos (con o sin un sentido de ironía), es precisamente lo que hacemos en la crítica literaria y cultural.

Sería un poco fantasioso introducir en este contexto el tema del socialismo "real": sabemos de sobra por qué este concepto y esta vivencia han perdido la autoridad y la atracción que antes tenían. Pero quizá no hay otra manera de nombrar la igualdad. Si entendemos por el socialismo no tal o cual régimen, sino un proceso continuo de hacer presente la igualdad, entonces el proyecto de construir el socialismo está presente en nuestro trabajo cotidiano, que constituye como campo, en este sentido, un espacio de "poder dual". Y ese trabajo, como hace siempre Don Quijote, consiste en estar atentos a la lectura y crítica de textos. Es una tarea constantemente renovada y renovable.

18

Vidas Subalternas
(2019)

Sobre "La parte de los crímenes" en *2666*, la historia de Bhubaneswari Bhaduri, dos películas de Víctor Gaviria, *Ciudad de Dios* de Fernando Mereilles, y *Memorias de un soldado desconocido* de Lurgio Gavilán.

Nadie presta atención a estos asesinatos, pero en ellos se esconde el secreto del mundo.
Roberto Bolaño, *2666*

Los últimos serán los primeros, y los primeros serán los últimos.
Mateo 20:16

Bolaño y Spivak

He aquí una escena de la cuarta parte de la desmadejada novela *2666* de Roberto Bolaño, la cual se titula "La parte de los crímenes", centrada en la ola de asesinatos (femicidios) de mujeres jóvenes trabajadoras en las maquilas de una ciudad imaginaria, Santa Teresa, que se encuentra en la frontera entre Estados Unidos y México. Santa Teresa tiene la intención de representar a Ciudad Juárez en los años 90, durante el periodo de la rápida expansión de las maquiladoras que surgieron como consecuencia del Tratado de Libre Comercio con América del Norte (TLCAN, o por sus siglas en inglés NAFTA, North American Free Trade Agreement):

> En octubre apareció, en el basurero del parque industrial Arsenio Farrell, la siguiente muerta. Se llamaba Marta Navales Gómez, tenía

veinte años, un metro setenta de estatura, el pelo castaño y largo. Desde hacía dos días faltaba de su casa. Vestía una bata y unos leotardos que sus padres no reconocieron como prendas suyas. Había sido violada anal y vaginalmente en numerosas ocasiones.La muerte se produjo por estrangulamiento. Lo curioso del caso es Marta Navales Gómez trabajaba en la Aiwo, una maquiladora japonesa instalada en el parque industrial El Progreso, y sin embargo su cuerpo había aparecido en el parque industrial Arsenio Farrell, en el basurero, un sitio complicado para acceder en coche, a menos que el coche fuera un coche de basura. La encontraron unos niños, por la mañana, y pasado el mediodía, cuando fue retirado el cadáver, un numeroso grupo de trabajadoras se acercó a la ambulancia a ver si se trataba de alguna amiga, de alguna compañera o simple conocida.[1]

Hay aproximadamente cuarenta relatos similares en "La parte de los crímenes", todos siguen la misma fórmula, algunos con un trasfondo más amplio en detalles, otros descritos en un breve párrafo, como si fueran extraídos de un reporte policial o de las notas de algún reportero de un periódico. Estas historias tienen una función metonímica: representan a las más de cuatrocientas mujeres asesinadas y tiradas anónimamente en las periferias de la ciudad, donde la mayoría de ellas trabajaban en las maquiladoras, o como prostitutas, o eran jóvenes estudiantes. Han habido muchas películas, libros, artículos, actuaciones teatrales o performance, trabajos e instalaciones artísticas sobre los femicidios en Ciudad Juárez. Pero la novela de Bolaño es la que nos acerca más a la experiencia actual de lo que sufrieron estas jóvenes mujeres y a la maldad que las destruyó. Es una maldad que fue y que se mantiene aun, en términos generales, anónima (los crímenes no han podido ser resueltos) y sin sospechosos a quienes llevar ante la justicia –dando testigo a la anonimidad e impunidad del poder machista y misógino, ampliado por el desmoronamiento de las formas tradicionales del sistema patriarcal bajo el impacto de la globalización. Los cuerpos de las mujeres siempre aparecen mutilados o cercenados, como si fueran ritualmente cancelados, marcados con una X. Se han convertido en basura.

Se dice que al reconstruir estos relatos, los cuales no son exactamente "historias" sino "vidas", Bolaño usó las autopsias y reportes policiales de algunas

---

1. Roberto Bolaño, *2666* (Barcelona: Editorial Anagrama, 2004), 489.

de las víctimas de los femicidios en Ciudad Juárez, los cuales fueron facilitados por el reportero Sergio González (quien también aparece como personaje en esta parte del libro, y quien también anteriormente había escrito un libro sobre los femicidios, *Huesos en el desierto*). Estos relatos están mezclados con una inconexa historia de amor entre el detective encargado de los casos, Juan de Dios Martínez y una psiquiatra, y con otras historias policiacas, todas estas construidas en el modelo de novela policiaca del estilo de Michel Connelly o Henning Mankell. Cabe resaltar que hay una diferencia importante: donde la solución de un crimen puede ser lenta en la novela policial (por ejemplo, Mankell se deleita en alargar las investigaciones por meses o años), en *2666* los crímenes *nunca* son resueltos. La identidad del criminal o criminales es constantemente desplazada. La investigación, como la novela misma, no "avanza" (la última parte de *2666* trata de los años 30, la Revolución Rusa, la Gran Purga de Stalin, el nazismo y la Segunda Guerra Mundial). Los críticos literarios europeos que han venido (en la primera parte de 2666) a esta ciudad del norte de México en busca del elusivo novelista alemán en el cual se especializan, Archimboldi, fracasan y no pueden encontrarlo.

En el caso de los crímenes, son identificados posibles perpetradores para después ser descartados como sospechosos. No surge una explicación definitiva sobre los crímenes. Más allá de las breves descripciones que Bolaño ofrece, las vidas de las mujeres también están ausentes: sólo son víctimas, cuerpos muertos y mutilados que aparecen, violadas "anal y vaginalmente", estranguladas, encontradas sólo cubiertas con pedazos de prendas (tenis Adidas, blusas de nylon, bragas destrozadas).

Hermann Herlinghaus, en el brillante capítulo sobre *2666* de su libro *Narcoepics*, describe lo que él llama el carácter "paratáctico" de "La parte de los crímenes". Es importante citar en su totalidad lo que ha encontrado:

> Lo que es muy desconcertante en esta parte es la estrategia narrativa que organiza el *res gestae*: pareciera que las víctimas se estuvieran "narrando entre ellas mismas". Estilísticamente hablando, aludiendo a los relevantes estudios de Auerbach, esto posiciona la narrativa de Bolaño muy de cerca al género de los anales medievales, lo que no desplaza propiamente la estructura de la "narrativa", pues los anales no cuentan una historia... "sólo listan eventos en secuencia cronológica". Sólo hay cabos sueltos paratácticamente conectados sin una historia o señas que así lo indiquen, lo que para un lector moderno puede ser frustrante o ingenuo.

En Bolaño, el modo paratáctico funciona de la siguiente forma: "La primera muerta de mayo no fue jamás identificada..." (450); La última muerta de aquel mes de junio de 1993 se llamaba Margarita López Santos..." (469); "En septiembre se encontró a otra muerta..." (469); "En el mismo mes de septiembre, dos semanas después del descubrimiento de la muerta del fraccionamiento Buenavista, apareció otro cadáver..." (488); "En octubre apareció, en el basurero del parque industrial Arsenio Farrell, la siguiente muerta..." (489); "A mediados del mes de noviembre Andrea Pacheco Martínez, de trece años, fue raptada al salir de la escuela secundaria técnica 16..." (490); "El veinte de diciembre se registró el último caso de muerte violenta con víctima femenina de aquel año de 1993" (491); "La primera mujer muerta del año 1994 fue encontrada por unos camioneros en un desvío de la carretera a Nogales, en medio del desierto" (499); "La siguiente muerta fue Leticia Contreras Zamudio" (500); "La siguiente muerta se llamaba Penélope Méndez Becerra" (503); "La siguiente muerta fue Lucy Anne Sander..." (508); "La siguiente muerta fue encontrada cerca de la carretera a Hermosillo..." (514); "Dos semanas después, en mayo de 1994, fue secuestrada Mónica Durán Reyes a la salida de la escuela Diego Rivera" (515). Bolaño optó por no usar el verdadero nombre de las víctimas, intentando evitar un posible voyerismo. La narración hace constar "notarialmente" sus coordenadas; sin embargo, para descifrar la red de mecanismos subyacentes, puede ser una invitación que los lectores pueden encontrar muy complicada de resolver.[2]

No existe solución, ni justicia ni consuelo en la evocación de estos femicidios. Se dice que los asesinatos son el resultado de hombres celosos o de rivalidad (algunas veces lo son). Pero lo que es más siniestro y oscuro es la fuerza que los rodea. Toda la novela *2666* es como un hoyo negro que se alimenta de la globalización, la segunda guerra mundial, el nazismo, la Revolución Rusa y las purga de Stalin, el holocausto, el golpe de estado de 1973 en Chile, del TLC y las maquiladoras, la frontera México-Estados Unidos, los femicidios,

---

2. De Herman Herlinghaus, *Narcoepics: A Global Ethics of Sobriety* (New York: Bloomsbury Academic, 2012). Para una visión sociocrítica de los feminicidios véase: Sayak Valencia. *Capitalismo Gore*. (Melusina, 2010).

y finalmente, el género de la misma novela moderna. Los relatos de las mujeres muertas ya son en sí una especie de hoyo negro dentro de este hoyo negro.

Los lectores de *2666* quedan desconcertados o rechazan la narrativa de "La parte de los crímenes" por el mecanismo y carácter repetitivo de estos relatos, especialmente porque sugieren tentadoras pistas que nunca concuerdan (por ejemplo, hay gente que dice que vieron a algunas de las víctimas subirse a una camioneta negra). De hecho, el carácter práctico que se ofrece en la descripción de los cuerpos asesinados y su repetición formularia, pareciera que los despoja de afecto. A mi parecer, en este caso es todo lo contrario: lo que queda a raíz de estas descripciones es un gran dolor, del cual ahora nosotros los lectores, hemos pasado a ser parte. Esto hace a "La parte de los crímenes" un acto de solidaridad con las muertas, como el acto de visitar un cementerio. En una novela anterior titulada *Amuleto* (1999), precisamente, Bolaño anticipa su obra *2666* en un cementerio. Cuando Bolaño estaba terminando de escribir la novela él estaba muriendo de cáncer.

En "¿Puede hablar el subalterno?",[3] Gayatri Spivak responde a la pregunta que el mismo título postula de la siguiente manera: No, el subalterno como tal no puede hablar aunque sea frecuente su identificación con la oralidad, no puede hablar porque la subalternidad consiste en la falta de importancia o autoridad dentro de la hegemonía cultural y los códigos culturales. O puede hablar, pero nadie escuchará lo que tiene que decir, nadie va a prestarle atención. Si para que el subalterno pueda "hablar" —esto es pasar a ser parte de la hegemonía y a ser escuchado, o por lo menos presentarse ante la hegemonía (como en la novela *El castillo* de Kafka)— tiene que devenir (a través de medios como la educación, matrimonio, movilidad social o cultural, empoderamiento económico, etc.) aquello que ya es hegemónico, entonces las clases dominantes continúan y continuarán triunfando y reproduciéndose ellas mismas, aunque pierdan el poder político que poseen.

Esta es la historia bibliográfica que Spivak cuenta en su texto para resaltar la paradoja, la cual sigue una extensa discusión de la practica hindu del *sati*, el

---

3. Gayatri Spivak, "Can the Subaltern Speak?", *Marxism and the Interpretation of Culture* (Urbana: University of Illinois Press, 1988), 271-313. Trad. Gayatri Spivak "¿Puede hablar el sujeto subalterno?" *Orbis Tertius*, 3 (6), 175–235. En Memoria Académica. Disponible en: http://www.fuentesmemoria.fahce.unlp.edu.ar/art_revistas/pr.2732/pr.2732.pdf

suicidio de viudas, prohibido por las autoridades británicas imperiales. Como en la novela de Bolaño, aquí también hay el cadáver de una mujer, pero en este caso parece ser un suicidio perdido en el pasado:

> Una joven de 16 o 17 años, Bhuvaneswari Bhaduri, se ahorcó en la modesta casa de su padre en 1926 en el Norte de Calcuta. El suicidio se presentó como un enigma, pues dado que la joven se hallaba menstruando en el momento de su muerte resultaba claro que la motivación de su acto no provenía de un embarazo involuntario. Aproximadamente una década después, se descubrió que Bhuvaneswari era miembro de uno de los muchos grupos envueltos en la lucha armada por la independencia de la India. Como se supo luego, se le había asignado a esa joven cometer un crimen político. Incapaz de llevar adelante esa tarea, pero, al mismo tiempo, consciente de su responsabilidad, Bhuvaneswari puso fin a su vida. Ella sabía también que su suicidio habría de ser interpretado como resultado de una pasión ilícita. Por ese motivo, esperó hasta el momento de aparición de su menstruación. En este acto de espera, Bhuvaneswari, en tanto brahmacārini, que sin duda pensaba en la cualidad de "buena esposa", reescribió quizás el texto social del suicidio por *sati* de una manera intervencionista. (Una explicación alternativa de su acto enigmático había sido una posible melancolía originada en las ofensas de su cuñado que le hacía ver que ella estaba superando la edad en la que otras jóvenes ya estaban casadas). Con su resolución, Bhuvaneswari llevó a condición general el motivo sancionado para los suicidios femeninos, pero tomándose el terrible trabajo de desplazar (no solamente negar) un signo, inscribiéndolo de manera fisiológica en su cuerpo, para borrar todo aprisionamiento que apuntara a una pasión por un hombre en particular. En el contexto inmediato, su acto fue visto como absurdo, como un caso de delirio más que de cordura. Pero el gesto de desplazamiento —esperar hasta el momento de la menstruación— es la primera inversión de una prohibición que impedía a las viudas el derecho a inmolarse: la viuda impura debía esperar públicamente hasta que el baño purificador del cuarto día mostrara que su período menstrual había terminado, para así poder reclamar su dudoso privilegio.
>
> [...] Por mi parte, me enteré de la vida y muerte de Bhuvaneswari por vía de relaciones familiares. Antes de ponerme a investigar el caso más exhaustivamente, le pedí a una mujer bengalí —una filósofa y

especialista en sánscrito cuya producción intelectual temprana es casi idéntica a la mía— que iniciara la búsqueda. Sus dos respuestas fueron: 1. ¿Por qué está usted interesada en la vida desdichada de Bhuvaneswari, cuando sus dos hermanas —Saileswari y Rāseswari— llevaron una vida tan completa y maravillosa?; 2. Les pregunté a sus nietas. Les parecía que su caso estuvo signado por un amor clandestino.[4]

La conclusión de Spivak es que el intelectual, o en este caso el crítico literario no puede adjurar la tarea de representación a favor de un supuesto sujeto subalterno que habla por si misma: "El individuo subalterno no puede hablar, pues no existe mérito alguno en la lista de lavandería donde la 'mujer' sea vista como una prenda piadosa. La representación no se ha marchitado. La mujer intelectual tiene como intelectual una tarea circunscripta que ella no puede desheredar poniendo un florilegio en su firma" (45). Sí, es posible realizar una biografía del subalterno —hasta cierto punto Spivak logra hacerlo— pero no una autobiografía, una *auto-inscripción*. Ser subalterno es precisamente no tener la posibilidad de auto inscribirse a través de la autobiografía (*grafía*: escribir, algo escrito, un signo, una tachadura). Como bien observa Spivak, Bhaduri con su cuerpo no menstruante intenta ser un signo —"un escrito fisiológico"— por lo que su suicidio significaría una *tragedia*, como en el caso de Antígona un conflicto entre dos deberes, provocado por su compromiso político en la lucha de independencia de la India. A pesar de su intención, su suicidio es interpretado como un *melodrama*.

Quiero usar estos textos de Spivak y Bolaño, enfocados en los cuerpos muertos de mujeres, para reflexionar sobre la posibilidad de una autobiografía subalterna como tal, esto es ver cómo la forma de "vida" del subalterno puede (o no puede) ser representada adecuadamente dentro del marco de la cultura dominante sin llegar a ser parte de esta, lo cual equivaldría en el caso de los femicidios ser doblemente asesinadas. Ante este propósito consideraré dos películas de los 90 del director colombiano Víctor Gaviria: *Rodrigo D: No futuro* (1991) y *La vendedora de rosas* (1998), los compararé con la película de Fernando Mereilles *Ciudad de Dios* (2002), el cual trata de una pandilla en Río de Janeiro. Concluiré comentando brevemente el extraordinario testimonio/ memoria titulado *Memorias de un soldado desconocido* (2012), escrito por Lurgio Gavilán, quien en su adolescencia durante los 80 fue un guerrillero en las filas de Sendero Luminoso en las montañas peruanas.

---

4. Spivak, trad. José Amícola, 307–308.

Gaviria y Mereilles

Rodrigo D: No futuro y *La vendedora de rosas* se centran en las llamadas *comunas*, o *barrios* marginales de la ciudad en Medellín, Colombia, uno de los centros del narcotráfico global en los 90. Ambas películas tratan de jóvenes, gente de la calle, drogas, violencia, pobreza y marginalidad. En ambas películas los actores son personas reclutadas por Gaviria que viven en esas comunas, a los cuales él describe como "actores naturales", y los mezcla con unos cuantos actores profesionales (por ejemplo, el actor que representa a Rodrigo). El diálogo en las dos películas —improvisado constantemente por los actores— está cargado de la jerga y el acento callejero de Medellín, el cual es complicado de entender, inclusive para hablantes de español. *Rodrigo D,* la primera película, refleja la vida de un joven en sus veinte, fascinado con la música punk y que quiere ser baterista. El "no futuro" del título es una referencia a la famosa canción de la banda punk inglesa The Sex Pistols, también es un epigrama del propio destino de Rodrigo. A pesar de estar casi siempre en movimiento, Rodrigo es una persona profundamente deprimida y pasiva a la vez; como si no tuviera un rumbo fijo, vaga por la ciudad, visita a una amiga de su difunta madre, la cual murió cuando era un niño. Se asocia con un grupo de jóvenes que son rateros y vendedores de drogas, quienes se meten en serios problemas con la policía por robar un carro. Poco a poco la ciudad y su propia depresión acorralan a Rodrigo en un callejón sin salida, y termina suicidándose lanzándose de un edificio en construcción. La película termina con una escena donde uno de sus amigos de la pandilla mata a otro sin motivo alguno de violencia.

La clave afectiva de *Rodrigo D* es masculina, hasta misógina. En contraste, *La vendedora de rosas* se centra en un protagonista femenino, Mónica (papel hecho por un "actor natural", Lady Tabares), una adolescente que sobrevive en las calles vendiendo flores. La historia de la película está basada en la historia de Hans Christian Andersen "La niña de los fósforos" (1895). Mónica es parte de una pandilla de niños adictos al pegamento, la más abyecta de las drogas. Para usar una expresión de Estados Unidos, se les conoce como "Huffers" (Galochos, Chirres, peganteros, podridos, en Colombia. Chemos en México.) Al igual que Rodrigo, Mónica ha perdido lo que una vez fue una familia intacta, debido a la desintegración de los barrios tradicionales de la clase trabajadora, donde programas inmobiliarios capitalistas fueron impuestos en ciudades como Medellín. En una de las escenas de la película, Mónica visita las ruinas de la que fuera su casa; su tía, la hermana de su mamá la recibe y la deja quedarse invitándola a pasar juntas la navidad. Todavía bajo la influencia del pegamento, imagina ver a su abuela. La pareja sentimental la acosa sexualmente y decide irse de la casa. Ella se enreda fatalmente en la espiral de violencia de la vida nocturna de la ciudad. Al final de la película, ella regresa a las ruinas de su casa donde es apuñalada por otro miembro de la pandilla y muere mientras sostiene una luz de bengala en su mano: es navidad y hay fuegos artificiales por todos lados. La vida de Mónica en como el fuego artificial, arde brillantemente para después apagarse fugazmente.

De hecho, muchos de los actores que participaron en ambas películas fueron consumidos por la violencia de las calles de Medellín. Lady Tabares, la joven que actúa como Mónica fue sentenciada a prisión por el asesinato de un conductor de taxi en el 2002, donde pasó cerca de doce años. Ambas películas fueron presentadas en el Festival de Cine de Cannes, y particularmente *La vendedora de rosas* fue especialmente notoria. Muchos libros y artículos periodísticos sobre Lady Tabares salieron a la luz, y en el 2015 apareció una telenovela colombiana, *La vendedora* (https://www.canalrcn.com/lady-la-vendedora-de-rosas/) típicamente interminable (han salido más de cien episodios) basada en su vida y contando con su participación. Gaviria ha realizado otros dos largometrajes, *Sumas y restas* (2004), donde también hay "actores naturales" pero esta vez pertenecientes a la clase media, jóvenes empresarios que se relacionan con el narcotráfico; el otro es *La mujer del animal* (2016), una historia de secuestro sexual, misoginia y tiranía, también ubicado en los barrios pobres de Medellín.

Se podría decir que las películas de Gaviria permiten al subalterno "hablar" (inclusive llegar a ser brevemente *estrellas*, como es el caso de Lady Tabares), en contra del dilema que Spivak propone sobre "representación": el subalterno habla, en efecto es parte de la "creación" de la historia, de los personajes y sus diálogos, pero esto se logra gracias a la mediación del cineasta/intelectual. Spivak diría que esto es "representación" todavía. No es como se arguye en el testimonio donde el subalterno supuestamente "habla por sí mismo". Más bien es *performance* (por parte de los actores naturales), —una marca de identidad pública— y un acto de *solidaridad concreta* de parte del director y su equipo de trabajo.

La originalidad de Gaviria emerge si intentamos hacer una comparación con la película de Fernando Mireilles *Ciudad de dios* (*Cidade de deus*). *Ciudad de dios* retrata aproximadamente a través de una generación las pandillas de narcotraficantes que aparecen y se aniquilan entre ellos mismos, en el barrio que lleva por nombre el mismo de la película. Las vidas que representa son por ende el equivalente de aquellas de los jóvenes en los filmes de Gaviria. *Rodrigo D* y la *Vendedora de rosas* eran concebidos por Gaviria como las dos primeras partes de una trilogía sobre las comunas marginales que rodean la ciudad de Medellín. En la concepción original la tercera parte sería una película sobre los jóvenes que trabajan para los carteles de drogas, los *sicarios* que son el tema del filme *La virgen de los sicarios* (2000) de Barbet Shroeder, basado en la novela del mismo nombre de Fernando Vallejo. Pero la tercera parte que viene siendo *Sumas y restas*, como mencioné anteriormente, se enfoca en la vida de una pareja de clase media que se enreda con el narcotráfico. Esta última es más convencional que las primeras dos, quizás porque el truco involucrado en *La vendedora de rosas* y *Rodrigo D* no se podía repetir una tercera vez.

Mutatis mutandis, diríamos que *Ciudad de dios* podría entrar como la tercera parte de la trilogía de Gaviria, la parte de los sicarios como él lo había pensado originalmente. Tal como en *Rodrigo D* y *La vendedora*, los personajes pertenecen al barrio donde se lleva a cabo la grabación (el cual está en transformación a través de la película) como "actores naturales", dependiendo anteriormente de un extenso trabajo testimonial e interacción entre director y las personas para lograr el material narrativo. El carácter de trabajo testimonial es más evidente en la epónima semi-autobiográfica novela brasileña de Paulo Lins (1997) —en la cual se basa *Ciudad de dios*—. La novela involucra, más que la película, un entretejimiento de varias voces e historias. La película, por contraste, básicamente tiene la forma de un *Bildungsroman* o una novela de formación sobre un joven adolescente; su narrativa es el eje de la historia de un joven del barrio, a quien vemos crecer a través de varios episodios para convertirse en fotógrafo de un periódico (al final de la película aparece como tal). Esta transformación le permite de una vez por todas escapar de la violencia fratricida que ha matado a sus hermanos y amigos —aunque como sugiere la película, no sin pagar el precio de cierto compromiso con el poder y el (relativo) privilegio.

La idea central en *Ciudad de dios* de un fotógrafo que "ve" lo que pasa en su vecindario es en sí, evidentemente una metáfora de la película misma, como un esfuerzo por representar al subalterno urbano contemporáneo. El "contenido" de la representación se toma directamente de la vida del vecindario, pero su "forma" es prevista por una óptica que observa al vecindario desde una posición foránea, fuera de o alejado de —la del joven quien se salva a sí mismo y se convierte en periodista. En otras palabras, el subalterno es representado desde una posición que no es (o no lo es más) subalterna. Sin embargo, si el subalterno es precisamente un sujeto que no puede representarse adecuadamente a sí mismo, como argumenta Spivak, ¿es necesaria esa exterioridad para hacer posible esa representación? Una exterioridad que apela a la autoridad de la fotografía documental.

Sí y no. El problema con el *Bildungsroman*, es que es quinta esencialmente la forma narrativa de la formación de un sujeto burgués o de clase media, mientras que las formas subalternas de subjetividad, en un cierto sentido, dependen más en que la "vida" individual es parte de una colectividad. Por ejemplo, Rigoberta Menchú, famosamente dice al inicio de su narración: "Quisiera dar este testimonio vivo que no he aprendido en un libro y que tampoco he aprendido sola ya que todo esto lo he aprendido con mi pueblo y es algo que yo quisiera enfocar [...] Mi situación personal engloba toda la realidad de un pueblo".[5] El sentido de la voz testimonial como una metonimia por la "gente" no se encuentra en el *Bildungsroman*. En cierto sentido, ese es precisamente su punto clave: el héroe/autor como individuo ha salido de un *Gemeinschaft* de niñez temprana y tradición. *Ciudad de dios*, pertenecen a la subcategoría del *Bildungsroman* conocida como *kunstlerroman*, la novela de formación de un artista o escritor. En contraste, *Rodrigo D* y *La vendedora de rosas* son una forma de anti-*Bildungsroman* (como en las historias de Bolaño sobre las mujeres asesinadas y la historia de Spivak sobre Bhaduri). Ambas películas no ofrecen posibilidad alguna de crecimiento y transformación personal, su unidad narrativa es casi exactamente al "periodo de un día" que sugiere Aristóteles para la tragedia. Las vidas que retratan son como los fuegos artificiales navideños en *La vendedora*: no *duran* mucho (hago alusión al libro de Gaviria sobre testimonios de sicarios, *El pelaito que no duró nada*).

El Medellín de *La vendedora* y *Rodrigo D* es el Medellín de Pablo Escobar y los grandes carteles de la droga, por lo tanto las películas de Gaviria se centran en el tema de las drogas y la cultura que las rodea, pero con énfasis en sus niveles más bajos, en los sicarios, pequeños traficantes, consumidores, gente callejera y los galochos. Los momentos epifánicos en ambas películas —la violenta y elocuente canción punk sobre el narcotráfico en el techo de una casa en construcción, donde la cámara ofrece un panorama de la ciudad

---

5. Rigoberta Menchú y Elisabeth Burgos, *Me llamo Rigoberta Menchú y así me nació la conciencia* (México: Siglo XXI Editores, 2007), 21.

de Medellín en *Rodrigo D*, y la visión alucinada de la Virgen del Puente que se transforma en la figura de la abuela muerta de Mónica en *La vendedora*— están íntimamente ligadas con el consumo de drogas. *Ciudad de dios* también retrata detalladamente el uso de drogas por los jóvenes del barrio, el "tráfico" y sus efectos sobre ellos. Pero esa representación es por decirlo de alguna manera, "foránea" a esa experiencia. Su visión de la cultura urbana de las drogas es sociológica y estética al mismo tiempo. En contraste, Gaviria entiende que las drogas son una parte central en la experiencia vivida de estos jóvenes —no es patológica, o una forma de abyección o "falsa conciencia", más bien es una forma que permite dar intensidad y valor a las vidas de las personas que se presentan a sí mismas en sus películas. No es que Gaviria idealice el consumo de drogas —las consecuencias negativas de este consumo abundan en ambas películas— pero tampoco se coloca en la posición de una persona "por encima" de ellos para juzgarlos o sugerir remedios.

Cabe resaltar que *Ciudad de dios* está marcada por una estilización estética que se deriva de videos musicales y de la publicidad (cortes rápidos, títulos sobreimpuestos, fusión de música y narración, escenas descontextualizadas de violencia o momentos gratos, saturación de colores, etc.), lo que podemos interpretar como un simulacro del uso de drogas. Pero también emplea esa estilización como una *sobreimposición* en la experiencia concreta de los jóvenes mismos con las drogas. En otras palabras, el montaje del video/sonido en *Ciudad de dios* es "nuestra" droga como espectadores. Para Gaviria (especialmente en *La vendedora*), la droga, el "vuelo" o "high" de los jóvenes que se auto representan en sus películas, es *su* "estética". En *Ciudad de dios* la misma estilización es empleada en escenas de diverso contenido. En contraste, hay una diferencia radical en forma y tono entre *Rodrigo D* y *La vendedora*: la primera es montada en una forma nerviosa, rápida y de estilo "masculino" fundamentada en el simulacro cinematográfico del punk rock, los efectos de la cocaína, la marihuana y las metanfetaminas (Rodrigo no puede dormir); la segunda es "femenina", nocturna y sentimental, construida de los efectos de la experiencia con la más baja de las drogas, la inhalación de pegamento, y fundada en la tonalidad de una triste balada que lleva a la película a su final. Las diferentes drogas —los "uppers" en *Rodrigo D* y los "downers" en *La vendedora*— establecen la *clave* (musicalmente hablando) en estas distintas pero similares películas.

Gaviria recibió muchas críticas sobre su ética de trabajo, especialmente después de que surgieron reportes que indicaban que muchos de los jóvenes que participaron en sus películas se drogaban durante la producción de estas, inclusive que algunos estuvieron relacionados con actos de violencia relacionados al narcotráfico (ambas películas concluyen con epitafios para algunos de los actores asesinados después de que salieron las películas). Por ejemplo, en una discusión con Gaviria durante el estreno norteamericano de *La vendedora* en la Universidad de Pittsburgh, la crítica argentina Beatriz Sarlo le preguntó (no es una cita directa, sino más bien el recuerdo que guardo de la naturaleza de sus preocupaciones):[6] ¿Cómo puede usted tolerar que los niños que participan en sus películas continúen usando drogas durante la producción? (Gaviria fumó marihuana con ellos). ¿No siente responsabilidad de ayudarlos? ¿Es que usted los está explotando para el regocijo de un público cómodamente instalado muy lejos de las situaciones en que viven esos niños? ¿No se presta su manera de representación a una especie de quietismo político o a la "pornomiseria"?

No es que estas preguntas sean triviales, pero la preocupación de Sarlo, en esta ocasión, de alguna manera parecía paternalista en su efecto, si no en su intención. Esta surge de la creencia de que exista una posibilidad de reforma social, una "solución", donde el mediador necesario, como también es el caso del ensayo de Spivak, sea el intelectual o crítico progresista, alguien como la misma Sarlo. La responsabilidad del intelectual es resaltar las injusticias y abyecciones producidas por el capitalismo, y a partir de allí llevar a cabo la continua necesidad de educar, de crear nuevas leyes y organizar reformas estatales que ayuden a los pobres. Entonces quizás algunos se puedan salvar, como el joven fotógrafo en *Ciudad de dios*, quien se convierte en el transcurso de la película precisamente en lo que Sarlo es: un intelectual o un artista o un periodista.

Pero no todos pueden ser salvados. En todo caso ¿el *significado* de esas vidas subalternas que aparecen en *Ciudad de dios* o en las películas de Gaviria, podemos encontrarlo más en los que se salvan o en los que no? Gaviria respondió a las preguntas de Sarlo, resaltando que los jóvenes que participaron en sus películas quisieron que las cosas fueran así. Las películas no fueron representaciones éticamente motivadas sobre "ellos" por parte de un cineasta de clase media bien intencionado, más bien fueron el producto de

---

6. Para un contexto más amplio, ver Carlos Jáuregui y Juana Suárez. "Profilaxis, traducción y ética: la humanidad 'desechable' en *Rodrigo D: No futuro*, *La vendedora de rosas*, y *La virgen de los sicarios*". *Revista Iberoamericana* 68, no. 199 (Abril-Junio 2002).

"sus" deseos e ideas en diálogo con la concepción original de las películas que Gaviria aportó como director. Gaviria insistió algunas veces que sus "actores naturales" lo obligaron a hacer cosas que nunca había pensado o que quisiera hacer. Ellos saben que no van a "durar" mucho, que están totalmente expuestos a la mala suerte y la violencia cotidiana, que no tendrán "vidas". Más bien, viven en el nivel que Giorgio Agamben llama "vida desnuda", sin mediación familiar, ni de la sociedad civil, ni del Estado, ni una comunidad, fuera de la Historia, en otras palabras. Pero este es precisamente el significado de su trabajo con Gaviria. Sin aceptar las injusticias sociales que las subyacen, Gaviria cree que estas vidas y la forma en que las viven sus protagonistas tiene valor e importancia. Quizás no hay nada más valioso e importante. Entonces, no es difícil entender por qué los jóvenes que trabajaron con Gaviria en sus películas estaban dispuestos a colaborar con él, viéndolo como a un amigo o un hermano mayor.

Gaviria no cree que puede "salvar" a sus sujetos (ambas películas terminan con la muerte violenta de los personajes principales); él sabe que su salvación requiere un cambio en la estructura social más profundo que lo que una película puede ofrecer, mientras que el *Bildung* del niño fotógrafo en *Ciudad de dios* reafirma la ideología redentora del arte como característica de la clase burguesa. Gaviria quiere convertir sus películas en un vehículo para expresar *en el presente* el valor de esos sujetos —un presente atrapado entre la falta de esperanza en un futuro ("No future") y un pasado situado en la orilla del presente borrado por el capitalismo "salvaje" (el recuerdo de la madre en *Rodrigo D*; la abuela y la casa destruida como símbolos de una familia antes intacta en *La vendedora*), ahora solamente alcanzable a través de la nostalgia o la alucinación.

Las películas de Gaviria no ofrecen esperanzas de una solución. La intensidad de las vidas que retratan (o mejor dicho, de aquellos que se auto representan en ellas) precisamente refleja esta falta de esperanza. Como en "La parte de los crímenes", son gobernados por la "mala suerte": ser pobres estando en el lugar y hora equivocados.

Memorias de un soldado desconocido de Lurgio Gavilán

Lurgio Gavilán proviene de una familia pobre quechua hablante y campesina de la provincia de Ayacucho, en las montañas de Perú, uno de los centros de la insurrección de Sendero Luminoso en los 80. A través del ejemplo de

Rubén, su hermano mayor, a los 12 o 13 años de edad se integra como guerrillero en Sendero. Fue capturado en una batalla por el ejército, pero en lugar de haber sido ejecutado lo mantuvieron con vida como cabito o aprendiz de soldado en los cuarteles militares gracias a la intervención de un oficial que deviene su mentor. Después entró en la orden religiosa franciscana con la idea de hacerse sacerdote. Abandonó la orden para casarse, y completó su educación obteniendo en México un Doctorado en Antropología, y terminó trabajando como profesor en la universidad donde obtuvo su Maestría, la Universidad Nacional de San Cristóbal de Huamanga, que está cerca al lugar donde creció.[7]

En consonancia con la experiencia de Gavilán como franciscano, *Memorias* es un libro "humilde" y sin grandes pretensiones literarias —de hecho, como se mencionó anteriormente fue publicado originalmente como una monografía con interés primario para las ciencias sociales. Pero en cierto sentido es también un libro *perfecto*, sentido profundamente, sin ninguna frase o escena fuera de lugar, hermosamente escrito en español (Gavilán aprendió español durante su estancia en los cuarteles militares), pero un español modificado, o suavizado por la lengua quechua (el gran novelista peruano José María Arguedas, quien también tenía antecedentes quechua hablantes, logró un efecto similar en su escritura).

Memorias está dividido en cuatro partes; las primeras tres corresponden a la experiencia de Gavilán con Sendero entre 1982 y 1983, sus años en los cuarteles militares y su estancia en el monasterio franciscano. Estas partes cubren un periodo de un poco más de diez años. Terminan con su decisión de abandonar la idea de ser sacerdote para casarse. Otros diez años pasan en

---

7. El relato donde cuenta todo esto, *Memorias de un soldado desconocido*, se publica por primera vez en México y en Perú en 2012, como una monografía en una serie de obras antropológicas cercanamente relacionadas a su trabajo de disertación doctoral; un segundo tiraje se realizó en Perú en el 2013. Una traducción al inglés hecha por Margaret Randall que lleva por título *When Rains Became Rivers* (Cuando las lluvias se convierten en ríos) fue publicada por la Duke University Press en 2014. Una segunda edición revisada de la obra en español apareció en el 2017, esta vez publicada en Perú, la cual incluye los testimonios recopilados por Gavilán de otros tres activistas en Sendero Luminoso con los que pudo reconectar en 2016.

los cuales obtiene una Maestría y un Doctorado en Antropología, se convierte en profesor y también en padre de familia. La cuarta parte, toma lugar durante 2002 y se titula "Veinte años después, recorriendo las huellas del pasado". Es un relato extremadamente conmovedor y sutil del retorno de Gavilán al lugar de su infancia como militante de Sendero. Las cuatro partes (aunque son diferentes estilística y temáticamente) mezclan elementos del testimonio —especialmente en la presencia de una voz narrativa en primera persona—, de autobiografía y memoria, del *Bildungsroman*, y también de la novela picaresca, que es el género subyacente central la literatura española y latinoamericana.

Como observé a propósito de la película *Ciudad de dios*, en general el *Bildungsroman* —aunque termine mal, como en la novela de Goethe *Las penas del joven Werther*, o la novela de Stendhal *Rojo y negro*— marca el triunfo del ideal de la burguesía: la formación de un individuo maduro, un padre o esposa, un empresario o profesional exitoso, el dueño de el mismo, y en el *Bildungsroman* autobiográfico, la propia habilidad narrativa y literaria. En este sentido, como un *Bildungsroman* de "éxito", las *Memorias* de Gavilán es sintomático del momento que estamos viviendo, donde los prospectos políticos de la izquierda en América Latina están una vez más en desorden. Al mismo tiempo, especialmente en la cuarta parte, el texto no propone una reconciliación con el orden neoliberal, a diferencia de las novelas de la generación del "Crack", como la novela de Jorge Volpi *El fin de la locura*, que personifica lo que he llamado en otro texto "el paradigma de la desilusión".[8] Ese paradigma sostiene que la ilusión de la transformación de la sociedad que fue la inspiración para el activismo revolucionario en las Américas, fue un producto de una infancia o adolescencia Romántica. Fue una adolescencia generosa y valiente, pero también propensa al egotismo, a los excesos, así como a los cálculos erróneos morales y políticos. En contraste, el presente corresponde a un nuevo principio de realidad: la dominación de los modelos económicos neoliberales y el colapso del idealismo socialista. Una narración bibliográfica de maduración personal que va desde la adolescencia a la madurez es trazada sobre una narrativa de transición entre diferentes eras históricas, con el sentido resultante de la inevitabilidad (y su atractivo) del presente.

---

8. John Beverley. *Latinamericanism After 9/11* (Durham: Duke University Press, 2011).

En *Memorias*, hay un claro rechazo hacia Sendero Luminoso y su mitología homicida, como una sensación de haber sido atrapado en alguna forma de experiencia de culto. Pero Gavilán no se disculpa, más bien existe una sensación de que algo se ha perdido en los años intermedios desde su captura por el ejército en 1983 y su retorno al lugar de su infancia veinte años después. Ante la suave luz del sol del atardecer, recuerda el asesinato de su compañera *senderista* Rosaura, mientras trataban de escapar juntos la emboscada del ejército donde fue capturado. Ahora el paisaje se encuentra pacífico, lleno de ruinas de casas y granjas, en cierto modo catatónico, de una manera que bien podría ser un símbolo de la experiencia de los campesinos en todos lados a raíz de la globalización: "Por estos lugares andaba yo en 1983. Entonces la gente era conversadora y cariñosa. Ahora las personas se muestran indiferentes, te miran de pies a cabeza como si fueses algún enemigo, algún bicho extraño. De todo desconfían. Siguen en la pobreza como en aquella época [...]" (Gavilán 2013, 173–174).

Sería difícil leer *Memorias de un soldado desconocido* sin compartir hasta cierto punto, simpatía por el ideal comunista y andino a la vez, de equidad y reciprocidad comunal. El encuentro con el pasado en la cuarta parte es irreconciliable, y finalmente ese impasse tiene que ver con el problema de inequidad que persiste en el "triunfo" del propio narrador, o *Bildungs*. La oración final de *Memorias* resalta lo siguiente: "Si se hubiesen hecho realidad los discursos del PCP [Sendero Luminoso] sobre la igualdad, que nadie sea rico ni pobre, que todos tuviéramos las mismas oportunidades sin egoísmo, sin explotación del hombre por el hombre, o si el Estado estuviese interesado en los campesinos, en su agricultura, en educar a sus niños como predican en las elecciones presidenciales, de seguro estos hombres no estarían arañando estas tierras para sobrevivir como yo he arañado en mi vida para contar lo sucedido" (Gavilán 2013, 174).

Como vemos la última frase dice "de seguro estos hombres no estarían arañando estas tierras para sobrevivir como yo he arañado en mi vida para contar lo sucedido". Arañar en el sentido relacionado al texto, está relacionado a los campesinos trabajando ("marcando") la tierra con sus manos y herramientas: escardando, arando, labrando y podando. En la misma forma que los campesinos de los que desciende Gavilán, él dice que "araña" en los episodios de su vida para producir su historia; la escritura de ésta —una *auto-graphia*— también es un acto de arañar, inscribiendo una superficie con un bolígrafo, una herramienta o con el golpeteo del dedo. Escribir es en cierto sentido lo mismo que arar; Gavilán ha arado su propia historia.

El gran crítico peruano Antonio Cornejo Polar había sugerido en el título de su último libro una metáfora para la literatura latinoamericana, tomando prestada la imagen "escribir en el aire", de César Vallejo. En contraste, Gavilán sugiere en la escena final de su memoria algo que interpreto como *escribir en la tierra*, parecida a la labor de arar y sembrar la tierra. Esta asociación se aproxima al tipo de ingenio verbal Barroco, descrito famosamente por Baltasar Gracián en el siglo XVII como la *correspondencia* de los opuestos; por ejemplo, Góngora llamando al tormentoso océano "Libia [desierto] de ondas". Esta asociación también restaura el enlace de las labores diarias del mundo de la agricultura campesina de subsistencia con la literatura.

El énfasis de ser *desconocido* en el título del libro de Gavilán, tiene el efecto de marcar la voz del narrador como subalterna, que aparece en los márgenes de la literatura y la alta cultura, y como tal es incomprensible: en otras palabras, *memorias* y *desconocido* constituyen en sí un oxímoron. ¿Por qué la escritura de alguien como Gavilán puede ser más significativa que el paciente trabajo de arañar que los campesinos hacen en sus tierras? ¿Por qué las memorias de alguien desconocido y sin importancia son o pueden ser de interés? Pero lo son. *Cien años de soledad* fue una novela que representó el mejor momento del *Boom* latinoamericano literario en las décadas de los sesentas y setentas; desde mi punto de vista, de la misma manera *Memorias de un soldado desconocido* es quizás el libro que mejor representa el momento presente que vive América Latina, su carga afectiva, su lucha para encontrar un nuevo estilo y forma, así como sus límites y posibilidades políticas.

Como en la versión de la historia de Spivak sobre Bhuvaneswari Bhaduri, aquí también parece que la "vida" subalterna no es posible sin la intervención de un intelectual, del crítico (debemos mantener en mente, que tanto Bhaduri como Gavilán también son intelectuales, en el sentido propuesto por Gramsci de "intelectuales orgánicos"). El papel que jugó su comité de disertación, Margaret Randall como su traductora, la educación formal que recibió Gavilán en los cuarteles militares y con los franciscanos, su propio papel resultante (algo que el mismo Gramsci llamaría un "intelectual tradicional") como explicador y narrador de su propio texto, el papel de Mario Vargas Llosa alabando el libro públicamente, así como de varios importantes académicos peruanos y estadounidenses posicionando el libro dentro de la literatura latinoamericana, mi propio trabajo aquí como académico tratando de entender este texto para presentarlo a lectores y estudiantes que quizás no lo conozcan —todo lo anterior es necesario para que el subalterno pueda hablar y consiste en su totalidad diversa el campo de la crítica literaria. Pero el texto no sería lo que es sin la profunda experiencia de la lengua y cultura quechua, sin la vida del campesino y el sub proletariado. En otras palabras, de algo que no sea el "intelectual tradicional". Existe una contradicción entre el mundo letrado y no letrado, la escritura (o el cine), la narración y las memorias, pero también existe un punto de equilibrio.

Como se mencionó anteriormente, en las más reciente edición (2017), el mismo Gavilán se ha convertido en un intelectual mediador, a través de él las "historias" —de otra manera estarían sin registrar— del subalterno aparecen. Esta edición contiene un epílogo de unas cincuenta páginas, titulado *Los cabitos*; allá Gavilán se reúne con ex Senderistas que como él fueron prisioneros en los cuarteles militares después de la derrota de Sendero. Ellos comparten historias y Gavilán las graba, edita y transcribe; cada una de estas historias —la de Andrés, la de Vicente y la de Adela— son testimonios dentro del testimonio. Surgen de la necesidad que Gavilán siente de pluralizar su narración puesto que no puede ser una sola: "Recordamos nuestras vidas a la velocidad del relámpago, quizás porque no queríamos convertirnos en un lugar de olvido... Nos contamos estas historias [ser militantes de Sendero Luminoso] en la base militar, secretamente, en nuestras habitaciones, camino a la escuela, y así recordar un poco. Al escucharlos otra vez siento que mi propia historia está allí, en mis amigos, en mis compañeros de guerra".[9]

Reescribiré la conclusión de Spivak en "¿Puede hablar el subalterno?" de la siguiente manera. Igualdad/*egalité* precede a solidaridad/*fraternité*. Pero para superar la desigualdad se requiere solidaridad (la solidaridad emerge de la empatía con la desigualdad). La crítica literaria y cultural (incluyendo la traducción, como en el caso de Randall) es una forma de solidaridad. Así como el testimonio, las películas de Gaviria y *Ciudad de dios* lo hicieron hace quince o veinte años, o como la literatura cartonera y novelas como *2666* lo hicieron en la primera década de este siglo, ahora, *Memorias de un soldado desconocido* se abrirá camino en nuestro campo con todos los efectos que provocará.

Por supuesto, no deberíamos ser muy entusiastas. Si *Cien años de soledad* fue traducida en muchas lenguas, vendió millones de ejemplares regional y

---

9. Lurgio Gavilán Sánchez. *Memorias de un soldado desconocido: Autobiografía y antropología de la violencia*. Ed. revisada y aumentada, Lima: IEP Instituto de Estudios Peruanos. 2017. p. 201.

mundialmente, y ahora es parte del lenguaje mismo (en el español contemporáneo hablamos de "macondismo", de la misma manera que en el inglés se habla de "quixotic"), la segunda edición en español (2017) de *Memorias* tuvo un tiraje de cinco mil ejemplares, lo cual probablemente consideró ambicioso la editorial. No es sólo la Marea Rosada la que está menguando: la misma literatura también lo está haciendo, no del todo pero sí a un nivel donde es menos importante como práctica y significante de la identidad cultural de lo que fue durante las previas etapas de capitalismo, donde estaba cercanamente relacionada al colonialismo, al estado-nación y a la modernidad secular. La crítica literaria y cultural del tipo que hacemos Spivak y yo, fue uno de los lugares donde luchamos en la Guerra Fría. Hoy en día, eso no se podría decir. Perdimos, pero quizás ganamos en ciertos espacios de la superestructura ideológica, sobre todo en la escuela. Quizá una nueva posibilidad se abre con las llamadas "guerras de la cultura". Como en Estados Unidos hoy, el propósito de los reaccionarios es cancelar la voz de los marginales y oprimidos.

Termino abriendo otra caja de pandora, el caso de lo que se puede llamar un *Bildungsroman a la inversa*. Es decir, una narración de la formación de un sujeto moderno que termina con la vuelta del protagonista a la comunidad o grupo social del cual es producto inicial. Deben haber muchas instancias de esto en la literatura contemporánea, pero para nuestros propósitos aquí me acuerdo de tres. La película boliviana *Yawar Malku* (*Sangre del cóndor*), donde el hermano —un obrero en una fábrica urbana— vuelve a su comunidad originaria, para reemplazar a su hermano mayor, herido de muerte por la policía rural. En este caso, la vuelta o la inversión del *Bildungsroman* es posible, pero sólo en el contexto de una resistencia revolucionaria. El segundo caso es la muy comentada novela de Luis de Lión *El tiempo principia en Xibalbá* (1985). En esta narración un ex-soldado raso de origen indígena vuelve a su comunidad pero con resultados apocalípticos. La vuelta es imposible. La metafísica del mundo indígena no coincide con la metafísica de un sujeto europeizado por su experiencia en el ejército. El tercer caso es quizás el más interesante. Es la novela biográfica de Ismael García Marcelino, *Alonso Mariano*. Aquí el protagonista sí puede regresar de la "modernidad" y establecerse como persona de responsabilidad en su comunidad. No, sin embargo, sin la ayuda de otros, y sin un largo proceso de (re)aprendizaje que incluye reestablecerse un su lengua originaria (el texto está en dos partes, una en el idioma nativo del protagonista, la otra en español). La vuelta es posible, produce una subjetividad moderna propiamente indígena. Como explica la contraportada en la novela:

> *Alonso Mariano* es una historia de un hombre que, frente a una idea de desarrollo, se ve en la necesidad de echar marcha atrás para iniciar el proceso de construir su propia historia, en su pueblo, con su gente. Tata Jesús Mariano, su padre, y su esposa lo instalan de regreso, cada quien a su manera, en Ch'urhinkuarhu donde con mucha paciencia él asumen el penoso trabajo de desaprender los dogmas de la formación profesional y llega a tener una gran autoridad comunitaria. Todos los personajes que conviven alrededor del pueblo y lejos de él reflexionan desde sí mismos lo que significa volver a ser indígenas.[10]

Volver a ser indígena: podría haber sido otro título para este ensayo.

Traducción de Jorge Alberto Tapia Ortiz. El original aparece en The Failure of Latin America: Postcolonialism in Bad Times, *University of Pittsburgh Press, 2019.*

---

10. Ismael García Marcelino, *Alonso Mariano* (México: CONACULTA, Letras Indígenas Contemporáneas, 2004).

19

El fracaso de Latinoamérica[1]

(2018)

En memoria de Marielle Franco, la activista afro-gay asesinada en abril de 2018 en la favela de Maré en Río de Janeiro, se supone que por elementos vinculados a la policía.

LA CARRERA DE UNO está determinada por sus habilidades y formación, pero también por la casualidad. Tuve la suerte de haber sido parte del proyecto de lo que se conoció como el Grupo de Estudios Subalternos Latinoamericanos en la década de los 90. El grupo se reunió por primera vez en abril de 1992, hace casi exactamente veintiséis años, en un aula vacía en la Universidad George Mason, cerca de Washington DC, que un amigo de la literatura irlandesa que enseñó allí, Tom Moylan, puso a nuestra disposición. Los participantes fueron, además de mí mismo, Tom, Javier Sanjinés, Ileana Rodríguez, que vino con Robert Carr, un brillante joven estudiante graduado jamaiquino, José Rabasa, Patricia Seed, María Milagros López, y si la memoria no me falla, José Mazzotti y Robert Cohn, entonces estudiantes de posgrado en Princeton.

---

1. Este texto es una transcripcion y traducción de una charla que presenté en el coloquio "John Beverley, The Urgency of Latin Americanism in Times of Conflictive Globalization", en la Universidad de Pittsburgh, marzo, 2018. Por eso carece del aparato academico usual, como notas y bibliografía.

Muchos otros entraron y salieron del Grupo a medida que avanzaba la década; muchos pertenecían al campo del Latinoamericanismo, o eran compañeros de viaje, o habían llegado independientemente a la idea de los estudios subalternos.

Como grupo formal, nunca fuimos más de 12 miembros activos, como los Apóstoles. Lo fortuito de nuestro encuentro fue que, si bien teníamos puntos de vista diferentes, a veces conflictivos, y en algunos casos veníamos de diferentes disciplinas, nos atraíamos profundamente. Sentimos que éramos almas gemelas y vimos al grupo que formamos casi espontáneamente como lo que los psicólogos llaman un grupo de afinidad. En lugar de ponencias formales, desarrollamos un formato de discusión abierta durante varios días, sin una agenda formal, una especie de simposio como en los diálogos de Platón. El resultado fue que aprendimos unos de otros y desarrollamos nuestro pensamiento y escritura sobre la subalternidad de manera exponencial. Comenzamos como un *Salon de Refuses*, la muestra anual de arte en el París del siglo XIX donde los pintores rechazados por la Academia oficial podían exhibir. Tomamos como modelo al prestigioso grupo de Estudios Subalternos de Asia del Sur. Lo que se convirtió en nuestra declaración fundadora se adaptó de una propuesta que hicimos a la fundación Rockefeller, que fue rechazada por un panel que incluía, al menos así se dijo, a Homi Bhabha, un gran aliado de los eruditos del Grupo de Estudios Subalternos de Asia Meridional. A nuestro amigo George Yúdice le gustaba bromear diciendo que éramos el Grupo de Estudios Subalternos Latinoamericanos. Nunca conseguimos mucho financiamiento o apoyo institucional hasta que la Universidad de Duke nos aceptó a fines de los años noventa. En 1992, cuando nos conocimos, éramos radicales académicos marginales, atrapados en callejones sin salida o en la crisis personal de los cuarenta. Nuestras inspiraciones fueron post-marxistas, poscoloniales, deconstructivas, posmodernistas y feministas de la segunda ola. Pat Seed y Gayatri Spivak fueron los vínculos entre nosotros y el grupo del sur de Asia y su fundador, el historiador Ranajit Guha, que también se convirtió en nuestro mentor de alguna manera: Guha llegó a creer que el grupo latinoamericano representaba el futuro de los estudios subalternos.

La mayoría de nosotros no sabíamos casi nada sobre la historia o la cultura del sur de Asia, pero encontramos en el trabajo del Grupo del Sur de Asia también un espíritu afín. Como ellos, vimos los estudios subalternos, como lo expresó Gayatri Spivak, como "una estrategia para nuestros tiempos". Sin saberlo nosotros en ese momento, un grupo de intelectuales en Bolivia llegó a una conclusión similar, traduciendo y publicando algunos de los ensayos clave del Grupo de Estudios Subalternos del Sur de Asia. Ellos vieron su compromiso con los estudios subalternos como parte de un diálogo Sur-Sur, mientras que el Grupo de Estudios Subalternos Latinoamericanos estaba ubicado principalmente en la academia de los Estados Unidos. Algunas de estas figuras en Bolivia estaban asociadas a un colectivo académico llamado Comuna. Uno de los miembros de la Comuna fue Álvaro García Linera, el arquitecto ideológico del Movimiento al Socialismo boliviano y actual (2018) vicepresidente de Bolivia. Entonces, mientras nosotros, como los bolivianos, estábamos definitivamente fuera del poder en la década de los 90, incluso fuera del poder académico, no estábamos desinteresados en ello. El poder, quién lo tiene, quién no, quién lo está perdiendo, quién lo está ganando, de hecho, fue la principal preocupación de los estudios subalternos.

Aunque comenzamos decididamente en los márgenes, poco a poco a lo largo de la década de los 90, comenzamos a tener alguna repercusión en el campo de los estudios latinoamericanos. Tanto es así, que en una famosa polémica en 1998, Mabel Moraña se quejó de lo que ella llamó "el *Boom* del subalterno", acusando a los estudios subalternos y a la crítica postcolonial en general de "orientalizar" el sujeto latinoamericano. No a todos les gustó la idea o la palabra "subalterno" en sí, pero nadie podía permanecer totalmente indiferente a ella. La influencia que el Grupo llegó a tener es un testimonio del valor del trabajo colectivo en el mundo académico: cada uno de nosotros tenía sus propias carreras, pero como dije, nos admirábamos mutuamente. Juntos actuando en diferentes lugares, pero con una problemática común, fuimos más que la suma de nuestras partes.

El Grupo se disolvió formalmente en 2002 después de una reunión con algunos miembros del grupo del sur de Asia en Columbia University organizada por Gayatri Spivak. Algunos se han mantenido más cerca de su concepción original, otros se han alejado. He escrito sobre la necesidad de una perspectiva post-subalternista en mi propio trabajo. Pero la pregunta planteada por los estudios subalternos sigue siendo central. ¿Esa pregunta es básicamente la cuestión de la igualdad ¿Qué es lo que hacemos que empuja en una dirección igualitaria, qué es lo que hacemos que funda o reproduce la desigualdad?

El impulso del Grupo del Sur de Asia provino, en palabras de Guha, de "el fracaso de la nación para convertirse en algo propio". Guha se refería a lo que se percibía como el fracaso del Estados indios poscolonial y de otros Estados del sur de Asia para lograr los objetivos de desarrollo económico e igualdad planteados por los movimientos de independencia. Los supuestos de la historiografía india y del sur de Asia, vinculados tanto en las formas socialistas como en las liberales a una narrativa de la formación, modernización y progreso del estado, tuvieron que ser reevaluados.

Nos enfrentamos a un fracaso similar en la discusión que condujo a la formación del grupo latinoamericano. La forma más inmediata de esto fue la inesperada derrota de los sandinistas, agotados por la guerra de la Contra y el bloqueo económico de los Estados Unidos, en las elecciones de 1990 en Nicaragua; varios de nosotros habíamos estado involucrados en un grado u otro con el proyecto sandinista, por lo que este era un asunto personal. Pero la derrota de los sandinistas también marcó, pensamos todos, una crisis más general del proyecto de la izquierda latinoamericana, una crisis que coincidió con el colapso de la Unión Soviética y el bloque soviético.

Unos treinta años después, nos enfrentamos a un momento similar de fracaso de la izquierda latinoamericana, lo que mi colega Veronica Kim ha llamado los "Pink Tide Blues": es decir, el virtual colapso del ambicioso proyecto de Chávez en Venezuela y, en general, la recesión del amplio y diverso triunfo de los gobiernos de la llamada Marea Rosada que siguió a Chávez en la primera década y media del nuevo siglo.

Algunos de nosotros —aquí yo me incluyo—, habíamos puesto nuestras esperanzas en el éxito de la Marea Rosada. Otros eran más escépticos, señalando la incapacidad de esos gobiernos para ir más allá de los límites del capital global y la "colonialidad" del poder. Queda por verse si la energía de la Marea Rosada se gasta por completo: a riesgo de insistir en una metáfora ya inestable, la situación actual podría verse como un flujo de marea que inevitablemente producirá un reflujo, un reflujo que se espera supere los límites de lo que se logró antes, volviéndose así de ese modo más rojo que rosado. Las metáforas no producen historia, por supuesto, pero a veces pueden ayudarnos a orientarnos en cierta dirección.

Pero el objetivo de estas consideraciones no es pasar juicio sobre la Marea Rosada sino indicar un sentimiento más profundo de fracaso: el fracaso del proyecto de América Latina como tal. El fracaso de los gobiernos de Chávez y la Marea Rosada fue un fracaso de la izquierda; pero la alternativa neoliberal que fue hegemónica hasta finales de siglo (y que ahora se está recuperando) también fracasó. La Marea Rosada fue precisamente el resultado de ese fracaso.

Todos estamos familiarizados con la idea de un Estado fallido y tenemos una idea de lo que es eso. En lo que quiero pensar es en América Latina como una civilización fallida. ¿Falló en relación a qué? Fallida en relación a China e India en particular, en el período que se extiende desde el final de la Segunda Guerra Mundial hasta el presente. Si en 1945, América Latina en su conjunto, especialmente Brasil, Argentina y el Cono Sur, y México, estuvo algo por delante de China e India, ahora está claramente por detrás, en términos de crecimiento demográfico y económico, por un lado, y estatus o influencia en el mundo, por otro.

Me refiero a "civilización" en el sentido que el difunto teórico político neoconservador Samuel Huntington dio a este término, en su famoso ensayo sobre el choque de civilizaciones. Podría decirse que Huntington es el arquitecto ideológico tanto de la Guerra contra el Terror —contra el radicalismo islámico— como de la guerra actual contra los inmigrantes en los propios Estados Unidos, especialmente los inmigrantes latinos, perseguidos por la administración Trump. Huntington llegó a pensar en sus últimos años que la inmigración latina era el principal desafío para el futuro de los Estados Unidos como un Estado-nación unificado.

La idea de civilización de Huntington ha sido muy ridiculizada. Uno de los grandes ensayos finales de Edward Said versa acerca de esto. Pero hay algo sobre el concepto que continúo encontrando convincente. Para Huntington, recordémoslo, las naciones de América Latina eran "países desgarrados" individual y colectivamente: ¿podrán definir, entonces, su futuro por una relación cada vez más simbiótica y dependiente de los Estados Unidos, o podrán desarrollarse, como una "civilización" distinta, con su proyecto o proyectos hegemónicos propios en el marco de la globalización?

También se podría decir que el mundo islámico, en toda su extensión y complejidad interna y contradicciones, ha caído detrás de China y la India, pero funciona en el mundo como algo que Huntington entendía por civilización. América Latina no.

Uno de los primeros en diagnosticar el callejón sin salida que enfrentaba la modernidad latinoamericana fue el marxista peruano José Mariátegui. Escribiendo en 1925, es decir, después de la Revolución Mexicana y el surgimiento de nuevas formas de etnonacionalismo latinoamericano, Mariátegui concluyó:

> Me parece evidente la existencia de un pensamiento francés, de un pensamiento alemán, etc. en la cultura de Occidente. No me parece

igualmente evidente, en el mismo sentido, la evidencia de un pensamiento hispano-americano. Todos los pensadores de nuestra América se han educado en una escuela europea. No se siente en su obra el espíritu de la raza. La producción intelectual del continente carece de rasgos propios. El espíritu hispanoamericano está en elaboración.

Lo que Mariátegui quiso decir con "raza" aquí no está claro; no creo que sean sólo poblaciones indígenas, a pesar de su atención al *ayllu* andino, o comuna agraria como precursora del socialismo moderno. Probablemente es más parecido a lo que Vasconcelos quiso definir en la misma época como "la raza cósmica", un híbrido mestizo-indígena. En cualquier caso, podemos estar seguros de que Mariátegui no se refería a las élites blancas, europeizadas y criollas que habían dominado la ciudad letrada de América Latina desde la época colonial.

En 2009, unos ochenta y cinco años después de que Mariátegui hiciera esta observación, el escritor mexicano Jorge Volpi, un representante de la generación literaria de los llamados post-boom, y un liberal blanco partidario del mercado libre en lugar de un comunista mestizo como Mariátegui, escribió amargamente, en la víspera del bicentenario de la independencia de América Latina, en su libro *El insomnio de Bolívar*:

> Preguntémonos entonces, otra vez, ¿qué compartimos, en exclusiva, los latinoamericanos? ¿Lo mismo de siempre; la lengua, las tradiciones católicas y el derecho romano, unas cuantas costumbres de origen indígena y africano y el recelo, ahora transformado en chistes y gracejadas, hacia España y los Estados Unidos? ¿Es todo después de dos siglos de vida independiente? ¿Eso es todo? ¿De verdad?

Para Volpi, la respuesta a su pregunta deliberadamente irónica es sí; no queda mucho más de la idea de América Latina. Su conclusión es: "quizá la única manera de llevar a cabo el sueño de Bolívar sea dejando de lado a América Latina".

Volpi pertenece a una generación que estaba ansiosa por deshacerse de la carga edípica de un nacionalismo y un romanticismo revolucionarios latinoamericanos anteriores, y seguir adelante con el nuevo mundo de la globalización neoliberal: eran los escritores de McOndo, al estilo de McDonald's, opuestos al Macondo de García Márquez. También hay un rastro en la posición de Volpi en los pensadores liberales del siglo XIX como Sarmiento, que abogaban por la imitación o la simple anexión a los Estados Unidos como el camino a seguir para América Latina.

La posición de Volpi y su generación se basa en lo que he llamado el paradigma de la desilusión. Esto a menudo está incrustado en una narrativa que toma la forma de una novela de crecimiento: la novela del *guerrillero arrepentido*. El mismo Volpi ha escrito una de estas, *El fin de la locura*, que se burla de la moda entre los izquierdistas latinoamericanos en relación con la teoría francesa (está ambientado en parte en el París de 1968, con viñetas de Althusser, Foucault, Lacan, etc.). La tercera parte de la película *Amores Perros*, con la figura del ex guerrillero, ahora sicario a sueldo, El Chivo. Pero hay docenas y docenas de novelas, obras de teatro, películas que se basan en el paradigma de la desilusión, cada una con una inflexión nacional específica.

La idea subyacente es algo como lo siguiente: la ilusión de la transformación revolucionaria de la sociedad latinoamericana fue una adolescencia romántica. Fue una adolescencia generosa y audaz, pero también propensa al exceso, la irresponsabilidad, el error de cálculo y la anarquía moral. Por contraste, la maduración biológica y biográfica de la generación de los años sesenta, ahora padres, profesionales y propietarios, corresponde a la hegemonía del neoliberalismo y la redemocratización de los años 80 y 90.

El libro de 1992 de Jorge Castañeda *La utopía desarmada* fue quizá la expresión más influyente del paradigma de la desilusión, y el mismo Castañeda se convirtió en el modelo de cierto tipo de derecha, en sintonía con la globalización neoliberal y el Consenso de Washington. El pensador que ha ocupado el lugar de Castañeda hoy en ese sentido parece ser el ecuatoriano Jaime Durán Barba, el asesor de Macri, en efecto su Steve Bannon, en su exitosa campaña presidencial en Argentina hace varios años. El eslogan de Durán Barba es: "Ahora el PC no es Partido Comunista sino Computadora Personal". La diferencia con Bannon es que los nuevos derechistas latinoamericanos no eran etnonacionalistas ni racistas o anti-gay. Más bien abrazaron la posibilidad de la ciudadanía flexible, la globalidad, la Web; a veces son pro-gay, incluso pro-derecho al aborto. Esto da a los nuevos gobiernos de derecha en América Latina un carácter diferente al populismo etnonacionalista del Brexit, Hungría, Polonia, Rusia y los nuevos partidos de ultraderecha en Europa occidental. Todo esto cambia con Bolsonaro, por supuesto. Un efecto nocivo de la globalización, como fue el fascismo del imperialismo.

La globalización entra en contacto pero, en consecuencia, en conflicto con historicidades previamente separada o subordinada a las historicidad de

Europa occidental. Hay una forma de historicidad específicamente china, que se remonta al imperio de muchos miles de años, y ve el surgimiento de la dominación occidental desde el siglo XV como una mera burbuja de unos quinientos años, el lapso de una dinastía, que empieza a evaporarse. Giovanni Arrighi escribió sobre esto en su último libro, *Adam Smith en Beijing*. Existe una historicidad similar en el nacionalismo indio de un pasado imperial hindú y/o musulmán nunca extinguido, que volverá, después de la interrupción del dominio colonial británico, un pasado que absorbe mucho de ese tipo de dominio, pero no se limita a él, pues antes de la colonización británica desarrolló sus propias formas de capitalismo exportador. Putin y sus ideólogos han resucitado el debate del siglo XIX entre los eslavófilos y los europeizantes, argumentando que el destino de Rusia es crear un nuevo imperio o esfera de influencia ruso-asiático.

Lo que sugieren los pasajes de Mariátegui y Volpi, situados en ambos extremos del proyecto de la modernidad latinoamericana, es que América Latina, en su conjunto, no tiene una historicidad similar. Es por eso que se ha vuelto intrascendente o secundaria en el mundo posterior a la Guerra Fría. A pesar de su casi extinción por el colonialismo, los pueblos indígenas de América Latina y América del Norte sí tienen la posibilidad de una historicidad similar, algo que carece la propia América Latina.

¿Qué ha bloqueado el surgimiento de América Latina como una civilización en el sentido de Huntington de ese término? Basado en el modelo clásico de Mariátegui en *Siete Ensayos sobre la realidad peruana*, propongo un conjunto de siete preguntas que creo que son pertinentes al planteamiento general. Estas son respectivamente:

La cuestión de la colonialidad.
La cuestión de los Estados Unidos.
La cuestión del catolicismo.
La cuestión del barroco como significante cultural para América Latina.
La cuestión de la nación-estado.
La cuestión del socialismo.
La cuestión de la comunidad hispana o latina en los Estados Unidos.

Voy a decir algo brevemente sobre cada una de ellas. Lo que tengo que decir, soy consciente de ello, es sobre todo de segunda mano o cocinado a medias y demasiado especulativo, pero tal vez la circunstancia de mi inminente jubilación me dé un poco de licencia para pontificar. Todas esas cuestiones tienen alguna conexión con perspectivas abiertas por los estudios subalternos. Pero mientras los estudios subalternos son o fueron útiles para diagnosticar el problema de América Latina, no se ofrecen como una cura.

Colonialidad: Todos sabemos que la colonialidad latinoamericana difiere de la colonialidad china o india. Ni China ni India sufrieron el genocidio de grandes secciones de sus poblaciones nativas, ni la imposición del cristianismo en ningún sentido extenso, ni de los idiomas de los colonizadores. Hubo poco o ningún mestizaje: las economías ciertamente estaban distorsionadas, pero no radicalmente transformadas. Al igual que en el caso de África u Oriente Medio, las poblaciones europeas que residen en ellas podrían eliminarse sin cambiar las características de las poblaciones subyacentes.

A pesar de que América Latina se independiza formalmente de Europa casi un siglo y medio antes que China e India, ha encontrado más difícil escapar del campo de gravedad de la colonialidad. Jorge Klor de Alva registró esta paradoja en un ensayo de 1992, "El colonialismo y el poscolonialismo como espejismos (latinoamericanos)". Su argumento central fue el siguiente:

> La estrecha identificación de las culturas nacionales posteriores a la independencia con sus plantillas europeas hace evidente que las Américas, en contraste con muchas sociedades asiáticas y africanas, no experimentaron descolonización en el curso de su supuesta poscolonialidad.

Vale la pena señalar que Klor de Alva habla de las Américas, no sólo de América Latina o América del Sur, lo que entiendo significa que él también incluye a Estados Unidos y Canadá en su juicio.

Cuando ese comentario salió a principios de la década de los 90, fue recibido con alarma y controversia en los estudios latinoamericanos. Recuerdo a mi colega Antonio Cornejo Polar, mi maestro en todos los aspectos en ese momento, preguntándome ansiosamente si creía que podía ser verdad. Hoy parece más bien un asunto de sentido común. La cuestión no es si Klor de Alva tenía razón, sino qué hacer al respecto.

Los Estados Unidos: Las posibilidades de América Latina no se pueden separar de la formación y el ascenso de los Estados Unidos, que en casi todos los momentos de su corta historia imperial ha obstruido, interferido, sofocado, sobornado, amenazado y mal dirigido la energía de la civilización latinoamericana. Todos ustedes conocen la historia: las dos guerras principales; el centenar de intervenciones militares directas en pequeña escala; las ocupaciones militares de Haití, Nicaragua, Puerto Rico, Cuba, Panamá; la guerra de contrainsurgencia de los años 60 y 70, que costó alrededor de medio millón de vidas en todo el continente; la guerra contra las drogas… Ahora estamos en los Estados Unidos profundamente preocupados por la intromisión rusa en nuestras elecciones, pero apenas hubo una elección importante en América Latina durante la Guerra Fría en la que Estados Unidos no interviniera directa o indirectamente.

La fantasía del Muro de Trump es sólo el último capítulo de una historia muy larga y triste. Pero llega en un momento que puede describirse como el debilitamiento del poder de los Estados Unidos, el comienzo de su decadencia imperial. Trump, como los últimos Habsburgos, es tanto un síntoma como una causa de esa decadencia. Está desmantelando, por sus acciones o por sus efectos, a la vez el aparato del Estado imperial y la hegemonía política y cultural de los Estados Unidos sobre el resto del mundo. Incluso si Trump estuviera decisivamente paralizado o derrotado políticamente, lo cual no es seguro, no creo que la hegemonía de los Estados Unidos fuera recuperable. El emperador ha sido visto sin su ropa. Como en el caso de la España imperial, el declive será gradual y prolongado. Lo que es importante subrayar aquí es que Estados Unidos ya *no puede* pretender ejercer la hegemonía militar en las Américas.

Me parece importante distinguir el declive de los Estados Unidos como un Imperio, del futuro de los Estados Unidos como un estado-nación multicultural, un estado plurinacional como dicen los bolivianos. Esa posibilidad podría incluso beneficiarse del declive imperial.

Todo esto debería ser una buena noticia para América Latina: en una ecuación de juego de suma cero, América Latina aumentará a medida que Estados Unidos disminuya. Sin embargo, si esto sucede o no, tendrá que ver con las fuerzas internas en América Latina y con la comunidad latinoamericana en los Estados Unidos. Eso me lleva a la tercera de mis siete preguntas: el catolicismo.

El catolicismo: Es difícil imaginar a América Latina sin considerar como parte de su identidad esencial como civilización el catolicismo. Pero puede ser (ofrezco esto como algo para pensar más que como una conclusión definitiva) que el catolicismo se ha convertido en un obstáculo más que en un estímulo para el surgimiento de América Latina como civilización, como un aspecto más de su pasado que de su futuro. Si eso es cierto, entonces el futuro de América Latina debería involucrar una planificación consciente hacia una disminución de la fuerza del catolicismo, alentando el desarrollo de formas seculares de multiculturalismo o interculturalismo, especialmente en los campos de la educación y la cultura popular.

La Teología de la Liberación ha dejado un legado ambiguo en este sentido. Puso a sectores importantes de la Iglesia y a su público del lado de los pobres. El Papa Francisco es el último ejemplo de esto. Una de las definiciones que ofrecimos para los estudios subalternos fue que, igual que la Teología de la Liberación, era una opción preferencial por los pobres. Pero al hacerlo, la Teología de la Liberación también volvió a autorizar y revitalizar un catolicismo que estaba y sigue estando, en general, del lado de las élites europeizadas y la subordinación al poder estadounidense y europeo en América Latina.

Hubo un sincrético milenarismo afro-católico que inspiró algunas de las grandes revueltas campesinas del siglo XIX, como la que Glauber Rocha imagina en su película *Deus o diablo na terra del Sol*. Pero en la modernidad no ha sido posible construir un sujeto progresista nacional-popular desde el catolicismo. Al mismo tiempo, los tipos de capitalismo que produce la hegemonía católica, incluso en formas favorables a los negocios como el Opus Dei, son muy limitados y (en términos globales) modestos. El capitalismo latinoamericano, con algunas excepciones, principalmente brasileñas, es un capitalismo mezquino. Gramsci notó sobre la historia italiana moderna que mientras en otros países europeos el Renacimiento exportado desde Italia produjo una intelectualidad científica y secular progresiva, en la misma Italia condujo a la Contrarreforma involutiva y al triunfo ideológico de la jerarquía intelectual católica. Mutatis mutandis, lo mismo podría decirse sobre el catolicismo y América Latina.

Es más fácil decir esto hoy, cuando podemos ver los resultados de los regímenes etno-nacionalistas neo-católicos en el este de Europa como Hungría o Polonia, y el renacimiento de la ortodoxia en Rusia. En una época anterior, un socialista democrático como yo podría haber argumentado que el comunismo soviético trató de reprimir la religión con demasiada fuerza. Hoy podría estar más inclinado a decir que el comunismo no reprimió el catolicismo, o quizás más exactamente no pudo, lo suficiente. Me refiero, por supuesto, a la forma institucional del catolicismo, no a la fe de sus creyentes, y sus buenas obras en favor de los pobres, que respeto. No soy creyente, pero si creo en la libertad de religión. Pero también en la libertad con respecto a la religión. En ese sentido, creo que el crecimiento rápido del protestantismo evangélico en América Latina, más que una posibilidad hegemónica, es un síntoma del fracaso de su proyecto civilizacional.

El Barroco: La cuestión del Barroco y su relevancia como significante cultural de América Latina se deriva de esto. El sociólogo chileno Pablo Morandé ha hablado del "ethos barroco" de América Latina, mediante el cual se refiere a la fusión de catolicismo y mestizaje, bajo la dirección de un Estado paternalista y jerárquico. (Morandé estuvo cerca del pensamiento de la junta chilena). El Barroco ha sido la principal pasión de mi vida académica durante más de medio siglo, por lo que soy muy consciente de sus poderes de seducción. Tanto para la derecha como para la izquierda de la teoría cultural latinoamericana, el Barroco continúa ejerciendo una poderosa fascinación. La razón subyacente es algo como esto: el Barroco es visto como el lugar de la grandeza y originalidad cultural de América Latina como una civilización, donde se puede imaginar y producir un pasado utilizable de América Latina y un futuro latinoamericano. El Barroco es, por supuesto, también predominantemente la forma cultural de la Contrarreforma.

Por lo tanto, a pesar de mi fascinación por el Barroco, estoy más inclinado a verlo como la forma de *neurosis* civilizacional de América Latina, en lugar del sitio para reimaginar su pasado o elaborar nuevas imágenes de su futuro. Los médicos dicen que las neurosis deben ser trabajadas. Eso no significa que uno pueda o deba separarse de ellas completamente. Slavoj Zizek habla de aprender a amar nuestros síntomas a este respecto. Aun así, es posible un desapego parcial, precisamente a través del trabajo filológico e interpretativo de la crítica literaria y cultural, que dirigiría las energías de la civilización y la posibilidad de enderezarse hacia nuevos caminos. La cuestión del Barroco se solapa con la cuestión del papel de la literatura en sí misma: la "ciudad letrada", como la llamó Ángel Rama, en la cultura latinoamericana.

El Barroco es a menudo visto como la versión latinoamericana del Melting Pot en la historia sociocultural de los Estados Unidos, el lugar de la transculturación o la hibridación. Desde el punto de vista de la izquierda, en un argumento que podría encontrar apoyo tanto en Deleuze como en Adorno, la proliferación barroca se considera en sí misma anticapitalista, perturbadora de la ley del valor. Pero no pierde su carácter neurótico y melancólico por eso: es la naturaleza de una neurosis, como la de un agujero negro, que absorbe todo lo que lo rodea, en lugar de permitir la liberación de su campo traumático de gravedad. *Cien años de soledad* es un texto conscientemente neo-barroco, pero su visión final es anti-barroca, como la nuestra también debería ser: "Las razas condenadas a cien años de soledad no tienen otra oportunidad en la tierra".

La Nación-Estado. Los estudios subalternos se basaron en una crítica de la teleología del Estado nacional colonial y poscolonial moderno, una especie de anti-hegelianismo hegeliano, si se quiere, o un hegelianismo a la inversa. Hoy creo que esta crítica del Estado pone las cosas de una manera demasiado radical y dura. Por eso sostengo, como señalé antes, una perspectiva post-subalternista. Por supuesto, estábamos registrando que el Estado-nación, que supuestamente debía suplantar la colonialidad, inaugurando así una nueva historicidad, se mantuvo ligado a la colonialidad. Este problema es más evidente en el carácter algo arbitrario de los propios estados, que resultó de las relaciones diferenciales de las regiones de América Latina y el Pacífico con la metrópoli colonial.

Sin embargo, si entendemos por hegemonía "el liderazgo intelectual y moral de la nación", en la famosa definición de Gramsci, se deduce que el Estado y las formas del aparato ideológico estatal (educación, medios de comunicación, derecho, instituciones culturales...) deben abordarse. Aunque las luchas comienzan en la sociedad civil, en algún momento deben pasar al Estado o a través del Estado: el movimiento popular "se convierte en el Estado", para utilizar la frase de Ernesto Laclau (en oposición a la idea leninista de "tomar el poder del Estado").

Pero si la pregunta más grande es el surgimiento de América Latina como una civilización —una patria de todos, una nación de naciones—, entonces el Estado-nación también es claramente un límite. Es como la pregunta que acosó al movimiento comunista en los años veinte y treinta: ¿es posible el socialismo en sólo una nación? Sí, allí estaba la Unión Soviética, pero en cierto modo no; la Unión Soviética se vio atrofiada por el imperialismo en sus orígenes, y ahora ya no existe más. Se ha dividido en Estados-nación multicolores. Chávez se dio cuenta de esto en sus torpes pero ferviente esfuerzos por un continentalismo bolivariano. Y se han logrado algunos resultados: hoy existe, por ejemplo, en relación con Cuba, un sentido de solidaridad continental que ya no depende del permiso de los Estados Unidos.

¿Podemos imaginar formas de hegemonía que emergen más allá o entre las naciones-Estado? Ahí está el ejemplo del siglo XVIII criollo y la revolución haitiana, las rebeliones de Tupac Amaru y Tupac Katari, y algunos aspectos de la lucha armada de los años 60 parecen pertinentes. Sin embargo, el poder aún se gana o se pierde a nivel del Estado-nación, y requiere, en condiciones de democracia, el ejercicio de la franquicia política: partidos políticos o movimientos de diversos tipos, políticas electorales y todas las trampas del gobierno real, incluidos negocios y corrupción. La nación es como la familia: no se trasciende fácilmente. Para trascender el Estado-nación, primero tienes que pasar a través de él.

El Socialismo: Se desprende de lo que he estado diciendo que, como Mariátegui pensó hace casi un siglo, el socialismo tendrá que ser la ideología habilitadora de la posible aparición de América Latina como civilización. El capitalismo latinoamericano está atrofiado por el catolicismo y la dependencia. Para decirlo de otra manera, América Latina como civilización, si eso es posible o deseable, será socialista o no lo será. El fracaso del socialismo en el siglo veinte es coextensivo al fracaso de América Latina. Me refiero, por supuesto, a un socialismo "venidero" de un tipo diferente al de los regímenes incómodos y a menudo brutales de lo que se llamó socialismo real en el siglo XX, incluida Cuba, un socialismo modulado desde abajo por los movimientos sociales, por el feminismo, por los indígenas, afroamericanos y asiático-latinos, por el pensamiento *queer*: un socialismo no tan centrado en el Estado y la uniformidad cultural del nacionalismo, abierto al interculturalismo, a nuevas identidades, a las diferencias sexuales, a los derechos de las mujeres, a diferentes ideas de gobierno, diferentes ideas de historia y territorialidad, diferentes formas tanto de propiedad social como de mercado.

Tanto China como la India emergen a la globalización después de largos períodos de lucha social profunda y altamente enfocada: el movimiento nacionalista de la India y el sur de Asia, asociado sobre todo con Gandhi; el Ejército Rojo y la revolución china. Ambos, a su vez, están arraigados en las grandes rebeliones campesinas del siglo XIX. Con la excepción de la revolución mexicana, nada similar ha ocurrido ni ocurre en América Latina. En mi opinión, donde América Latina parece haberse acercado más a producirse como una civilización como China e India —esto parecerá una tontería, pero lo he pensado un poco— es en el período de lucha armada esporádica que sigue tras la victoria de la revolución cubana en 1959. La importancia de la revolución cubana no era tanto en función de la propia Cuba, un país pequeño después de todo, como para abrir la posibilidad de un movimiento revolucionario más amplio a nivel continental: el Che Guevara entendió esto. En retrospectiva, por supuesto, la lucha armada parece una empresa descuidadamente romántica y trágicamente defectuosa. Ese es el tema del paradigma de desilusión que discutí anteriormente. Pero existía en su núcleo la posibilidad de asumir y, en algunos casos, derrotar al imperialismo. Recuerdo el eslogan de la era: "Crea tres, cuatro, muchos Vietnams". No fue una tarea imposible.

Se discutirá que el colapso de la Unión Soviética habría condenado incluso un escenario optimista del efecto dominó latinoamericano: Cuba, Venezuela, Bolivia, Guatemala, El Salvador, Chile, Uruguay, Nicaragua... Mi respuesta sería que si América Latina o partes significativas de ella se hubieran vuelto socialistas, ya fuera a través de la lucha armada y/o algo como el camino chileno de Allende al socialismo repetido en otros países, entonces el bloque soviético en sí podría no haberse derrumbado. Habría tenido un nuevo interlocutor. Las formas del socialismo en sí cambiarían. Digo esto como alguien que no ve el colapso de la Unión Soviética como algo inevitable o bueno. Estoy de acuerdo con Putin sobre eso.

En cuanto a la Marea Rosada, puede verse como la víctima de su propio éxito. En cualquier caso, los gobiernos de la Marea Rosada elevaron a las masas de sus poblaciones a un nivel de vida de clase media baja, reduciendo drásticamente la desigualdad de ingresos y la pobreza absoluta. Pero ese esfuerzo sacó a esos sectores de la población de la subsistencia a la economía de consumo, con nuevos conjuntos de necesidades y demandas. Los gobiernos de la Marea Rosada no podrían seguir satisfaciendo estas necesidades y demandas sin tener en cuenta sus recursos, especialmente en una era de precios de exportación a la baja. La crisis actual en Venezuela es el resultado de este *impasse*. Aun así, la alternativa tampoco es demasiado atractiva: una nueva ronda de políticas neoliberales promete imponer medidas de austeridad en sus poblaciones para estimular la inversión, y eso tendrá el posible efecto de re-radicalizarlas.

Hispanos o latinos en los Estados Unidos. El latino es un nombre inapropiado, al igual que la idea de una América Latina misma, que sabemos fue proporcionada por la Oficina de Relaciones Exteriores de Francia a mediados del siglo XIX para que las nuevas repúblicas se alejaran de su identificación con el imperialismo británico y su proximidad a los Estados Unidos. Pero podemos vivir con nombres inapropiados. La idea de "latino" es que la población hispanohablante de los Estados Unidos tiene una raíz latinoamericana, no española. En 1998, en mi libro *Subalternidad y representación*, escribí que los latinos de los Estados Unidos eran la quinta comunidad más grande del mundo de habla hispana. Eso debe cambiarse hoy: los latinos de EE.UU. son los segundos más grandes, después de México y antes que España. Y si consideramos el mundo ibérico en general, incluido su país más grande, Brasil, entonces el orden de magnitud es Brasil, México, los latinos de EE.UU. y sólo en el cuarto lugar está España.

Por lo tanto, Estados Unidos debe ser parte de lo que América Latina significa y significará. Por contraste, no España o Portugal. La fantasía de América Latina como civilización no incluye a España o Portugal, sino como antecedentes (de la manera en que Grecia fue antecedente al Imperio Romano). El hoy de moda "iberismo" o "Hispanismo Global" no son caminos para imaginar el desarrollo de América Latina como civilización. Todo lo opuesto ¿Y si América Latina se convirtiera en parte de los Estados Unidos? La fantasía de Trump sobre el Muro fronterizo es simbólica. Más allá de los muros que ya existen —hay muchos de ellos, a lo largo de partes de la frontera entre Tijuana y los suburbios del sur de San Diego, tres (construidos por Clinton, Bush y Obama, respectivamente)—, el Muro nunca se acercará a ser realmente construido. ¿Cómo se podría dibujar una línea que separe racial y culturalmente a un Otro latinoamericano que siempre/ya ha estado presente en la territorialidad de los Estados Unidos, incluso antes de su fundación como un Estado-nación independiente? Incluso si la tarea se lleva a cabo o está parcialmente cumplida, sería como si los israelíes erigieran su muro para mantener alejados a los palestinos de Cisjordania, mientras que su propia población árabe palestina crece rápidamente, y ahora representa entre una cuarta y una quinta parte de la población de Israel. A la escritora chicana Gloria Anzaldúa, que era del sur de Texas, le gustaba observar: "no es tanto que crucemos ilegalmente la frontera; la frontera cruzó sobre nosotros."

He sugerido que la idea del Muro en sí representa un debilitamiento del poder de los Estados Unidos, un momento de ansiedad y reducción en lugar de fuerza. Este cambio de poder perturba un poco al binario de Estados Unidos/América Latina, en ambos lados. Desde el lado estadounidense, América Latina deja de ser el "patio trasero" y se convierte en algo así como un mal barrio. Pero para los latinoamericanos, surge la pregunta ¿dónde termina América Latina, dónde comienza? ¿Incluye la vasta población latinoamericana que reside ahora en los Estados Unidos? Una de las primeras narraciones de la literatura colonial española es *Naufragios* de Cabeza de Vaca, que relata el viaje de unos diez años de duración de un grupo de españoles naufragados, uno de ellos de ascendencia africana, a través de lo que hoy es el sur estadounidense y el este de Texas: los estados rojos, el país de Trump.

Cité a Jorge Volpi anteriormente. Deseo concluir volviendo a él. Este es el escenario de Volpi para un posible futuro latinoamericano en *El insomnio de Bolívar* (el libro es de 2009, así que, por supuesto, es anterior a Trump; no sé qué diría Volpi ahora, pero en declaraciones recientes se ha hecho partidario de López Obrador). Primero, México desaparece como un Estado-nación, absorbido por los Estados Unidos. Luego, el continente en su conjunto se une en dos o más o menos regiones cohesivas, con América Central y el Caribe vacilando en sus alianzas entre los bloques masivos del Norte y del Sur. En 2035, se crea algo llamado Alianza del Sur, en cierto modo similar al ALBA de Chávez o la OEA sin los Estados Unidos. En 2044 aparece una Unión de América del Norte que abarca el antiguo México, Canadá y los Estados Unidos, TLCAN, en otras palabras. Sigue en 2049 una guerra o una serie de guerras dentro y en los límites entre las dos entidades... Luego, un largo período de distensión, que lleva a la declaración formal en 2098 de algo llamado los Estados Unidos de Las Américas. La consolidación de la nueva nación o supra-nación se ve interrumpida por un período subsiguiente de agitación e inquietud regionales, como el período entre la independencia de los Estados Unidos y la proclamación de la Constitución en 1793. Pero luego, en 2110, cien años después del bicentenario, la nueva entidad surge como un Estado funcional y una sociedad civil, compartida, "una América unida". Bolívar, famoso por su insomnio, ahora puede finalmente dormir.

¿Es América Latina capaz de convertirse en una civilización y actuar en el mundo como tal, como lo hace hoy China? Probablemente no, el escenario de Volpi es probablemente tan plausible como cualquier otro.

Pero teniendo en cuenta el crecimiento de la población de Estados Unidos con raíces hispanas o portuguesas, quizás podamos imaginar el siguiente escenario, que se parece, pero de una manera crucialmente invertida, al de Volpi. No es tanto que una América del Norte poderosa, en crecimiento y culturalmente unificada absorbe a una América Latina más débil, trágicamente heterogénea y económicamente subdesarrollada en unos Estados Unidos de las Américas en general, básicamente en la generalización de los Estados Unidos de hoy en día. Se trataría más bien de una emergente América Latina multicultural, igualitaria, socialista —socialista en formas nuevas, inimaginables y postoccidentales, como he sugerido— que comenzará a penetrar y absorber a los Estados Unidos a medida que se hiciera más patente su proceso de declive económico y cultural, del modo en que Gran Bretaña quedará sujeta a los Estados Unidos en el período de su devastación de posguerra y su declive imperial. Si aceptamos el plazo sugerido por Volpi, hacia 2110, la población de las Américas será de más de mil millones, aproximadamente como las de China o la India en la actualidad. Entre dos tercios y tres cuartos de esa cantidad será de origen asiático, hispano, luso, afro o indígena.

Lo que parece probable en este contra-escenario es el declive de los Estados Unidos, pero por lo demás no insisto en su verosimilitud. Al igual que en la obra de Volpi, todo esto es un tipo de juego con la historia y las posibilidades. He tenido muchas ideas sobre el futuro de América Latina y de los Estados Unidos, pero generalmente se ha demostrado que están equivocadas. Mi carrera ha sido un esfuerzo por adelantarme a mis suposiciones equivocadas.

¿Por qué no terminarla con una más?

Traducción de Yannelys Aparicio, Universidad Internacional de La Rioja

Apéndice
Declaración de fundación.
Grupo de Estudios Subalternos Latinoamericanos[1]
(1982)

Introducción

EL TRABAJO DEL GRUPO de Estudios Subalternos, una organización interdisciplinaria de académicos del Sur de Asia liderados por Ranajit Guha, nos ha inspirado a fundar un proyecto similar dedicado a estudiar lo subalterno en Latinoamérica.[2] El actual desmantelamiento de los regímenes autoritarios en Latinoamérica, el fin del comunismo y el consiguiente desplazamiento de los proyectos revolucionarios, los procesos de redemocratización y las nuevas dinámicas creadas por los medios masivos de comunicación y la transnacionalización económica exigen nuevas formas de pensar y actuar políticamente. A su turno, la redefinición del espacio cultural y político latinoamericano en años recientes ha impulsado a los

---

1. Texto colectivo del grupo cuyo núcleo básico fue integrado por John Beverley, Robert Carr, José Rabasa, Ileana Rodríguez, Javier Sanjinés y Patricia Seed. Se usa la palabra subalterno "como un nombre para el atributo general de subordinación en la sociedad de Asia del Sur si es expresada en términos de clase, casta, edad, género, oficialidad o en cualquier otra forma". Ver Ranajit Guha, "Preface", en *Selected Subaltern Studies,* Ranajit Guha y Gayatri Spivak, eds. (New York: Oxford University Press, 1988), 35.
2. Grupo de Estudios Subalternos Latinoamericanos (GESLA).

académicos de la región a revisar epistemologías establecidas y previamente funcionales en las ciencias sociales y en las humanidades. En particular, la tendencia general hacia la democratización prioriza una reexaminación de los conceptos de sociedades plurales y las condiciones de subalternidad dentro de estas sociedades.

La comprensión de que las visiones de las élites sobre el subalterno coinciden tanto en el periodo colonial como en el periodo de la posindependencia hizo que el Grupo de Estudios Subalternos cuestione los paradigmas maestros usados en la representación de sociedades coloniales y poscoloniales en las prácticas culturales de hegemonía desarrolladas por los grupos de élite y en los discursos disciplinarios de las humanidades y ciencias sociales que buscan representar los modos de funcionamiento de estas sociedades. El artículo original de Guha en el primer volumen de la serie Subaltern Studies, publicado por el grupo a principios de 1982, traza el objetivo del proyecto de desplazar las asunciones causales y descriptivas sobre la historia colonial del Sur de Asia incorporadas en los modelos dominantes de las historiografías colonial, nacionalista y marxista ortodoxa.[3] En su libro *Aspectos elementales de insurgencia campesina* (1983) Guha critica los prejuicios de trabajos históricos previos que favorecen a los insurgentes que presentan agendas escritas y programas cuidadosamente bien pensados. Esta dependencia de las fuentes escritas, anota Guha, deja ver la parcialidad hacia las élites indígenas coloniales alfabetas en la construcción de la historiografía del sur de Asia.

Leer esta historiografía "al revés" (o "contra la corriente", en el idioma de la deconstrucción usada a veces por el grupo) para recuperar la especificidad cultural y política de las insurrecciones campesinas tiene, para Guha, dos componentes: la identificación de la lógica de las distorsiones en la representación del subalterno en la cultura oficial o de élite; el descubrimiento de la semiótica social de las estrategias y prácticas culturales de las insurgencias campesinas en sí mismas.[4] El aporte de Guha fue señalar que el subalterno por definición no es representable como un sujeto histórico capaz de una acción hegemónica (por cierto, desde las perspectivas de los administradores coloniales o los líderes nativos "educados"); sin embargo, se manifiesta en dicotomías

---

3. Ranajit Guha, "On Some Aspects of the Historiography of Colonial India", en *Selected Subaltern Studies*, 37–43.

4. La declaración clásica de este doble empeño es el artículo de Guha 'The Prose of Counter-Insurgency" en *Selected Subaltern Studies*, 45–84.

estructurales inesperadas, fisuras de formas de jerarquía y hegemonía y, a su turno, en la constitución de los próceres de la nación en la escritura, la literatura, la educación, las instituciones nacionales y la administración de la ley y la autoridad.

En otras palabras, el subalterno no sólo *responde a* iniciativas que vienen de otro lugar a despecho de la tendencia de los paradigmas tradicionales de verlo como un sujeto pasivo o "ausente" que puede ser movilizado sólo desde arriba; también *actúa* para producir efectos sociales que son a veces visibles, aunque no siempre predichos y comprendidos por estos paradigmas, o las políticas estatales y proyectos de investigación que autorizan. El reconocimiento de este rol del subalterno y de las maneras que curva, altera y modifica nuestras estrategias de vida, de aprendizaje, de comprensión y de investigación, subraya las dudas que acosan a estos tradicionales paradigmas disciplinarios e historiográficos. Estos paradigmas están relacionados a los proyectos sociales de las élites nacionales, regionales e internacionales que buscan administrar o controlar poblaciones sometidas. Asimismo, estos paradigmas traen el peligro de infiltrar una serie de hegemonías culturales a través del espectro político, ya sea en las mismas élites, ya en las epistemologías y los discursos de los movimientos revolucionarios que buscan subvertir su poder en el nombre del "pueblo".

El subalterno en los Estudios Latinoamericanos

La constatación de las limitaciones de la historiografía de élite en relación al subalterno no es una sorpresa teórica inesperada en los Estudios Latinoamericanos, que por mucho tiempo ha trabajado con la asunción de que la *nación* y *lo nacional* no son términos populares o inclusivos de la totalidad social. El concepto y representación de la subalternidad desarrollado por el Grupo de Estudios Subalternos asiático no gana actualidad hasta los 80; pero los Estudios Latinoamericanos han estado comprometidos con temas afines desde su inauguración como campo en 1960. La constitución del campo en sí mismo (y de la Asociación de Estudios Latinoamericanos —LASA— como su forma organizacional) como una formación necesariamente interdisciplinaria corresponde a la forma en la cual Grupo de Asia del Sur conceptualizó lo subalterno como un sujeto que emerge en, o a través de las intersecciones de un espectro de disciplinas académicas que van de la crítica filosófica de la metafísica a la teoría literaria y cultural contemporáneas, la historia y las ciencias sociales. En verdad, la fuerza que está detrás del problema del subalterno en Latinoamérica podría decirse que proviene directamente de la necesidad de reconceptualizar las relaciones entre nación, estado y "pueblo" en tres movimientos sociales que centralmente han diseñado los contornos e intereses de los Estudios Latinoamericanos (como de la Latinoamérica moderna): las revoluciones mexicana, cubana y nicaragüense.

Nosotros podemos bosquejar la relación entre la emergencia de los Estudios Latinoamericanos y el problema de la conceptualización de la subalternidad en términos de tres fases mayores que vienen desde 1960 al presente.

Primera Fase: 1960–1968

Como se sabe, aunque la mayoría de los países latinoamericanos ganaron su independencia formal en el siglo XIX, los estados-nación poscoloniales resultantes fueron dirigidos predominantemente por criollos blancos que desarrollaron regímenes de colonialismo interno con respecto a los indígenas, los esclavos de ascendencia africana, el campesinado mestizo y mulato y los proletariados nacientes. La revolución mexicana marcó un punto de partida con un modelo eurocéntrico de desarrollo predominantemente blanco, masculino y oligárquico, porque dependió de la agencia de indígenas y mestizos que no sólo actuaron como soldados sino también como líderes y estrategas de los levantamientos revolucionarios. En el México posrevolucionario, sin embargo, en un proceso que ha sido ampliamente estudiado, este protagonismo fue frenado en los niveles económico, político y cultural a favor del crecimiento de una clase media y alta mestiza con la supresión de los líderes y comunidades indígenas y con la media resubalternización del indígena como un artefacto cultural de los nuevos aparatos ideológicos del Estado (por ejemplo, en el muralismo mexicano) más que como un agente histórico y político real.

La revolución cubana representó un renacimiento parcial del impulso de sacar a la superficie al subalterno. En particular, se criticaron en los niveles práctico y teórico la primacía de la historiografía eurocéntrica, los paradigmas culturales y el carácter no o pos europeo del sujeto social de la historia latinoamericana en el contexto de la descolonización. La relectura que hace Roberto Fernández Retamar de Fanon y el discurso de liberación nacional en su ensayo *Calibán* fue un ejemplo de las nuevas maneras de conceptualizar la historia e identidad de Latinoamérica.

Este impulso influenció no sólo a los escritores del *Boom* en literatura, tales como Mario Vargas Llosa, Carlos Fuentes y Gabriel García Márquez, sino también a los intelectuales de las ciencias sociales, tales como André Gunder Frank y los teóricos de la teoría de la dependencia. Ambos grupos vieron el establecimiento de economías y sociedades viables en Latinoamérica como algo contingente a una radical "ruptura" estructural con el sistema dominante, una ruptura que, al menos en la teoría, a la vez permitiría y sería producida por el protagonismo de sujetos subalternos.

La revolución cubana exploró las prácticas culturales y políticas que ya no estaban contentas con la representación del sujeto social de la historia Latinoamericana como proveniente de clase media o alta. El nuevo prestigio que la revolución dio al marxismo entre los intelectuales y trabajadores culturales latinoamericanos proveyó un optimismo y una certidumbre epistemológica sobre la naturaleza del poder de gestión histórico. La concepción del pueblo como "masas trabajadoras" se convirtió en el nuevo centro de la representación. Entre los más significativos resultados de este cambio conceptual en el campo de la cultura tenemos la Escuela de Cine Documental de Santa Fe creada en Argentina por Fernando Birri, las películas del Cinema Novo en Brazil y del ICAIC de Cuba, el concepto boliviano de "cine con el pueblo" desarrollado por Jorge Sanjinés y el Grupo Ukamau, el teatro colombiano de "creación colectiva", el teatro Escambray en Cuba y movimientos afines en los Estados Unidos como el Teatro Campesino.

Pero, aun cuando este trabajo comprometía problemas de género, raza y lenguaje, su insistencia en un sujeto unitario de clase y la asunción concomitante de la identidad en textos teórico literarios producidos por élites intelectuales que trataban este asunto borraban la disparidad de afro-americanos, indígenas, chicanos y mujeres; modelos alternativos de sexualidad y del cuerpo; epistemologías y ontologías alternativas; la existencia de aquellos que no habían entrado todavía en el pacto social con el Estado (revolucionario); el "lumpen". (Una buena dramatización de esta problemática, pero que es también "parte del problema" en su manera de formularla, fue la exploración hecha por Sara Gómez de los conflictos de clase, raza y género en la Cuba posrevolucionaria en su película *De cierta manera*). El sujeto de la historia nunca estuvo en cuestión y tampoco estuvo la validez de su representación (en los sentidos mimético y político) por las facciones revolucionarias, por las nuevas formas de arte y cultura, o por los nuevos paradigmas teóricos como la teoría de la dependencia o el marxismo althusseriano.

Segunda Fase: 1968-1979

La crisis del modelo de protagonismo representado por la revolución cubana se produce con el colapso de la guerrilla del Che Guevara en Bolivia y de las guerrillas foquistas a fines de los sesenta, en general, un colapso anunciado en parte por la distancia entre estos grupos y las masas que ellos buscaban dinamizar hacia la acción revolucionaria (una inquietante imagen de este problema fue el reconocimiento del Che, anotado en el *Diario en Bolivia,* de los ojos inexpresivos de los campesinos aymara-hablantes del altiplano que él estaba tratando de organizar).

La Nueva Izquierda estadounidense y el movimiento contra la guerra de Vietnam, el "Mayo" francés y las manifestaciones estudiantiles y la posterior masacre de Tlatelolco en México en 1968 señalan la entrada de los estudiantes como actores políticos en el escenario mundial, desplazando a los partidos y formaciones social demócratas y comunistas tradicionales. Las prácticas culturales que influyeron en esta insurgencia son ejemplificadas en Latinoamérica por Violeta Parra y el movimiento de la nueva trova en la música, o por la emergencia del reggae y algunas formas de rock como músicas de oposición. El momento es caracterizado políticamente, por un lado, por una lucha "generacional" entre las élites y sectores medios y un nuevo y amorfo sector social, el cual la Nueva Izquierda estudiantil busca representar; por otro lado, por la amplia alianza política o el frente popular de movimientos tales como la Unidad Popular chilena de Allende.

En la producción cultural, la emergencia de formas testimoniales y documentales cambian dramáticamente los parámetros de representación desplazando la función del escritor y las vanguardias. En contraste a la ambición de los novelistas del *Boom* de "hablar por" Latinoamérica, el sujeto subalterno representado en el texto testimonial se convierte en una parte de la construcción del texto mismo. El desencanto con la estrategia masculinista de la "metaficcionalidad" del *Boom* conduce a un nuevo énfasis en lo concreto o personal, la "pequeña historia"; la escritura (o el trabajo de video) de mujeres, prisioneros políticos, lumpen, y gays, y se incrementan en este proceso cuestiones de quién representa a quien. Simultáneamente, en la crítica académica literaria se encuentra la iniciativa de construir una "historia social" de la literatura latinoamericana, representada por los proyectos tales como el grupo *Ideologies & Literature* en la Universidad de Minnesota y el *Instituto de Estudios Latinoamericanos Rómulo Gallegos* en Caracas, ambos nutridos por la diáspora de intelectuales izquierdistas del Cono Sur en los años siguientes a 1973.

Esta fase también marca la introducción en Latinoamérica de la teoría posestructuralista francesa, el marxismo gramsciano y la herencia de la Escuela de Frankfurt, que sirven para desestabilizar algunas de las asunciones de las varias formas del marxismo ortodoxo dominantes en los 60 y a la vez el modelo de "modernización" generado en las ciencias sociales norteamericanas. En respuesta al formalismo de la semiótica estructuralista, una semiótica "social" que subraya la heteroglosia, el dialogismo y la multiplicidad de los discursos y prácticas significantes gana actualidad, impulsada por la recepción latinoamericana del trabajo de Bakhtin, Voloshinov, Lotman y la Escuela de Tartu y el campo emergente de los estudios culturales en los Estados Unidos y Gran Bretaña.

Tercera Fase: Los Ochenta

La revolución nicaragüense y la importancia y divulgación de la teoría y la práctica de la Teología de la Liberación se convierten en puntos cardinales de referencia de esta fase. *Cultura, democratización, global, pos(marxismo, modernismo, estructuralismo)* se convierten en sus palabras claves. Formas de cultura alta tales como la literatura son puestos entre corchetes por las críticas desarrolladas por la deconstrucción, el feminismo, los Programas de estudios culturales en los Estados Unidos, y, en su lugar, el significado antropológico de cultura como "experiencia vivida" empieza a destacarse. En tándem con la emergencia de proyectos como el Grupo de Estudios Subalternos o el Centro de Estudios Culturales de Birmingham dirigido por el jamaiquino Stuart Hall, los latinoamericanistas empiezan a cuestionar con profundidad la persistencia en la modernidad latinoamericana de sistemas de representación coloniales y neocoloniales.[5] Se empieza a percibir que las dinámicas culturales y políticas han empezado a funcionar en un contexto global que problematiza el modelo centro-periferia de la teoría de la dependencia y las estrategias del nacionalismo económico que parten de ese modelo (el fin de ciclo de crecimiento de los sesenta y las crisis de la deuda serán los hechos económicos dominantes de la década en Latinoamérica).

---

5. Ver, por ejemplo, la obra póstuma de Ángel Rama, *La ciudad letrada* (Hanover, N.H.: Ediciones del Norte, 1984).

El rápido desarrollo y la expansión de la tecnología de la información son los rasgos tecnológicos definitorios de esta fase, que permiten, entre otras cosas, la circulación de textos y prácticas culturales de áreas de la anterior periferia colonial en nuevos circuitos globales de recuperación e intercambio de información (la publicación, su posterior recepción y la actual [1992] centralidad del testimonio de Rigoberta Menchú en el debate sobre el multiculturalismo en los Estados Unidos, son pequeños pero significativos ejemplos de las nuevas formas de creación y circulación de los objetos culturales). Con la proliferación de la televisión, la telenovela se convierte en la nueva y dominante forma cultural de Latinoamérica y el estudio de las comunicaciones en el campo académico de más rápido crecimiento.

Este es el momento precisamente de la emergencia de los estudios culturales dentro de la academia anglo-americana, emergencia impulsada por la conjunción de la teoría y el activismo feministas, la crítica poscolonial, nuevas formas de marxismo y teoría social (Jameson, el "posmarxismo" de Mouffe y Laclau, y la "condición posmoderna" de Lyotard), la narración psicoanalítica de la construcción del sujeto provista por la teoría lacaniana, la nueva atención a los medios masivos de comunicación y la cultura popular, y las nuevas experiencias de globalidad y simultaneidad. Con el retraso de más o menos cinco años esta emergencia es respondida en Latinoamérica y en los Estudios Latinoamericanos. Sería apropiado por lo tanto concluir esta narrativa sobre la relación del problema de subalternidad con los Estudios Latinoamericanos con dos observaciones: 1) El proyecto de desarrollo de un Grupo de Estudios Subalternos Latinoamericanos que nosotros estamos proponiendo representa un aspecto crucial, del más extenso campo de Estudios Culturales Latinoamericanos; 2) en la nueva situación de globalidad, el significante "latinoamericano" en sí mismo también ahora se refiere a fuerzas sociales significativas dentro de los Estados Unidos, que ahora [1982] se ha convertido en la cuarta o quinta nación con población hispano-hablante en el mundo.

Conceptos fundamentales y estrategias

Es sobre todo el emergente consenso en la necesidad de un orden internacional democrático que crea el escenario para nuestro trabajo. La naturaleza ética y epistemológica de este consenso y el destino de los procesos de redemocratización en Latinoamérica están, creemos nosotros, ligados a formas que imponen nuevas urgencias y desafíos en nuestro trabajo como investigadores y profesores. Estas formas involucran, por un lado, una acentuada sensibilidad a las complejidades de la diferencia social y, por el otro, la composición de una plural, pero común, plataforma de investigación y discusión en la cual todos tienen un lugar. Las tradicionales configuraciones de democracia y del estado-nación han impedido la participación activa de las clases y los grupos sociales subalternos en los procesos políticos y en la constitución del conocimiento académicamente autorizado y no han reconocido sus contribuciones potenciales como un conjunto de capital humano, excepto por equivocación.

Lo que es claro en el trabajo del Grupo de Estudios Subalternos del Sur de Asia es el axioma que las élites representadas por la burguesía nacional y/o la administración colonial son responsables de inventar la ideología y realidad del nacionalismo. Su manera de mirar las cosas está localizada dentro de los parámetros del estado-nación como un punto construido de intersección e interés de un poder hegemónico anteriormente colonial y un futuro sistema poscolonial de nuevos estados, en el cual las élites jugarán roles claves de liderazgo. Lo que Guha llama "el fracaso histórico de la nación de constituirse a sí misma",[6] fracaso debido a lo inadecuado del liderazgo de la élite, es la problemática central de la poscolonialidad. La nueva economía política global trae como consecuencia un movimiento conceptual para desenfatizar paradigmas de nación e independencia, un movimiento que se ve en los cambios de la terminología de las ciencias sociales. *Consenso, pluralismo, democracia, subalternidad, cambio de poder, nuevo orden global y gran área* son ejemplos de esta mutación. Estos términos han sustituido a términos tales como modernización, dictadura, partido, revolución, metrópolis/periferia, desarrollo, nacionalismo y liberación nacional. Una de nuestras primeras tareas es rastrear cómo estos términos han cambiado y qué implicaciones tiene el uso de una terminología dada.

Además de la conceptualización de nación como por los menos un espacio dual (élites coloniales o metropolitanas/élites criollas; élites criollas/grupos subalternos), el estudio del subalterno en Latinoamérica incorpora otras dicotomías estructurales. Como un espacio de contraposición y colisión, la nación incluye múltiples fracturas de lenguaje, raza, etnicidad, género, clase y las tensiones resultantes entre asimilación (disolución étnica y homogenización) y confrontación (resistencia pasiva, insurgencia, huelgas, terrorismo). Lo subalterno funciona como un sujeto "migrante" en sus propias

---

6. Guha, "On Some Aspects", 43.

auto-representaciones culturales y en la naturaleza cambiante de su pacto social con el estado. De acuerdo tanto a la narrativa de modos de producción del marxismo clásico como a la narrativa de *modernización* del funcionalismo sociológico, un sujeto migrante debe medir su posición en el escenario del desarrollo de una economía nacional. En tales narrativas, el consentimiento de las clases subalternas y su identidad como categorías económicas subrayan la productividad incrementada que es la señal de progreso y estabilidad económica. La cuestión de la naturaleza del pacto social subalterno es integral al funcionamiento efectivo de los gobiernos en el presente tanto como para prever su futuro.

La desnacionalización es simultáneamente un límite y un umbral de nuestro proyecto. La "desterritorialización" del estado-nación bajo el impacto de la nueva permeabilidad de las fronteras a los flujos del capital y la fuerza de trabajo global meramente replica, en efecto, el proceso genético de implantación de una economía colonial en Latinoamérica en los siglos XVI y XVII. No sólo es que nosotros nos negamos a operar dentro del prototipo de nacionalidad; sino el concepto de nación, en su aceptación actual, está ligado al protagonismo de élites criollas interesadas en dominar y administrar a otros grupos sociales o clases en sus propias sociedades, y ha oscurecido la presencia y realidad de sujetos sociales subalternos en la historia latinoamericana desde un principio. Nosotros necesitamos, en este sentido, ir hacia atrás para considerar formas precolombinas y coloniales de territorialización prenacional, tanto como ir hacia adelante para pensar en las nuevas y emergentes subdivisiones territoriales, fronteras permeables, lógicas regionales, y conceptos tales como *Commonwealth o Panamericanismo*.

Cuestionar el concepto de nación afecta, a su turno, nociones "nacionales" de élite y subalterno. En Latinoamérica (y ahora en los EEUU), los patrones de migración o los recientes fenómenos de recolonización chocan con las formaciones económicas y sociales existentes cuyo status legal es garantizado por el estado, y modifican consecuentemente la representación y el protagonismo del subalterno. ¿Cuáles son las fronteras de Latinoamérica si, por ejemplo, nosotros consideramos a Nueva York la más grande metrópoli puertorriqueña y Los Ángeles la segunda ciudad de México? ¿O si estamos tratando con los angloparlantes afrocaribeños de la costa atlántica de Nicaragua que se llaman así mismos Creoles y cuyas gustos culturales incluyen a la vez música *country* norteamericana y reggae jamaiquino?

La insistencia en pensar lo subalterno desde el punto de vista de la posmodernidad significa que nosotros nos negamos a rastrear las anteriores hegemonías culturales en la formación del subalterno y de las élites de las áreas correspondientes. Nosotros podemos encontrar lo subalterno sólo en las vetas de prácticas socioculturales administrativas y epistemologías previamente articuladas, en las reproducciones de mentalidades culturales y en los pactos sociales contingentes que ocurren en toda coyuntura de transición. De acuerdo a los escritos de la élite, el nacionalismo es una aventura idealista conducida por ella misma, que está guiada en parte por un ideal "letrado" de nación. La élite criolla con su antagonismo hacia el colonizador, supuestamente aboga por el bienestar del pueblo las clases subalternas, reclamando altruismo y abnegación en vez de la búsqueda de poder de clase. La historia de la burguesía nacional se convierte en la autobiografía espiritual de la élite, un hecho que no es ignorado por las clases subalternas y que directamente contribuye a sus formaciones culturales y políticas (v.g.r. la bien conocida resistencia a la alfabetización en español en algunas áreas indígenas y a la "alta cultura" generalmente de parte de los grupos subalternos). No reconocer la contribución del pueblo a su propia historia manifiesta la pobreza de la historiografía y apunta a las razones cruciales de las fallas de los programas nacionales de designación "popular". El (trans)nacionalismo subalterno es concebido negativamente como un problema de ley y orden y positivamente sólo como una respuesta al carisma de los líderes de élite, en otras palabras, como una movilización vertical de grupos y facciones a través de la manipulación populista o de los medios masivos de comunicación.

Para representar la subalternidad en Latinoamérica, en cualquiera de las formas que aparece —nación, hacienda, lugar de trabajo, hogar, sector informal, mercado negro— y para encontrar el espacio vacío donde el subalterno habla como un sujeto sociopolítico, se requiere explorar los márgenes del estado. Nuestra premisa, otra vez, es que la nación, como un espacio conceptual, no es idéntico a la nación como estado. Nuestras estrategias de investigación nos obligan a hacer un trabajo arqueológico en los intersticios de las formas de dominación—ley/ejército/control policial, y formas de integración, aprendizaje y enseñanza. Desde la perspectiva de la subalternidad, el uso alterno de policías y profesores puede muy bien aparecer como estrategias coordinadas de proyectos transnacionales para la extracción económica y la administración territorial. Nosotros debemos cuidar, en el proceso de conceptualizar la subalternidad, no entramparnos en el problema, dominante en articulaciones previas de liberación "nacional" (por ejemplo, en algunas formas de nacionalismo puertorriqueño o el *Arielismo* literario latinoamericano), de conceptualizar a la misma élite nacional como subalterna, es decir, como transcriptora, traductora, intérprete y editora; debemos evitar, en otras palabras, la construcción de las intelligentsias como "peones" en la hegemonía cultural metropolitana. Esto no es desconsiderar el problema, sino simplemente indicar que reteniendo el enfoque en la intelligentsia y en las prácticas intelectuales que la caracterizan —centradas en el cultivo de la escritura, la ciencia y "disciplinas" parecidas— nos deja de nuevo en el espacio del prejuicio historiográfico y la incapacidad de "ver" que Guha identifica en sus estudios de la insurgencia campesina.[7]

Sin embargo, nosotros no queremos simplemente excluir la cuestión de lo "nacional", y formas de nacionalismo y movilización "nacional-popular", por ejemplo, tal como ocurre en la revolución sandinista en Nicaragua (nosotros estamos influenciados aquí por el trabajo de Carlos Vilas sobre la cuestión de la identidad del sujeto social de la revolución).[8] Tampoco nosotros queremos establecer una fisura entre lo teórico y político. Lo subalterno no es sólo una cosa. Es, para repetir, un sujeto mutante y migrante. Aún si nosotros estamos de acuerdo en definir el concepto general de lo subalterno como las masas de la población laboral y los estratos intermediarios, nosotros no podemos abjurar de la inclusión de sujetos que no trabajan formalmente, a menos que queramos correr el riesgo de repetir el error del marxismo clásico sobre la cuestión de cómo la subjetividad social es construida. Nosotros necesitamos tener acceso al vasto (y móvil) arraigo de las masas —campesinos, proletarios, los sectores formales e informales, los sub y desempleados, vendedores, los que

---

7. Esto puede indicar un punto de la diferencia entre la propuesta de Estudios Subalternos y aquellos de, por ejemplo, Roberto Fernández Retamar o Edward Said, con quienes comparte muchos intereses. En el prefacio de *Selected Subaltern Studies,* Said pone a Guha y a los miembros del grupo en compañía de Fanon, Salman Rushdie, Gabriel García Márquez, Ngugi wa Thiongo, C.L.R. James, etcétera (ix-x). Es apropiado decir que su trabajo es, en palabras de Said, "un híbrido", que parte conjuntamente de intereses y teorías occidentales y no occidentales. Pero donde Said y Retamar ambicionan un nuevo tipo de intelectual como el protagonista de la descolonización, el paradójico intento de los Estudios Subalternos es precisamente desplazar la centralidad de los intelectuales y la "cultura" intelectual en la historia social.

8. Carlos Vilas, *The Sandinista Revolution: National Liberation and Social Transformation in Central America* (New York: Monthly Review Press, 1986).

están fuera o al margen de la economía monetaria, lumpens y ex-lumpens de todas clases, niños, el creciente número de personas sin casa.

Nosotros necesitamos concluir esta declaración, sin embargo, con el reconocimiento de los límites de la idea de "estudiar" lo subalterno y con una advertencia a nosotros mismos. Nuestro proyecto, en el cual un equipo de investigadores y sus colaboradores en universidades metropolitanas quieren sonsacar de los documentos y prácticas del mundo oral del subalterno la presencia estructural del sujeto inevitable, indestructible y efectivo que ha probado que nosotros estábamos errados —que ha demostrado que nosotros no lo conocíamos— tiene que confrontar el dilema de la resistencia o insurgencia subalterna contra las conceptualizaciones de élite. Claramente, es una cuestión no sólo de nuevas formas de mirar al subalterno, de nuevas y poderosas formas de recuperación de información, sino también de construir nuevas relaciones entre nosotros y aquellos seres humanos contemporáneos a quienes nosotros formulamos como objetos de estudio. El comentario de Rigoberta Menchú al final de su famoso testimonio es quizás relevante sobre este punto: "Sigo ocultando lo que yo considero que nadie lo sabe, ni siquiera un antropólogo, ni un intelectual, por más que tenga muchos libros, no saben distinguir nuestros secretos".

Traducción de U. Juan Zevallos Aguilar. El original en inglés ha sido publicado en: John Beverley, José Oviedo, Michael Aronna eds., The Postmodernism Debate in Latin America *(Durham, NC: Duke University Press, 1995): 135–1*

www.ingramcontent.com/pod-product-compliance
Lightning Source LLC
Chambersburg PA
CBHW021834220426
43663CB00005B/243